KB122762

블록체인혁명 2030

블록
체인
혁명
2030

박영숙·앤디 리안·숀 함슨 지음

교보문고

4차 산업혁명의 근간이 될 단 하나의 기술

우리 삶을 아날로그에서 디지털로 바꾼 기술 혁명 '인터넷'은 1969년 미 국방부 산하 고등연구국에서 탄생했다. 인터넷이 일상에 본격적으로 자리를 잡은 것은 탄생으로부터 약 20년이 지나 1990년에 월드와이드웹www이 탄생하고, 그로부터 또다시 수년 후에 고속 통신망이 확장되면서부터다. 인터넷이 처음 등장한 이래 현대인의 삶에 필수 요소가 되기까지는 오랜 시간이 걸렸지만, 지금 인터넷이 없는 삶은 상상하기 힘들고 또 우리 삶을 그만큼 많이 바꿔놓았다.

2019년, 블록체인은 열 살이 되었다. 블록체인을 여전히 낯설게 느끼는 사람도 있을 것이고, 비트코인과 동의어로 생각하는 사람도 있을 것이다. 우리가 지금 이 기술을 마주하고 적극적으로 알아가야 하는 이유는, 많은 전문가가 블록체인 기술이 인터넷만큼 엄청난 혁신을 우리 삶에 가져올 기술로 꼽기 때문이다.

4차 산업혁명을 표방하는 많은 화려한 기술들이 우리 앞에 등장했지만, 이들 기술의 현실화에 공통적으로 들어가야 할 단 한 가지 기술이 있다면, 그것이 바로 블록체인 기술이다.

블록체인은 화려하지 않고 새로울 것도 없는 기술처럼 보일 수 있다. 하지만 자율주행차가 해커들에 의해 오작동하지 않도록 하기 위해, 글로벌 시대에 시차와 수수료 없이 해외 송금하기 위해, 원산지부터 식탁 위까지 식생활의 안전을 위해, 동식물이 멸종되지 않고 자원이 고갈되지 않는 지속 가능한 지구를 위해, 개인 간 안전하고 신뢰할 수 있는 공유경제를 위해 반드시 필요한 기술이다. 그 밖에도 많은 분야의 많은 사람들에게 혜택을 줄 수 있는 기술이다.

블록체인은 한마디로 분산화된 디지털 장부라고 할 수 있다. 이 장부에는 어떤 기록이든지 담을 수 있으며, 특정 개인이나 단체가 조작할 수 없는 불변성을 가졌고, 누구라도 접근 가능한 투명성을 지녔으면서도 암호화되어 개인정보 보호가 확실하게 이루어진다(이 기술의 실체를 모르는 사람이 본다면 블록체인의 정의 자체가 모순되어 보일 수 있다. 하지만 이 책의 기술 편을 들여다보면 이 기술이 왜 이런 특장점을 가질 수 있는지 이해할 수 있을 것이다). 블록체인의 이런 특징들은 4차 산업혁명의 화려한 기술들이 가진 단점을 보완해주고 장점을 더욱 잘 살릴 수 있도록 뒷받침해준다. 그러므로 4차 산업혁명의 중심에서 그 혜택을 제대로 누리고 싶은 독자라면, 먼저 블록체인이 무엇인지 알아야 한다. 블록체인은 지금도 시시각각 변하고 있다. 살아 있는 생명

체처럼, 인간의 삶에 맞게 변형되고 발전하고, 또 잘못된 부분은 수정되면서 점차 성숙해지고 있다. 그 속도는 인터넷이 발달해온 속도보다 빠르다. 따라서 우리는 항상 블록체인을 주시하고 공부해야 한다.

이 책은 블록체인 기술을 총 3부에 걸쳐 기술하고 있다.

1부에서는 블록체인이 무엇인지 누구나 알기 쉽도록 기술 측면에 중점을 두어 설명했다. 비트코인이나 블록체인 기술에 관한 기사를 읽다 보면 전문용어가 유난히 많이 등장하는데, 이런 기사들을 접할 때도 당황하지 않도록 블록체인 용어들 가운데 우리가 알아야 할 최소한의 용어들의 설명을 곁들였다.

2부에서는 블록체인 기술이 우리 사회의 모습을 어떻게 바꿀지 기술했다. 경제, 환경과 기후변화, 교육, 사회 시스템 등 우리 사회에서 중요한 이슈별로 모아 설명했다.

마지막 3부에서는 산업별로 블록체인 기술이 현재 어느 정도까지 적용되었는지, 미래에 어떤 가능성을 가지고 있는지 서술했다. 기업의 전체적인 시스템, 원산지부터 소비자의 결제에 이르기까지 공급망, 금융, 에너지, 의료 등 블록체인 기술이 초기임에도 적극적으로 시도되고 있는 산업 분야들을 살펴보고 우리나라의 블록체인 현황도 함께 살펴본다.

나는 대한민국의 미래학자로서 세계의 최신 기술 동향과 그로 인한 미래 변화를 한국의 독자들에게 소개하는 데 힘써왔다. 기술은 한 가지만 단독으로 소개해서는 종합적인 미래를 예측하기 어렵기에 서로 어우러지는 기술에 따른 사회와 경제의 변화를 유기적으로 소개했다. 하지만 많은 미래 기술과 트렌드 중에는 우리가 특별히 더 주목해야 하는 기술이 있게 마련이다.

그 중 대표적인 것이 바로 블록체인이다. 블록체인 기술은 4차 산업혁명의 모든 기술과 연관되어 있으면서도 매우 전문적이며 새로운 개념이라서 우리가 반드시 한 번은 공부해야 할 필요가 있다. 블록체인의 핵심만을 담은 이 책이 독자 여러분의 4차 산업혁명 공부에서 부족한 부분을 채워줄 수 있을 것으로 기대한다.

밀레니엄 프로젝트 한국 대표
박영숙

| 차례 |

3부 블록체인에서 찾는 새로운 기회

1부

블록체인 기술의
거의 모든 것

BLOCKCHAIN

1. 블록체인이란 무엇인가?

블록체인은 신뢰를 기반으로 하는 거래의 기본인 '장부'의 4차 산업 혁명 버전이다.

거래 장부는 과거에는 종이에 기록해서 금고에 넣었고, 현재는 기업이 컴퓨터 데이터로 기록해 서버 등에 보관하는 비즈니스에서 매우 중요한 데이터다. 지금까지 거래는 신뢰할 수 있는 기업의 장부를 통해서만 그 가치를 인정받을 수 있었다. 하지만 블록체인이 등장하면서 모든 것이 바뀌었다. 이름이나 얼굴도 모르는 개인 간 거래도 변조나 삭제, 해킹의 우려 없이 안전하게 진행하고 기록할 수 있게 되었다. 이것이 블록체인의 핵심이다.

블록체인은 '블록block'이라고 불리는 기록 데이터의 목록으로, 암호화되어 연결되어 있다. 각 블록에는 이전 블록의 암호 해시, 타임스탬프 및 트랜잭션 데이터(일반적으로 머클 트리로 표시됨)가 포함되어 있다. 이러한 블록의 집합을 블록체인이라 한다.

블록체인은 '당사자 간 거래를 검증 가능하고 효율적이며 영구적으로 기록할 수 있는 개방되고 분산된 원장'이다. 설계상 블록체인은 데이터 수정이 불가능하다. 소규모 데이터가 사슬 형태로 연결되어 형성된 '블록'이라는 분산 데이터 저장 환경에 거래를 기록하며, 이를 중앙 집중형 서버에 보관하는 대신 네트워크에 참여하는 모든 사용자가 관리 대상이 되는 모든 데이터를 분산해 저장한다. 거래 정보가 담긴 원장을 거래 주체나 특정 기관에서 보유하는 것이 아니라 네트워크 참여자 모두가 나누어 보관한다는 점에서 '분산 원장 기술distributed ledger technology, DLC' 또는 '공공거래 장부'라고도 불린다. 수많은 컴퓨터에 동시에 이를 복제해 저장함으로써 누구도 임의로 수정할 수 없고 누구나 변경 결과를 열람할 수 있다. 간단히 말해 블록체인은 암호화로 보호되는 직렬 방식의 거래 장부다. 정보는 수정할 수 없고 추가만 가능하다.

사실 온라인상에서 당사자 간 거래, 즉 P2P 서비스는 꽤 오래전부터 이루어져왔으며, 지금도 활발히 진행 중이다. 대표적 방식이 파일을 공유하는 토렌트 서비스다. 각자의 컴퓨터에 있는 데이터를 직접 주고받는 방식인데, 여기에는 한 가지 치명적인 약점이 있다. 사용자가 서로를 믿을 수 없다는 것이다. 바이러스에 오염된 데이터는 아닌지, 내가 정말 원하는 데이터가 맞는지 등을 확신할 수 없다. 이런 불신을 해결하기 위해 P2P 전자상거래에는 '에스크로'라는 서비스가 도입되기도 했다. 에스크로 서비스는 신뢰할 수 있고 중립적인 제삼자가 구매자와 판매자 간 상거래가 원활하게 이루어질 수 있도록 중계하는 서비스다. 구매자는 대금을 제삼자에게 맡겨놓고 판매자로부터 제화 및 서비스를 제공받은 뒤 이를 확인해주면 제삼자가 판매자에게 대금을 지급하는 방식이다. 이 신뢰할 수 있는 제삼자는 서비스를 전문적으로 제공하는 기업이다. 그런데 블록체인은 이 제삼자 없이 기술만으로 신뢰를 가능하게 했다. 그뿐 아니라 장부의 기록, 즉 데이터를 누군가가 해킹하거나 임의로 수정할 수 없도록 해 보안성을 한층 높였다.

블록체인만의 4가지 특징

4차 산업혁명으로 미래의 산업은 더 복잡해지고 국경을 넘어 글로벌화되며, 더 많은 사람들이 참여하고, 그만큼 더욱 위험에 노출될 것이다. 이런 미래 산업이 블록체인 기반으로 갈 수밖에 없는 이유는 블록체인만이 가진 다음 네 가지 특징 때문이다.

● 분산화 decentralization

탈脫중앙화, 분산화된 시스템은 정치인, 부호, 영향력이 있는 사람과 기업에 의해 중요 사안이 결정되는 현재의 한계를 벗어나 개인들의 선택으로 결정할 수 있게 한다. 중앙의 권력에 의해 모든 선택과 의사결정이 이루어지는 것이 아니기 때문에, 개인의 자유를 누릴 수 있도록 해준다.

● 승인 불필요 permissionless

페이스Facebook북은 이메일 주소를 입력해야 쓸 수 있고, 카카오톡 Kakaotalk은 휴대전화 번호를 입력해야 쓸 수 있으며, 국가기관의 온라인 사이트는 신분증을 확인해야 사용 가능하다. 그러나 블록체인은 어떤 승인을 받지 않고도 사용할 수 있다.

● 감시 저항성 censorship resistance

특정 집단이나 중앙 정부에서 정보를 조작하거나, 반대하는 집단의 논의 등을 지우는 것이 중앙 집중식에서는 손쉽게 가능하다. 하지만 블록체인은 블록을 가진 모든 사람들의 동의를 얻어야 한다. 사실상 이는 불가능한 일이기 때문에 정보를 감추거나 지우거나, 변경할 수 없다.

● 불변성 immutability

우리가 익히 알고 있는 앞의 세 가지 특징을 지닌 퍼블릭 블록체인 public blockchain을 보통 '블록체인'이라고 부른다. 이런 특징들을 갖지 않는 블록체인도 있다. 이를 프라이빗 블록체인 private blockchain 이라고 하며, 특정 중앙 기관에서 독자적으로 사용하는 시스템을 말한다. 이들은 승인받은 참여자로 이루어지고 필요에 따라 추가하거나 삭제할 수 있는 권한을 가지고 있다. 이런 시스템 역시 블록체인이며, 완벽한 보안에 의해 데이터의 해킹이 불가능하다는 특징을 가지고 있다. 여러 서버에 데이터를 분산해 저장함으로써 보안을 강화할 수 있으며, 데이터 처리 비용이 적고 네트워크 속도가 빨라 기업형 솔루션으로 적합한 블록체인 기술이다. 금융기관, 여권 등 출입국에 필요한 정부 데이터가 여기에 속한다. 이에 관해서는 뒤에서 좀 더 자세히 설명하겠다.

비잔틴 장군의 딜레마

비잔틴 제국의 장군들이 어느 날 다 함께 공격해 적국의 도시를 함락시키기로 했다. 하지만 언제 어떤 방식으로 할지 결정하기에는 장군들이 서로 너무 멀리 떨어져 있어 직접 만나서 협의하기가 힘들었다. 할 수 없이 연락병을 보내야 했지만 편지가 바뀌지 않을지, 연락병을 믿을 수 있을지, 편지를 받은 장군들이 편지 내용대로 제때 공격해 올지 믿을 수 없었다. 결국 비잔틴 제국은 배신의 딜레마에 빠졌다.

'비잔틴 장군의 딜레마Byzantine generals problem'는 1982년 레슬리 램포트Leslie Lamport, 로버트 쇼스탁Robert Shostak, 마셜 피스Marshall Pease 등 세 명의 컴퓨터 공학자가 마이크로소프트Microsoft의 의뢰를 받아 수행한 연구 논문에 처음 등장했다. 이는 앞서 이야기한 P2P 네트워크의 서로를 신뢰하지 못한다는 난제이자 오랜 시간 컴퓨터 공학계의 해묵은 숙제였다.

그런데 이 문제에 해답을 내놓은 것이 사토시 나카모토Satoshi Nakamoto다. 그동안 아무도 풀지 못한 분산 컴퓨팅 문제를 블록체인으로 해결한 것이다.

사토시 나카모토는 '비트코인'의 창시자로 널리 알려져 있으며, 그 실체는 공개되지 않았다. 나카모토는 2007년 글로벌 금융위기 사태를 보며 중앙 집권화된 금융 시스템의 위험성을 인지하고 정부나 금융기업의 개입 없이 개인 간 거래를 가능하게 하는 암호화폐 비트코인을 개발했다. 이때 중앙기관의 통제와 보증 없는 개인 간 거래에 신뢰성을 담보하기 위해 상대를 '배신'할 수 없는 기술을 개발해 적용했다.

2008년 10월 31일 나카모토는 암호화 기술 커뮤니티에 〈비트코인: P2P 전자 화폐 시스템Bitcoin: A Peer-to-Peer Electronic Cash System〉이라는 논문을 올렸다. 그는 이 논문에서 비트코인을 다음과 같이 소개했다. '전적으로 거래 당사자 사이에서만 오가는 전자화폐'로 'P2P 네트워크를 이용해 이중 지불을 막는다.' 그리고 2009년 1월 3일 비트코인을 세상에 내놓았다. 그가 말한 'P2P 네트워크를 이용해 이중 지불을 막는' 기술이 바로 블록체인이다.

물리적인 화폐는 국가에서 수요를 관리한다. 이때문에 물량을 엄격하게 조정하고 복제도 쉽지 않아 화폐의 가치를 신뢰할 수 있다. 하지만 전자화폐는 복제가 쉽고 원본과 사본에 차이가 없어 무한정 복제할 수 있다. 그러면 가치가 떨어지는 것은 자명하다. 전자화폐를 기존의 화폐처럼 사용하려면 함부로 복제하거나 수정할 수 없도록 보안성을 높여야 한다. 그 해답이 블록체인이다.

블록체인의 원리는 모든 사람들이 함께 거래 장부를 보고 관리하는 것이다. 블록체인은 모든 거래를 특정 중앙기관이 담보하고 관리하는 기존 시스템에서 벗어나 P2P 거래를 지향하는 탈중앙화를 특징으로 한다. 특히 모든 사용자에게 거래 기록을 보여주고 서로 비교함으로써 위조와 해킹의 위험으로부터 장부를 보호한다.

예를 들어 비트코인 사용자는 P2P 네트워크에 접속해 똑같은 거래 장부 사본을 나눠 보관한다. 새로 생긴 거래 내역을 거래 장부에 써넣는 일도 사용자의 몫이다. 이들은 10분에 한 번씩 모여 거래 장부를 최신 상태로 갱신한다. 모든 비트코인 사용자는 가장 최근 10분 동안 돈을 주고받은 내역을 기존의 거래 장부 끝에 더한다. 기존 장부를 복제할 일이 생기면 누군가가 멋대로 장부를 조작할 수 없도록 과반수가 인정한 거래 내역만 장부에 기록한다. 최근 거래 내역을 적어 넣었으면, 새로 만든 거래 장부를 다시 모든 비트코인 사용자가 나눠 가져간다. 이런 작업을 10분에 한 번씩 반복한다. 물론 이 작업은 사람이 하는 게 아니라 컴퓨터가 수행한다. 이때 10분에 한 번씩 만드는 거래 내역 묶음을 '블록'이라고 한다. 블록체인은 블록이 모인 거래 장부 전체를 가리킨다. 비트코인은 처음 만들어진 2009년 1월부터 지금까지 이뤄진 모든 거래 내역을 블록체인 안에 쌓아두고 있다. 지금도 전세계 비트코인 사용자는 10분에 한 번씩 비트코인 네트워크에서 만나 블록체인을 연장하고 있다.

이렇게 비트코인의 장부에 신뢰성을 담보하기 위해 블록체인 기술이 개발되었지만, 블록체인의 가능성은 비트코인을 뛰어넘었다. 블록체인에 저장할 수 있는 정보는 매우 다양하다. 화폐의 거래는 물론 전자 결제, 디지털 인증, 화물 추적 시스템, 원산지부터 최종 소비자까지 유통의 전 과정을 추적할 수 있다. 전자투표, 전자시민권 발급, 혼인 및 출생신고, 부동산 등기부, 의료기록 관리 등 신뢰성이 요구되는 다양한 분야에도 얼마든지 활용할 수 있다.

블록체인 용어 정리 1

⋮ 블록 block **⋮**

데이터를 저장하는 단위다. 머클 트리(뒤에 설명)로 인코딩되는 거래 내용이 담겨 있다. 약 10분 주기로 생성되며, 거래 기록을 모아 블록을 만들어 이전 블록과 연결해 블록체인을 형성한다. 블록체인 기술을 선보인 사토시 나카모토가 만든 최초의 블록을 제네시스 블록 genesis block이라고 하며, 모든 블록은 여기에 연결되어 있다.

⋮ 노드 node **⋮**

네트워크에서의 연결 지점을 말한다. 다른 노드로 데이터를 전송할 수 있도록 프로그램되어 있으며, 주소를 가지고 있다. 블록체인에서는 참여자(의 컴퓨터)를 노드라고 한다. 블록체인은 관리자가 따로 없기 때문에 노드가 블록을 배포하는데 이때 참여하는 노드의 절반 이상이 동의해야 새 블록이 생성된다. 노드들은 블록체인을 컴퓨터에 저장해놓고 있는데, 일부 노드가 해킹당해 내용이 바뀌어도 다른 노드에 데이터가 남아 있어 이 데이터로 수정함으로써 온전한 데이터를 유지할 수 있다.

블록체인 네트워크의 모든 거래 정보를 모두 가지고 있으면 풀 노드 full blockchain node, 머클 트리만 가지고 있으면 라이트 노드 lightweight node라고 부른다.

: **트랜잭션**transaction :

노드 간 거래 기록. 거래를 기록하기 위한 컴퓨터 처리 과정 및 그 과정에서 전송되는 서명된 정보(데이터)를 말한다.

: **분산 원장**distributed ledger :

말 그대로 원장을 중앙의 저장소에서 관리하는 게 아니라 분산시키는 기술이다. 여러 노드나 컴퓨터 장치에 분산되어 있는 데이터베이스다. 분산 원장 기술은 블록체인과 동일한 용어로 사용될 정도로 블록체인의 바탕이 되는 기술이다. 장부의 복제, 공유 또는 동기화된 디지털 데이터에 대한 합의 기술로, 데이터는 각종 사이트나 여러 국가 또는 기관에 분산되어 있다. 즉 중앙 관리자나 중앙 집중 데이터 저장소가 존재하지 않는다.

분산 원장 데이터베이스는 P2P 네트워크의 여러 노드에 분산되어 있으며, 각 노드에서는 동일한 원장의 사본을 복제해 저장하고 독립적으로 업데이트한다. 가장 큰 특징은 중앙 권력의 부재로, 원장이 업데이트되면 각 노드는 새로운 트랜잭션을 구성한다. 그다음 노드는 어떤 복사본이 올바른지를 판단하기 위한 합의 알고리즘에 의해 투표한다. 여기서 합의가 되면 다른 모든 노드는 원장의 새로운 사본으로 업데이트한다.

: **타임스탬프**timestamp :

블록의 생성 시간을 명시한 것이다. 분산되고 변조 방지된 방식으로 정보가 안전하도록 시간을 기록함으로써 거래 사실을 증명하는 중요한 기술이다. 디지털 데이터는 해시될 수 있고, 해시는 블록체인에 저장된 트랜잭션에 통합될 수 있다. 이 트랜잭션은 해당 데이터가 존재했던 정확한 시간에 대한 보안 증거 역할을 한다. 그 증거는 해시가 블록체인에 제출된 후 이루어지는 엄청난 계산 작업이다. 타임스탬프를 변경하려고 하면 네트워크의 다른 부분보다 더 많은 계산이 필요한 탓에 눈에 띄지 않고 수행할 수 없다.

비트코인과 같은 암호 해독기가 등장하면서 분산되고 변조되지 않는 방식으로 정보에 안전하게 타임스탬프를 찍을 수 있게 되었다. 디지털 데이터를 해시할 수 있고 해시는 블록체인에 저장된 트랜잭션에 통합할 수 있으며, 이 트랜잭션은 해당 데이터가 존재했던 정확한 시간을 안전하게 입증하는 역할을 한다.

⦂ 이중 지불 문제double-spending problem ⦂

온라인 거래는 실물 화폐를 주고받는 게 아니라 가상의 데이터가 오가는 것이다. 이 때문에 이를 복제해 지급할 경우 하나의 데이터로 두 곳에 지불되는 문제가 생긴다. 기존 금융 거래에서는 이중 지불 문제를 예방하기 위해 금융기관처럼 감시 역할을 하는 제삼자의 존재가 필수적이었다. 비트코인을 만든 사토시 나카모토는 감시자가 없는 P2P 네트워크의 암호화폐를 복제해 사용하는 이중 지불을 해결하지 않고서는 비트코인을 유통할 수 없다는 것을 알고는 이를 해결하기 위한 기술을 개발했다. 이것이 블록체인으로, 거래 장부의 집합인 블록체인을 통해 모든 참여자가 모든 금융정보의 원본 데이터를 보유·확인·관리하는 것이 가능해졌다. 모두가 원본 데이터를 가지고 있는 상황에서 거래가 이루어지면 그 거래 내역은 모두에게 동기화되어 검증되는 방식으로 이중 지불 문제가 해결되었다.

⋮ 해시 함수 hash function ⋮

임의의 길이를 갖는 임의의 데이터를 고정된 길이의 데이터로 매핑하는 함수. 해시 함수를 적용해 나온 고정된 길이의 값은 해시값, 해시 코드라고 한다.

같은 입력값에 대해서는 같은 출력값이 보장된다. 이 출력값은 가능한 한 고른 범위에 균일하게 분포하는 특성이 있어 출력값이 중복될 가능성이 낮고, 출력값으로 입력값을 역 추정하기도 어렵기 때문에 해시값을 비교하면 데이터가 변경됐는지 확인할 수 있다.

유명한 해시 알고리즘으로 MD Message-Digest Algorithm와 SHA Secure Hash Algorithm가 있다. 각 알고리즘은 문제를 개선하며 발표된 순서대로 뒤에 숫자가 붙는다. 다만 SHA-2는 예외로, SHA-256과 SHA-512를 함께 SHA-2 족 SHA-2 family이라고 부른다. SHA-2는 어떤 길이의 값을 입력해도 결과가 256비트로 도출된다. 우리나라의 인터넷뱅킹과 비트코인의 작업 증명에는 SHA-256이 사용되고 있다.

⋮ 머클 트리 Merkle trees와 머클 루트 Merkle root ⋮

해시 트리라고도 불리는 이것은 발명자 랠프 머클 Ralph Merkle의 이름을 따 머클 트리라고 부른다. 트리 알고리즘의 일종으로 데이터의 간편하고 확실한 인증을 위해 사용한다. 잎 노드는 데이터, 즉 거래 정보다. 상위 노드는 각 자식 노드의 해시값으로, 이 해시값이 두 개씩 짝지어 트리 모양이 된다. 머클 트리의 최상위 노드를 머클 루트라 부른다. 이는 블록체인의 기본 역할을 수행하는 블록에 저장된 트랜잭션의 해시 트리라고 볼 수 있다.

머클 트리는 여러 블록으로 나뉜 데이터를 전송할 때 데이터가 변조되지 않았음을 보장하는 용도로 사용된다. 특히 P2P망에서 전송받은 데이터에 오류가 있거나 데이터 변조가 있는지를 검증하는 용도로 사용된다. 데이터 전체가 아닌 일부만 검증하고자 할 때도 하위 노드 가운데 하나의 해시값을 알면 그 노드에 속한 모든 하위 노드의 데이터를 검증할 수 있다. 이런 특징 덕분에 일부 데이터가 손상되면 이를 쉽게 찾아내 완전한 데이터를 다시 전송받을 수 있다.

최초의 데이터를 해시값으로 변환한 후 두 개의 노드를 합쳐 다시 해시값으로 변환하는 과정을 반복해 남은 마지막 하나가 머클 루트다. 머클 루트는 머클 트리의 모든 거래 내역을 요약한 데이터로, 다양한 사람들이 거래의 유효성 검사를 할 수 있어 블록체인의 보안을 책임진다.

: **하드 포크**hard fork**와 소프트 포크**soft fork :

식기인 포크fork의 모양에서 볼 수 있듯 하나에서 갈라져 나온 '분기점'이라는 뜻을 가진다. 블록체인에서 포크는 단일로 연결된 체인의 한 지점에서 두 갈래로 갈라지는 것을 뜻하며, 기존의 직렬 체인에서 새로운 규칙을 적용하는 것이다. 포크는 호환성 여부에 따라 소프트 포크soft fork와 하드 포크hard fork로 나뉜다. 전자는 이전 버전과 호환 가능한 업그레이드를, 후자는 불가능한 업그레이드를 말한다.

소프트 포크는 기존의 규칙에서 큰 틀은 바꾸지 않고 부분적인 업데이트만 일어나기 때문에 블록 간 호환이 가능하다. 기존의 규칙을 따르는 노드에게 업데이트는 선택 사항이며, 이들이 새로운 규칙에 따르기로 합의한다면 두 체인은 통합 된다.

하드 포크는 블록의 규칙을 근본적으로 바꾸는 업데이트다. 이 때문에 이전 노드와 호환이 되지 않는다. 이전 버전의 소프트웨어에서 심각한 보안상 취약점을 발견했을 때, 혹은 소프트웨어에 새로운 기능을 추가할 때 하드 포크를 한다.

하드 포크는 전혀 다른 블록체인이 되어 합의에 도달하지 않고 서로 분리된 채 블록이 계속 쌓여 나간다. 새로운 체인의 경로를 따를 노드는 소프트웨어를 최신으로 업그레이드해야 한다. 하드 포크를 적용하면 이전 버전의 블록체인을 사용할 수 없기 때문에 이전 버전에서 개발, 채굴하던 사용자의 대다수가 업그레이드에 찬성해야 적용할 수 있다.

보안상 취약점이 발견돼 하드 포크가 일어난 대표적인 예가 2016년 7월에 이더리움에서 일어난 하드 포크다. 그해 6월 해커들이 이더리움 보안의 취약점을 찾아내, 이더리움 코인인 이더ETH 약 360만 개를 해킹했다. 이 문제를 해결하기 위해 개발자들은 7월에 프로토콜을 업그레이드했다. 하드 포크의 성공 여부는 참여자들의 과반수 지지 여부에 따라 결정된다. 당시 이더리움 블록체인 노드 85% 이상이 소프트웨어를 업그레이드해서 공식 이더리움 블록체인이 되었다.

합의consensus

블록체인의 특징이라 할 수 있는 분산 컴퓨팅의 근본적인 문제는 중앙의 신뢰할 만한 기관이 거래 데이터의 신용을 보증해주지 않는다는 점이다. 이를 해결하기 위한 기술이 '합의 알고리즘'이다. 블록체인의 모든 노드가 모든 트랜잭션 데이터를 소유하며, 이 데이터가 조작되거나 삭제되지 않았다는 사실에 동의함으로써 신뢰를 달성할 수 있다. 즉 전체 네트워크가 합의에 도달하는 것이다.

합의 도출에 대한 한 가지 접근 방식은 모든 노드가 다수 가치에 동의하는 것이다. 이러한 맥락에서 과반수의 표가 요구된다. 합의는 직렬 장부라는 블록체인의 특성을 지키기 위해 하나의 사슬로 연결되는 블록체인을 유지하는 방식으로, 블록 생성 권한을 분배하고 검증하는 방법이다. 또 포크가 일어날 경우 하나의 블록체인을 선택하는 방법이기도 하다. 현재 주요 합의 메커니즘으로 작업 증명, 지분 증명, 중요도 증명, 권한 증명 등이 있다.

작업 증명POW: Proof of Work

작업 증명 알고리즘은 암호를 풀었다는 사실을 증명한 후에 블록을 생성하게 만드는 방법이다. 증명 없이는 블록을 생성할 수 없게 하는 역할도 한다. 모든 참여자가 블록을 나눠 가진 후 블록 안에 들어 있는 암호를 푼다. 해독 작업에 성공하면 토큰이나 코인을 제공받는다. 이 작업을 채굴이라고 한다. 여기에 참여하는 노드를 '채굴자'로 표현하기도 하는데 2017년 비트코인 광풍이 불면서, 합의나 작업 증명 등의 용어보다 '채굴'이라는 용어가 더 널리 알려지기도 했다. 이 과정은 참여자가 블록에 담긴 암호를 해독하고 검증해 새로운 블록을 인정받게 하는 절차다.

비트코인을 비롯해 라이트코인, 이더리움 등의 암호화폐가 이 방식을 적용하고 있다. 그런데 암호화폐는 발행 코인 수가 정해져 있기 때문에 암호를 너무 빨리 풀 경우 발행이 늘어나는 점을 우려해 참여자가 많아지면 암호의 연산 난이도 역시 높아지게 설계되었다. 여기에 치명적인 단점이 있다. 그 첫 번째는 암호의 난이도 탓에 트랜잭션이 일어나는 속도가 매우 느려지며, 더불어 블록의 생성 속도도 느려지는 것이다. 이런 점은 블록체인의 장점을 전혀 살리지 못하며 오히려 문제가 되고 있다. 그뿐만 아니라 동시에 두 명이 암호를 풀 경우 블록이 두 개 생성되면서 포크가 일어난다. 이때 노드가 둘 중 하나를 선택해야 하는데 이 결정으로 블록의 생성은 더 느려진다. 이는 전기의 소모 등 엄청난 자원의 낭비를 가져오기도 한다. 그밖에도 담합, 방화벽 공격 문제 등 비판이 많아지면서 더욱 안정적인 증명 방식의 필요성이 대두되었고 지분 증명이나 중요도 증명 등의 알고리즘이 새롭게 등장했다.

⋮ 지분 증명POS: Proof-of-Stake ⋮

지분 증명은 시중의 코인 거래 빈도, 양 등을 고려해 암호를 풀지 않고 보상받을 수 있는 방식이다. 보유하고 있는 코인이나 토큰의 지분이 많을수록 많은 보상을 받는 방식으로, 주식 배당 시스템과 유사하다. 보유한 코인이나 토큰의 수와 보유 기간을 계산해서 청구권을 얻을 확률을 계산한다. 피어코인PeerCoin, 네오NEO, 스트라티스Stratis 등이 이 방식을 활용한다.

중요도 증명 POI: Proof of Importance

지분 증명과 마찬가지로 암호를 풀지 않고 보상받을 수 있는 방식이다. 블록체인에서 활동한 기여도가 클수록 많은 보상을 받을 수 있다. 지분이 높은 참여자에게 보상을 주는 것은 POS와 같지만, 그 밖에도 얼마나 많은 참여자와 거래했는지 등 거래량과 신용도가 높을수록 보상도 커진다. 넴 NEM 등이 활용하고 있다.

권한 증명 PoA: Proof of authority

주로 참여하는 노드가 한정된 프라이빗 블록체인을 위한 증명 방식이다. 이름처럼 검증자로 알려진 승인받은 계정이 블록체인에서 블록과 거래를 생성하도록 허가해주는 것이다. 유효성 검사에 필요한 시간을 줄일 수 있어 블록 생성 주기를 짧게 해 빠른 트랜잭션 처리가 가능하다는 장점은 있지만, 탈중앙화라는 블록체인의 특성은 퇴색된다.

51% 공격 51% attack

다수결을 통해 합의를 도출하는 블록체인의 구조적 약점으로 제기되고 있는 문제다. PoW 방식에서 코인을 채굴할 때 특정 노드(채굴자)가 전체 네트워크에서 절반 이상의 해시파워를 가진 경우 이중 지불과 같은 잘못된 거래 내역을 옳다고 판정해 장부를 조작할 수 있는 문제가 발생한다.

다만 절반 이상의 해시파워를 가진 컴퓨터를 운용하는 데는 천문학적인 금액이 들고, 블록체인 데이터는 누구나 열람할 수 있기 때문에 이러한 공격이 진행되었다는 사실을 모두가 알 수 있다. 따라서 51% 공격이 일어날 경우 노드들이 이탈해 코인의 가치가 떨어질 수 있다. 그러므로 이득보다 손해를 입을 가능성이 크다.

： **온체인**on-chain과 **오프체인**off-chain ：

블록체인 거래를 기록하는 방식의 차이. 온체인은 네트워크에서 발생하는 모든 전송 내역을 블록체인에 저장하는 방식이다. 오프체인은 블록체인 밖에서 거래된 내역을 기록하는 방식으로, 이는 온체인에서 해결하지 못하는 확장성 문제를 해결하기 위해서 이뤄진다.

2. 블록체인 기술이 가져온 새로운 가치

— 앤디 리안 —

인터넷이 탄생하기 전, 우리의 생활은 어떠했을까? 인터넷의 탄생으로 전 세계가 완전히 바뀌었다. 그 가운데 가장 중요한 변화는 정보의 전송, 상호 작용, 소통의 방식이 완전히 바뀐 것이다. 모든 정보가 '온라인' 형태로 존재하게 되었다. 나아가 전 세계의 비즈니스 모델과 라이프스타일 역시 달라졌다. 오늘날 세계 시가총액이 가장 큰 기업 10개 중 7곳이 전형적인 인터넷 기업이다. 과거 세계적 글로벌 기업이었던 제네럴 모터스GM, 제네럴 일렉트릭GE은 역사의 뒤안길로 사라졌다. 인터넷이 정보의 재구성을 가져왔고, 정보의 재구성은 전 세계를 변화시켰다.

블록체인은 인터넷이 가져온 정보 재구성에 견줄 만한 변화를 가져올 것이다. 블록체인에서는 가치가 상호 작용하는 방식으로 바뀔 것이며 미래에 비즈니스 생태계와 라이프스타일을 한 단계 업그레이드할 것이다. 인터넷이 가져온 변화가 '정보 재구성'이라면, 블록체인이 가져올 변화는 '가치 재구성'이라 할 수 있다.

블록체인이 가져올 변화를 알기 전에 먼저 '가치'가 무엇인지 알아야 한다. 경제학은 상품의 가치를 가격으로 측정한다. 여기에는 원재료, 인력, 부지, 물류 등 비용이 포함된다. 따라서 비용에 이익을 더한 것이 가격이며, 이것이 가치다. 이 공식은 일반 제품에 적용되지만 사치품이나 서비스업에 대입시킬 경우 성립되지 않는다. 예를 들어, 라이브 방송 시청자들은 '별풍선' 같은 가상의 선물을 종종 보낸다. 별풍선의 가치는 어디에 있을까? 라이브 방송을 보는 시청자들은 비교적 젊은 연령대다. 이들은 행복하다고 느끼면 별풍선을 지불할 만한 가치가 있다고 판단한다.

다시 말해 가치는 사람들이 이룬 합의consensus다. 이때 합의만 이루어진다면 개인 간 거래가 성사되지 않을까? 이 주장은 이론적으로 가능하며 실제 우리 삶에서도 종종 발견할 수 있다. 대표적인 것이 벼룩시장이다. 벼룩시장은 P2P 거래로 양측이 합의에 도달하면 거래가 이루어진다. 하지만 이러한 방식은 한정된 시간과 공간에서는 가능하지만, 대규모로 응용되기는 어렵다. 대부분의 거래가 동일하지 않은 물리적 공간에서 발생해 신뢰가 부족하기 때문이다.

신뢰와 신용 구축은 오랜 기간 쌓아야 가능하다. 우리는 그동안 거래를 위해 은행과 같은 금융기관에서 장기간 신뢰를 쌓아 신용도를 높여야 했다. 블록체인이 획기적인 점 중 하나는 이 문제를 해결했다는 데 있다. 사용자 간에 가치 합의를 이끌어내도록 했으며 거래 패턴을 변화시키고 심지어는 기존 시장에 대한 개념을 바꾸었다.

블록체인은 다음 두 가지 요소를 충족하므로 가치에 대한 합의를 이끌어낼 수 있다.

첫째, 탈중앙화 장부로 신용을 빠르게 쌓을 수 있다. 이것이 바로 가치 교환의 기초다. 또한 제삼자의 인증이나 지원을 필요로 하지 않는다.

둘째, 가치 교환 및 유통의 유일성은 타임스탬프에 의해 유지된다. 정보가 재유통되는 인터넷의 정보 재구성과 달리 블록체인의 가치 교환과 유통은 유일성을 갖는다. 예를 들어 상품은 한 사람에게만 판매할 수 있으며 동시에 여러 사람에게 팔 수 없다. 또한 블록체인은 기술적 수단으로 타임스탬프의 합의 메커니즘을 설계해 상호 작용이 이루어진다. 두 가지 기능에 대해 다시 자세히 다루겠다.

블록체인의 가치 재구성

대규모 상장기업이 중요한 결의안을 통과해야 한다고 가정해보자. 먼저 그 결의안을 완전히 신뢰할 수 있는지 어떻게 확신할 수 있을까? 기존 방식은 이러하다. 이사회가 회의를 기획하고 기록을 담당하는 직원을 정해 이사회의 말을 전부 기록한다. 그다음 거수 방식으로 표결해 결과를 기록한다. 그런데 여기에는 문제가 있다. 회의 내용은 이

사회가 기록하고 보관한다. 따라서 이사회가 마음만 먹는다면 얼마든지 위조가 가능하다. 또한 거수 방식은 효과적인 의사결정을 저해하기도 한다.

블록체인은 이 문제를 해결할 수 있다. 블록체인 장부는 모든 이해관계자가 기록한다. 모든 사람이 블록체인 노드가 되어 전체 노드의 검증을 거친다. 블록체인에 기록된 데이터는 타임스탬프가 찍혀 모든 사람들의 장부에 저장된다. 상장기업이라면 수만 명에 달하는 주주가 동시에 장부를 보유하며 장부의 모든 기록은 검증을 통해 이루어진다. 이때 이사회가 장부를 위조하기란 매우 어렵다. 수만 명 주주의 컴퓨터에서 모든 장부를 삭제하지 않는 한 불가능하다. 특히 참여 노드 수가 많을수록 위변조는 더 어렵다.

이것이 분산 원장 기술로 탈중앙화 방식을 통해 신뢰성을 제공한다. 이 기술은 한 그룹에 N명이 있는 것과 같다. 이 그룹의 사람들은 N-1의 보장을 수락한다. N이 많아질수록 그룹이 커지고 신뢰도가 높아진다. 시간이 오래 걸리지 않고 중앙 서버가 필요치 않다. 즉 블록체인은 탈중앙화 방식으로 신용을 해결했으며 가치 교환을 실현했다.

탈중앙화된 장부에는 또 다른 중요한 기술인 타임스탬프가 있다. 검증을 거친 파일에는 타임스탬프가 찍히고 시간 순서대로 모든 사람들의 장부에 저장된다. 이는 소유권 문제를 해결하는 것과 같다. 자산일 경우 일단 사용되거나 이동되면 유일한 합법적 거래가 된다. 타임스탬프는 가치 유통 과정의 유일성 문제를 해결했다.

블록체인의 두 가지 특징을 통해 알 수 있듯 블록체인이 가져오는 변화는 인터넷으로 인한 변화보다 더욱 중요할 것이다. 인터넷의 정보 재구성으로 사람들의 정보 교류 방식이 바뀌었다. 정보 사용의 복제성과 비배타성으로 무료의 시대가 닥쳐왔으며 이 과정에서 비즈니스 생태계와 라이프스타일에 변화가 생겼다. 블록체인의 분산 원장과 타임스탬프 기술은 위변조가 불가능하므로 장부의 신뢰성을 제공한다. 이는 거래의 본질인 신용 및 권리 확립과 관련이 있다. 블록체인은 시간과 권리의 제약을 깨고 신용을 쌓으며 소유권을 확립하므로 가치 교환의 기초라 할 수 있다. 가치에 대한 새로운 인식은 거래 모델의 변화로 이어질 것이다. 또한 가치에 대한 합의와 거래 모델이 바뀌었으므로 시장에 대한 개념 역시 바뀔 것이다. 이것이 바로 가치 재구성이다.

블록체인의 재구성

1990년대에 인터넷이 탄생하면서 야후Yahoo 같은 포털 사이트가 등장했다. 이들의 출현은 신문, TV 및 잡지와 같은 기존의 정보 매체에 가차 없는 공격을 가했다. 이때부터 정보의 전달은 중개를 거치게 되었고 이후 점차 구글Google, 위키피디아Wikipedia에 이어 페이스북, 트위터Twitter, 유튜브Youtube가 등장했다. 이로써 공급자와 수요자가 한 방향으로 정보를 공급하던 방식에서 확장해 다자간 정보 교환이 이루어졌다. 신문, 잡지에서 포털 사이트로, 소셜 미디어에 이르기까지 인터넷의 탄생으로 정보화 시대가 열렸다.

다시 말하면 인터넷의 정보 재구성은 두 가지 방식으로 이루어졌다. 하나는 정보와 가장 밀접하게 연관된 산업에 뛰어드는 것이고, 다른 하나는 정적 상호 작용에서 동적 상호 작용으로의 변화다. 블록체인의 발전을 인터넷과 비교할 수는 없지만 이러한 방식은 참고할 만하다. 블록체인의 재구성은 다음과 같은 규칙을 따를 것이다. 첫째, 신용과 가까운 산업이 가장 먼저 충격을 받을 것이다. 둘째, 금융 분야는 정적에서 동적으로의 변화가 나타날 것이다. 앞서 언급했듯이 블록체인은 체인의 모든 사람들이 다른 사람들에게 신용 보증을 제공한다. 이는 탈중앙화, 탈중개화 신용 구축 모델이다. 모두가 알고 있듯이 금융업은 신용 중개로 자금을 융통하는 비즈니스를 하는데, 블록체인으로 이런 금융업이 가장 먼저 영향을 받을 것이다.

구체적으로 어떤 영향을 받게 될까? 일반적인 금융 거래는 결제다. 예를 들어 주식을 거래할 때는 자금이 증권사에서 전문 결제기관으로 이동한다. 우리나라의 결제 회사는 모든 데이터를 결제한 후 결제된 데이터를 각 증권사에 전달한다. 그러면 각 증권사는 결제 회사의 에스크로 계정을 통해 자금을 할당한다. 자금 이체는 결제 회사의 은행을 거쳐야 하며 은행은 청산 과정을 거쳐야 한다. 우리가 일반적으로 볼 수 있는 거래 뒤에 매우 복잡하고 방대한 결제 시스템이 존재하는 것이다. 이 시스템에서 독립적인 기관들이 다수 참여하므로 중개 프로세스가 얼마나 복잡하고 오류가 발생하기 쉬운지 알 수 있다.

반면 블록체인 메커니즘은 탈중앙화 장부로 복잡한 프로세스를 단순환시켜 빠르게 이루어질 수 있도록 한다. 실제로 런던 증권거래소와 결제 센터, 시카고 거래소에서 이뤄지고 있다. 2015년과 2016년 결제기관에서 결제된 금융자산을 코드로 변환할 수 있는지 여부를 조사한 다음 복잡한 거래 시스템을 거치지 않고 블록체인을 통해 거래를 하고 있다. 나스닥NASDAQ: 미국의 장외 주식 시장은 모든 자산의 추적에 블록체인 기술을 활용할 방법을 일찌감치 추진하고 있다. 이 단계가 끝나면 전체 금융 시스템의 기초, 결제 시스템이 변경될 것이다.

이는 블록체인이 가져오는 초기 변화에 불과하며, 블록체인의 정적 응용에 속한다. 동적인 방향으로 나아가는 것은 신용의 상호 작용이다. 예를 들어 크라우드 펀딩crowd funding, P2P 대출 등 금융 모델이 블록체인 기술을 통해 진행될 수 있으며, 그 결과 기존 산업에 큰 충격과 변화를 가져올 것이다. 상호 작용의 대부분은 거래를 기반으로 하며, 시장 역시 거래를 통해 실현된다. 거래의 기초는 신용이다. 블록체인은 신용 방식을 변경하므로 가까운 금융 산업뿐만 아니라 거래에서 시장, 사회까지 변화시킨다. 또한 비즈니스, 소비, 의료, 교육, 공공 서비스 등의 산업이 블록체인의 발전으로 재구성될 것이다.

블록체인 기술의 문제점

현재 전 세계에서 블록체인에 관한 정보가 넘쳐나고 있다. 블록체인 기술에서 우리는 미래를 볼 수 있다. 모호하지만 새롭고 상상력이 넘치는 미래는 모든 사람들에게 놓칠 수 없는 기회와 도전을 의미한다. 그러나 미래는 여전히 아득하다. 블록체인 기술은 아직 초기 단계로 많은 문제가 드러나고 있다.

첫째, 기술적 수준의 개발이 부족하다. 현재 비트코인은 블록체인을 가장 성공적으로 적용한 제품으로 그 외에는 상업적 가치가 없는 프로젝트가 대부분이다. 인프라 및 데이터 처리 능력은 갖추어져 있지만 대규모 응용이 어렵다. 블록체인은 탈중앙화 장부로 복잡한 네트워크에서 저장된 정보를 동시에 검증해야 한다. 이는 높은 계산능력과 알고리즘을 필요로 한다. 이런 결과로 현재 블록체인을 통한 자금 결제는 중앙화된 시스템보다 느리다. 금융 부문에서 현재 블록체인이 할 수 있는 것을 중앙화된 시스템도 할 수 있고, 게다가 효율도 높다.

둘째, 제도적 마찰과 관리감독의 부족이다. 블록체인은 기술로 신용 주체를 대신한다. 현재 사회에서 가장 큰 신용 주체는 무엇일까? 국가다. 금융 시스템은 사람의 몸으로 따지면 혈액 같은 것으로 국가 경제의 핵심이다. 국가적 관점에서 신용 붕괴와 주권적 합법성 상실은 동일하다고 할 수 있다. 따라서 금융 산업은 어느 국가에서나 규제가 가장 엄격한 산업이다. 새로운 기술은 응용 및 변화 과정에서 리스크를 동반한다. 증기기관에서부터 전기, 인터넷까지 모두 그러했다. 따라서 모든 국가는 금융 신용을 포함한 기술의 적용에 매우 신중하다. 그로 인해 중간에 발생할 수 있는 제도적 마찰은 심각할 수 있다. 또한 블록체인의 주체가 명확하지 않아 관리감독에 어려움이 생길 수 블록체인의 문제점 ————————————————————

기술 발전 부족	관리감독 부족	안전 부족
인프라 부족 데이터 처리 능력 부족 해시파워 부족 불완전한 알고리즘	제도적 마찰 불명확한 주체 관리감독의 어려움 복잡한 산업	외부 안전 위협 내부 기술 허점 개인정보 보호 문제

있다.

셋째, 보안 및 개인정보 보호 문제다. 보안 위협은 블록체인이 직면한 주요 문제다. 현재 블록체인 기술은 초기 단계이므로 프로젝트, 지갑 등이 해킹되어 재산적 손실을 유발한다는 뉴스가 자주 보도된다. 그뿐만 아니라 블록체인 기본 논리에 따르면 체인은 개방되어 있으며 체인에 더 많은 노드가 연결될수록 신용도가 높아진다. 그러나 개인정보 보호 관점에서 볼 때 체인에 연결되면 모든 것이 투명하고 모든 것이 추적 가능하므로 문제가 된다.

시장 변화에 따라 우리는 투명한 환경을 조성하기 위해 다양한 시스템을 설계했다. 그러나 개인 간, 기관 간, 산업 간, 국가 간 투명함이 우리 모두에게 필요할까? 현재 완전히 공개된 퍼블릭 블록체인은 유토피아적이다. 따라서 프라이빗 블록체인이나 컨소시엄 블록체인consortium blockchain이 등장하게 되었다. 이러한 체인의 출현은 블록체인 기술이 이론에서 현실로 옮겨지는 구체적인 과정이기도 하다.

3. 블록체인의 종류

— 앤디 리안 —

많은 사람들이 모든 블록체인이 똑같다고 오해한다. 하지만 블록체인의 종류는 다양하다. 현재 블록체인에는 퍼블릭 블록체인, 프라이빗 블록체인, 컨소시엄 블록체인이 있다.

비가 자주 내리는 마을을 예로 들어보자. 진흙투성이로 걷기가 어려워 마을 사람들은 돌길을 만들었다. 돌길을 만드는 데 참여한 사람들은 자신의 이름을 새긴 돌조각으로 기록을 남겼다. 이후 다른 마을의 사람들이 모여 길은 점점 길어졌다. 길이 정비된 후 집 안뜰과 문 앞에는 '사유지 진입 불가'라는 팻말이 세워졌다. 사유지는 친지에게는 개방되었지만 외부인은 들어올 수 없었다. 사람들은 편의를 위해 마을에 있는 작은 길을 연결하게 되었다.

이 이야기에서 마을 사람들은 길을 정비해 통행할 수 있게 되었다.

이것이 퍼블릭 블록체인이다. 전 세계 누구나 블록체인 합의에 참여할 수 있다. 비트코인 등 가상화폐가 대표적인 퍼블릭 블록체인으로 우리에게 익숙한 체인이다.

집 안쪽의 길은 프라이빗 블록체인이다. 이름 그대로 공개되지 않은 체인으로 관리자가 어떤 사람들을 참여시킬지 결정한다. 예를 들어 대만의 폭스콘富士康: 세계 최대 전자기기 OEM 업체은 자체 블록체인을 가지고 있는데, 폭스콘만 사용이 가능하다. 이것이 프라이빗 블록체인이다.

자신이 속한 마을의 길만 갈 수 있고 다른 마을과 길이 통하지 않는 것은 컨소시엄 블록체인이다. 어떤 노드가 컨소시엄에서 합의에 참여할 수 있는지는 선택 사항이다.

퍼블릭 블록체인

이렇듯 블록체인 유형은 몇 가지로 나뉘며 응용 환경 역시 서로 다르다. 퍼블릭 블록체인의 데이터는 공개되며 누구나 참여할 수 있다. 즉 퍼블릭 블록체인 정보는 투명하다. 이런 특징 때문에 허가가 필요 없는 블록체인permissionless blockchain이라고도 불린다. 거래하는 모든 사람이 기록을 가지고 있어 상호 검증을 거치므로 신뢰도가 높다는 장점이 있다. 이론적으로 중앙화된 메커니즘이 없다. 물론 재산권과 경계를 정의할 수 있는 방법도 없다. 따라서 퍼블릭 블록체인은 노드가 참여해 변화되고 대체될 수 있다. 자연 그대로의 열대 우림이 고원지

대와 같이 변화되는 과정과 같다. 이는 평등하고 투명하며 개방적인 사회 메커니즘을 찾는 사람들에게는 꿈과 같다.

그러나 이 메커니즘은 최초 규칙을 바꾸기 어렵고 속도가 느리다는 기술 및 시스템적인 문제와 개인정보 보호 등 많은 문제에 직면해 있다. 따라서 지금까지 디지털 가상화폐 암호화 외에 적절하게 사용되는 환경을 찾지 못했다.

프라이빗 블록체인

퍼블릭 블록체인과 상반된 개념이다. 프라이빗 블록체인은 주권과 경계를 갖는다. 누구에게나 개방되고 누구나 트랜잭션(거래 기록)을 생성할 수 있는 퍼블릭 블록체인과 달리, 서비스 제공자(기업 또는 기관)의 승인을 받아야만 참여할 수 있고 법적 책임을 지는 기관만 트랜잭션을 생성할 수 있다. 이런 특징으로 인해 허가형 블록체인permissioned blockchain이라고도 불린다.

퍼블릭 블록체인은 트랜잭션 내역이 모두에게 공개되어 네트워크에 참여한 모든 노드가 이를 검증하고 거래를 승인한다. 반면 프라이빗 블록체인에서는 승인된 기관만 트랜잭션을 검증하고 거래를 승인한다. 예를 들어 회사의 자체 블록체인은 회사 내부의 탈중앙화 장부와 동일하며 권한을 갖고 있는 서비스 주체는 회사다. 신용 주체가 있으므로 데이터를 변경할 수 있다. 프라이빗 블록체인의 사용자는 서비스 제공자에게 전적으로 의존하기 때문에 퍼블릭 블록체인에 비해 신뢰성에 한계가 있다.

이론적으로 프라이빗 블록체인은 완전한 블록체인이 아니다. 블록체인의 개념은 공개적 시스템에서 합의를 기반으로 신용을 구축하는 것이므로 일단 사유화, 중앙화, 경계화되는 것은 블록체인 자체의 성격을 잃는 것과 같다. 따라서 일부 사람들에게 프라이빗 블록체인은 블록체인이 아닌 암호화할 수 있는 데이터베이스에 불과하다. 그럼에도 프라이빗 블록체인이 주목받는 이유는 승인받은 노드로 제한된 블록체인으로, 퍼블릭에 비해 속도가 빠르고 효율도 높다는 장점 덕분이다. 기업에서 활용도가 높아 엔터프라이즈 블록체인enterprise blockchain이라고도 한다.

컨소시엄 블록체인

퍼블릭 블록체인의 경우 암호화폐 외에 응용 환경을 찾는 것이 어렵고, 프라이빗 블록체인은 탈중앙화의 성격을 잃게 된다. 따라서 퍼블릭 블록체인과 프라이빗 블록체인의 절충안인 컨소시엄 블록체인이 탄생했다. 여러 기업(또는 기관)이 공동으로 참여하는 컨소시엄 블록체인도 넓은 의미에서 프라이빗 블록체인의 범주에 속한다. 현재 비즈니스 세계에서 개발된 블록체인은 대부분 컨소시엄 블록체인이다. 홍콩금융관리국HKMA이 12개의 다국적 은행과 협력해 진행한 블록체인 프로젝트 e트레이드 커넥트eTrade Connect가 전형적인 컨소시엄 블록체인이다.

세계 금융업의 가장 큰 문제점 중 하나는 데이터를 공유할 수 없다는 것이다. 상업적 경쟁으로 데이터를 공유하지 않데, 이 때문에 융자할 때 허점이 생긴다. 담보를 가지고 1,000만 원의 보증을 받을 수 있는 상황이라고 가정해보자. 이런 상황에서 스탠다드차타드은행에서 800만 원을, HSBC홍콩상하이은행에서 800만 원을 보증받았다면 총 1,600만 원을 담보를 통해 빌린 셈이다. 이는 1,000만 원이라는 본인이 감당할 수 있는 경제능력을 넘어선 것이다. 이는 곧 상환 리스크가 생긴 것과 같다. 하지만 이런 문제는 전 세계적으로 발생하고 있는 보편적인 문제다. 2008년 외환위기 당시 중국 A주식A-shares: 내국인전용주식 주주권 담보 보증 위기가 발생한 이유 중 데이터 비 공유로 인한 정보 미스 매칭은 치명적인 타격을 준 주범이다.

블록체인에는 데이터 공유라는 중요한 개념이 있다. 체인의 모든 노드에 대해 데이터를 추적하고 검증할 수 있다. 그러나 문제는 은행들이 이익에 부합하지 않아 핵심 비즈니스 데이터를 공유하려 하지 않는 데 있다. 블록체인의 탈중앙화 장부 및 암호화 기술은 다음 두 가지 문제를 해결했다. 전체 체인 변동을 각 노드가 아는 것이다. 그러나 익명성을 보장해준다. 이는 업계의 투명성을 높이는 동시에 각 기관의 정보를 보호하는 것과 같다.

그러나 퍼블릭 블록체인은 은행 시스템의 고효율적인 수요를 충족시키기에 충분하지 않기 때문에 많은 금융기관이 국경 간 공급cross

블록체인의 종류 ─────────────────────────────

퍼블릭 블록체인	프라이빗 블록체인	컨소시엄 블록체인
• 개방형 • 투명한 정보 • 수정 불가능 • 실제 적용 어려움	• 명확한 주권과 경계 • 명확한 운영 주체 • 수정 가능	• 퍼블릭과 프라이빗의 장점 결합 • 넓은 응용 환경 • 불균등한 이익 배분 • 현재 주로 산업에서 사용됨

border supply, 청구서 결제, 고객 신용 및 부정 방지를 위해 컨소시엄 블록체인을 고려하고 있다. 이를 위해서는 블록체인 기술에 대한 산업 전반의 검증이 필요하다. 그런 의미에서 우리는 이를 '산업 블록체인'으로 이해할 수 있다. 블록체인 기술을 사용해 연합 공동체를 형성하고 이 연합 공동체에서 참여 노드는 선택할 수 있다. 노드 사이에 일종의 '합의' 또는 '협력'의 링크가 있어야 한다. 즉 컨소시엄 블록체인은 특히 민주적인 거버넌스 구조와 같으며 체인의 노드는 일정한 이익을 위해 컨소시엄을 형성하고 공동으로 저비용 신용 관계를 구축한다.

그러나 모든 컨소시엄 블록체인의 본질은 비슷하다. 첫 번째는 부분적(산업 내 또는 응용환경 내) 탈중앙화다. 두 번째는 데이터 위변조의 어려움이다. 데이터의 수정이 프라이빗 블록체인보다 어려우며 체인에 있는 노드가 합의를 이루어야 한다.

블록체인의 미래는 아름답지만 발전 과정에는 어려움이 있다. 현재 컨소시엄 블록체인이 절충안이 될 것으로 보인다. 그러나 컨소시엄 블록체인 또한 컨소시엄 내부의 이익을 조정하는 데 여전히 문제를 가지고 있다. 현재 많은 비즈니스 기구, 특히 금융계가 혁신적으로 문제 해결을 위해 노력하고 있다.

4. 블록체인의 보상, 토큰과 코인

비트코인, 이더리움 등 암호화폐의 인기가 한풀 꺾인 지금, 인류의 관심은 블록체인으로 옮겨갔다. 그 관심은 암호화폐 공개Initial Coin Offering, ICO라는 형태로 나타났다. 2018년 ICO 투자가 급격하게 증가했던 것이다. 우리나라의 경우 ICO를 금지하고 있어 그 열풍이 크지는 않았지만, 한때 블록체인 기업을 대상으로 한 ICO 투자 규모가 비非 ICO 투자 규모를 넘어서 가파르게 상승했다.

하지만 곧 ICO를 통해 투자자들이 받은 암호화폐의 가치가 폭락하면서 ICO 시장이 얼어붙었다. 그 대안으로 등장한 것이 STO, TSO 등이다. STO와 TSO는 3부에서 다시 한번 자세히 설명하겠지만, 이 방식들은 모두 블록체인 스타트업의 투자 방식에 속하므로 먼저 코인과 토큰의 판매를 통한 스타트업의 자금 모집 방식을 살펴보겠다.

ICO는 블록체인 기반 서비스를 구축하려는 기업과 개발자가 자사의 서비스에서 이용할 수 있는 '토큰token' 또는 '코인'을 투자자에게 발행해 투자금을 확보하는 방식이다. 투자자는 이더리움, 비트코인 등 주요 가상화폐를 통해서만 이들이 발행한 토큰과 코인을 구매할 수 있다. 기업 및 개발자는 토큰과 코인 판매 수익을 투자금으로 사용한다.

토큰과 코인의 차이는 발행사의 기술력 차이다. 독자적인 플랫폼, 즉 메인넷Main Network을 가지고 있느냐 없느냐로 구분된다. 만약 토큰이 자체 플랫폼, 자신만의 지갑 등 '자체 생태계'를 구축한다면 코인이 될 수 있다. 이것을 메인넷이라고 한다.

더 쉽게 표현하자면 코인은 전자화폐, 토큰은 전자주식이라 할 수 있다. 코인은 자체적으로 블록체인 플랫폼을 가지고 있는 암호화폐이고, 토큰은 발행사의 자체 기술력이 아닌 이더리움, 이오스, 퀀텀 등의 블록체인 플랫폼을 사용하는 애플리케이션 서비스가 발행하는 전자주식의 개념이다. 기존 블록체인의 표준 템플릿을 따라 스마트 계약을 포함해 자신만의 토큰을 제작하고 배포할 수 있다. 발행사가 이더리움 블록체인을 이용한 서비스를 내세웠다면 ERC-20Ethereum Request for Comment기반 토큰을 발행한다. ERC-20은 이더리움 블록체인상에서 유통되는 토큰 표준 사양이다. ERC-20 기반 토큰은 이더리움과 교환된다.

메인넷의 시작을 알리는 발표를 '메인넷 릴리즈Main Network Release'라고 한다. 대표적인 케이스가 퀀텀Qtum이다. 처음에는 이더리움 플랫폼의 템플릿인 ERC-20으로 제작해 토큰 형태로 출시되었다가 자금을 모집한 뒤 이를 활용해 독립된 네트워크, 즉 메인넷을 만들었고 스와프를 통해 퀀텀 토큰에서 퀀텀 코인으로 전환했다.

금융 산업에서 ICO를 제도권으로 편입해 합법화된 환경을 만들어주고 그 도구로서 블록체인을 사용한다면 기존 경제는 스마트 경제로 한 단계 발전할 것이다. 스마트 경제의 규격화된 형태가 바로 토큰이다. 주식, 채권, 부동산 등 모든 것이 토큰화될 수 있다. 이 새로운 표준은 시간적인 한계는 물론 국경이라는 물리적 한계도 넘어서 유동성을 확보할 수 있다.

토큰의 발행 및 판매

토큰의 본래 의미는 채권-채무의 증표다. 토큰 발행자는 구매자에게 구체적인 또는 사전에 약속된 재화 및 서비스를 제공할 의무가 있다. 카지노 칩이 토큰의 대표적 사례다. 카지노 칩이 있어야 카지노에서 운영하는 모든 게임에 참여할 자격이 있다.

블록체인 기술에서 토큰은 특정 서비스 등을 제공하는 디지털 토큰을 말한다. 이 토큰에 교환이나 매매의 기능을 추가하면 디지털 화폐가 된다. 온라인 상품권이나 삼성페이, 카카오페이 등도 디지털 화폐다. 암호화폐와 블록체인 기반 응용 서비스인 디앱DApp, 탈중앙화 애플리케이션 토큰을 제공하기 때문이다. 디앱 토큰은 유틸리티 토큰과 시큐리티 토큰(증권 토큰)으로 나뉜다. 유틸리티 토큰은 디앱 서비스에 접근 가능하게 해주는 토큰이며, 시큐리티 토큰이라고도 불리는 증권 토큰은 이름 그대로 디앱의 소유권을 의미하는 토큰이다. 블록체인의 특성상 유통은 주식보다 뛰어나다.

블록체인 업계가 이용자의 기여도에 따라 암호화폐를 보상으로 지급하는 '보상형 블록체인 서비스'를 잇달아 선보이고 있다. 수익을 서비스 생태계 구성원 모두와 나눈다는 블록체인의 핵심 정신을 시스템으로 구현, 이를 통해 이용자를 더욱 폭넓게 확보함으로써 블록체인 서비스의 대중화를 앞당기겠다는 것이다.

ICO를 염두에 둔 기업들은 백서white paper를 필수적으로 발행해야 한다. 백서는 투자자들이 ICO의 가치를 판단하는 중요 지침서다. 프로젝트 종류, 프로젝트 충족 요건, 프로젝트 필요 기금, ICO 기간, 투자 가능한 가상화폐, 기업의 토큰 보유량, 투자자들의 토큰 보유량 등 ICO 프로젝트의 모든 것을 담아야 한다.

토큰 판매의 3단계

토큰 판매는 프라이빗 세일private sale, 프리 세일pre-sale, 퍼블릭 세일public sale의 3단계로 나뉜다. 요즘 트렌드는 프라이빗 세일에서 80% 정도의 자금을 확보하고, 퍼블릭 세일에서 수 시간 내에 모든 자금을 조달하고 문을 닫는 것이다. 토큰 판매의 3단계에 관해 알아보자.

● 1단계: 프라이빗 세일

일반인이 참가할 수 없는 비공개 토큰 판매 단계로 얼리 백커early backer라고도 한다. 주로 경영진이나 일정 규모 이상의 자본금을 가진 사람에게 낮은 가격으로 판매한다. 투자금의 상한이 있으며, 투자자는 자본금, 거래 규모 등 일정 수준 이상을 충족해야 참가 가능하다. 경영진의 가족 및 친지, 직원, 파트너 기업, 벤처 투자자 등도 참여할 수 있다. 상장 날짜 등이 정해지지 않은 상태에서 판매가 시작되는 경우가 많다. 이 1단계 판매에서 자본금을 많이 확보하고 완벽한 백서가 완성된다면 상장일이 당겨진다. 반면 투자금 확보가 미흡하거나 백서 또는 비즈니스 모델에 변화가 생기면 ICO 기간 및 상장 기간에 변동이 생긴다. 시간적으로 앞선 투자는 리스크가 높기 때문에 토큰 구매에 높은 보너스(보상 토큰)가 주어진다.

프라이빗 세일은 내부자가 있어야 우리나라에 소개가 가능하다. 이런 이유로 사실상 한국인이 해외 토큰의 프라이빗 세일에 투자할 수 있는 기회가 많지 않았다. 그래서 대체로 프리 세일이나 ICO 기간인 퍼블릭 세일에 투자해 왔다. 따라서 1단계 판매 기간에 주어지는 최대 60%의 보너스를 받을 기회도 없었다.

● 2단계: 프리 세일

프리 세일은 선판매, 얼리버드 세일earlybird sale로도 불린다. 본격적인 투자에 앞서 토큰을 미리 판매하는 기간이다. 개인캡(개인투자 할당)이 높아 공동구매를 통해 들어간다. 프리 세일에도 보너스가 주어진다. 그러나 프라이빗 세일과 프리 세일에서 보너스로 받는 토큰에는 '토큰 록lock'이 걸린다. 거래소 상장 시 보너스 물량으로 인한 덤핑을 방지하기 위해서다. 프리 세일 기간의 보너스는 많아봐야 10~20% 정도다. 이때는 대부분 ICO 날짜나 상장일이 거의 확정이 된 시기다.

● 3단계: 퍼블릭 세일

프리 세일 단계가 지나면 퍼블릭 세일에 돌입한다. 공개적으로 누구나 IOC에서 구매할 수 있는 세일로 메인 세일main-sale, 크라우드 세일crowd sale이라고도 불린다. 종래에는 이 시기가 본격적인 투자 모금 단계로 여겨졌지만, 최근의 추세는 ICO에서 토큰을 사기 힘들어졌다. 짧은 시간에 전 세계 사람들과 경쟁하면서 투자해야 하기 때문이다.

모든 ICO는 투자 목표치를 정한다. 투자 목표치는 하드캡, 소프트캡, 히든캡 등이 있다. 하드캡은 투자 모집 금액의 최대 도달액이다. 이 목표 금액에 도달하면 ICO가 종료된다. 소프트캡은 최소 도달치를 뜻한다. 모집 금액의 최소 목표를 넘지 못하면 투자금의 환불이 이뤄진다. 히든캡은 투자금 목표치를 공개하지 않다가 ICO 중간 시점이나 마감 후에 공개하는 방식이다.

최근의 국제법에 의하면 거래소 상장은 발표할 수 없으며, ICO 직전이나 토큰과 코인이 배분된 후에 발표된다. 다만 모든 ICO가 거래소에 상장되는 것은 아니다. 기술력, 최고경영자CEO 이력 등 각 거래소에서 판단하는 기준에 따라 상장 여부가 결정된다. 거래소에 상장되지 않는다면 P2P 거래만을 통해 토큰과 코인을 매매할 수 있다.

블록체인 용어 정리 2

ː 메인넷main net ː

다른 플랫폼에 종속되지 않고 독립적인 블록체인 생태계를 구성할 수 있는 네트워크.

ː 코인coin ː

독자적인 블록체인 플랫폼, 즉 메인넷을 가진 블록체인 시스템에서 발행하는 암호화폐.

ː 토큰token ː

스마트 계약을 통해 메인넷의 블록체인 시스템을 빌려 암호화폐를 독자적으로 발행하는 경우. 토큰은 ICO를 진행한 후 토큰의 사용이 활발해지는 시점에서 테스트넷을 진행한다. 토큰이 독자적 플랫폼으로 자리 잡을 수 있을지 테스트하는 것이다. 이후 스스로 네트워크를 운영함으로써, 즉 메인넷을 만듦으로써 코인으로 승격할 수 있다.

ICO를 통해 발행되는 토큰은 크게 유틸리티 토큰utility token과 시큐리티 토큰security token으로 구분된다. 유틸리티 토큰은 화폐 성격이 강한 토큰으로 서비스나 상품 가치에 대한 권리의 이전, 저장 수단으로 쓰인다. 시큐리티 토큰은 증권security과 비슷하게 투자 성격이 강한 토큰으로 지분에 대한 권리나 이익, 의결권 등이 추가된 형태다.

: 암호화폐cryptocurrency :

디지털 화폐의 일종. '암호화'라는 뜻을 가진 'crypto'와 화폐의 'currency'를 합친 단어다. 분산 원장에서 공개키 암호화를 통해 안전하게 전송하고, 해시 함수를 이용해 소유권을 증명할 수 있는 디지털 자산이다. 최초의 암호화폐는 비트코인으로 2009년 1월 3일에 첫 블록이 만들어졌다.

: 스테이블 코인stable coin :

비변동성 암호화폐. 기존의 암호화폐는 특유의 가격 변동성 때문에 통화로 사용하기에는 안정성이 떨어진다. 스테이블 코인은 이러한 가격 변동성을 최대한 줄이고, 법정화폐와 마찬가지로 가치의 척도가 되고자 한다. 1코인이 1달러의 가치를 갖는 테더Tether, USDT 코인이 대표적이며, 그 밖에 HUSD, PAX, GUSD, USDC 등 다양한 스테이블 코인이 선보였다.

: 비트코인bitcoin :

최초이자 대표적 암호화폐. 디지털 단위인 '비트bit'와 '동전coin'을 합친 용어로, 사토시 나카모토라는 가명의 프로그래머가 2009년 세상에 선보였다. 2009년은 미국발 금융위기가 한창이던 시기로, 미연방준비제도FED가 막대한 양의 달러를 찍어냄으로써 달러화 가치 하락 우려가 겹치면서 비트코인이 대안 화폐로 주목받기 시작했다. 나카모토는 "국가 화폐의 역사는 (화폐의 가치를 떨어뜨리지 않을 것이란) 믿음을 저버리는 사례로 충만하다"고 비판했다. 그러면서 비트코인은 시작부터 총발행량을 2,100만 개로 한정한다고 발표했다.

비트코인은 정부나 중앙은행, 금융회사 등 어떤 중앙 집중적 권력의 개입 없이 작동하는 새로운 화폐로, 개인과 개인이 직접 돈을 주고받을 수 있다. 거래가 이뤄질 때마다 블록체인에 기록이 추가된다. 블록체인에 저장된 거래 기록이 맞는지 확인해 거래를 승인하는 역할을 맡은 사람을 '채굴자'라고 한다. 컴퓨팅 파워와 전기를 소모해야 하는 채굴자의 참여를 독려하기 위해 비트코인 시스템은 채굴자에게 새로 만들어진 비트코인을 지급하는 것으로 보상한다.

비트코인은 익명으로 거래되며, 누구나 계좌를 개설할 수 있다. 이 때문에 돈세탁이나 마약 거래 등에 사용되는 문제점이 드러났다. 또 통화 공급량이 엄격히 제한되어 21만 개가 발행될 때마다 시간당 발행량이 반감기를 맞아서 최종 0으로 수렴한다.

한편 비트코인 채굴에 엄청난 양의 에너지를 소비하는 점도 문제가 된다. 미국의 한 기상학자는 비트코인 채굴을 위해 매년 미국의 340만 가구가 사용하는 전력량인 32테라와트가 소요된다고 지적했다. 비트코인 사용자들은 인터넷에서 내려받은 '지갑' 프로그램을 통해 비트코인을 주고받을 수 있으며, 인터넷 환전 사이트에서 비트코인을 구매하거나 현금화할 수 있다.

비트코인은 여러 가지 의미로 '화폐'보다는 '투자 자산'으로 인식되는 경우가 많은데 그 이유는 두 가지다. 하나는 실생활에서 지불 수단으로 사용할 곳이 거의 없으며, 다른 하나는 높은 가치 변동성이다. 실제로 비트코인 가격은 안정적이지 않다. 2015년 여름 220달러였던 비트코인은 2017년 1월 1,000달러를 넘어섰다. 심지어 그해 12월에는 1만 9,000달러를 넘어서기도 했다. 우리나라에서도 2018년 1월 6일 2,600만 원이라는 사상 최고가를 갱신했지만, 가상화폐 규제가 각국에서 이슈가 되자 약 열흘 만에 1,200만 원대로 폭락했다.

⋮ 전자지갑electronic wallet 또는 digital wallet ⋮

전자상거래에서 사용되는 전자 지불 시스템의 일종으로 컴퓨터 하드나 가상은행 계좌에 화폐 가치를 저장해 지갑처럼 사용하면서 전자상거래 시 대금을 결제할 수 있는 소프트웨어다. 블록체인 기술에서는 암호화폐를 저장하고 사용하는 전자지갑이 있다. 개인이 가상화폐를 관리하도록 돕는 프로그램으로, 비트코인 지갑을 만들면 비트코인 거래에 필수적인 개인키와 공개키가 자동으로 생성된다.

⋮ 개인키private key와 공개키public key ⋮

암호화폐 거래를 위해서는 공개된 가상계좌 역할을 하는 비트코인 주소(공개키)와 이 계좌를 열 수 있는 본인만 아는 비밀번호인 개인키가 부여된다. 개인키는 사용자만 아는 '암호'이며 공개키는 계좌번호를 안다면 확인할 수 있다. 즉 개인키를 통해 거래를 활성화하고, 그 거래가 참인지 거짓인지 여부를 공개키로 확인한다.

⋮ 이더리움 Ethereum ⋮

블록체인 기술을 기반으로 한 가상화폐의 일종. 러시아 이민자 출신 캐나다인 비탈리크 부테린Vitalik Buterin이 2015년 선보였다. 거래소에서 비트코인으로 구입하거나 비트코인처럼 컴퓨터 프로그램으로 채굴해 얻을 수 있다.

⋮ 스마트 계약 smart contract ⋮

계약 조건을 실행하는 컴퓨터 트랜잭션 프로토콜. 블록체인 기술을 기반으로 계약 조건을 코딩하고, 조건에 부합하면 계약 내용이 이행되는 디지털 계약 방식이다. 1994년 암호학자이자 프로그래머인 닉 자보Nick Szabo가 처음 선보인 기술로 '계약에 필요한 요소를 코드를 통해 스스로 실행되게 하는 전산화된 거래 약속'이다. 그는 스마트 계약을 '자동판매기'와 비교했다. 동전을 투입하면 표시된 가격에 맞는 제품을 구매할 수 있고 외부인으로부터 동전과 상품을 지키기 때문이다.

닉 자보는 스마트 계약이 서로의 계약 이행 가능성을 관찰하거나 성과를 입증할 수 있어야 하며, 계약을 이행하거나 위반했을 때 이를 알 수 있어야 하고, 계약 내용은 계약 당사자에게만 분배돼야 한다고 했다. 마지막으로 계약을 강제로 이행할 수 있는 구속력이 있어야 하지만 이 구속력은 최소화해야 한다고 주장했다. 닉 자보는 디지털 시대에 중개인, 종이 서류, 날인, 이행 여부 직접 확인 등의 전통적인 계약 방식이 그대로 통용될지에 의문을 던지며 스마트 계약의 미래를 예측했다.

스마트 계약은 블록체인 기술이 개발된 현재에 그 역할을 수행할 수 있게 되었다. 2015년 비탈리크 부테린이 스마트 계약을 적용한 블록체인 플랫폼 '이더리움'을 선보인 것이다. 이더리움은 개발자가 계약 코드를 작성할 수 있는데, 개발자의 자유도를 높여 스마트 계약을 발전시킴으로써 다양한 블록체인 기반 비즈니스에 접목할 수 있다.

스마트 계약 시스템에 거래 조건과 내용을 등록하면 그에 해당되는 법률 및 절차 등이 자동으로 적용되어 거래 당사자에게 결과가 전달된다. 예를 들어 보험회사와 병원은 스마트 계약을 통해 환자 의무기록은 보호하면서 보험료를 자동 지급함으로써 지급 결제 시스템을 간소화하고, 위변조가 어려운 원장을 만들어 보험 사기를 방지할 수 있다. 스마트 계약은 블록체인 기술을 각종 비즈니스에 확장시킬 수 있게 해주는 기술인 것이다.

⋮ **디앱** Dapps, Decentralized application ⋮

'탈중앙화 애플리케이션'의 줄임말이다. 중앙에서 관리하는 서버가 없고 블록체인을 기반으로 해 P2P 형태로 작동하는 애플리케이션이다. 스마트 계약과 사용자 인터페이스로 구성되어 특정 관리자가 없어도 계속 동작하면서 스마트 계약을 실행한다. 이더리움에서 처음 등장했다.

⋮ **ERC-20** ⋮

ERC는 Ethereum Request for Comments의 줄임말로 네트워크상에서 유통할 수 있는 토큰의 호환성을 보장하기 위한 표준 사양을 뜻한다. 이더리움 네트워크의 개선안을 제안하는 EIPs Ethereum Improvement Proposals에서 관리하는 공식 프로토콜이다. 뒤에 붙은 숫자는 제안의 넘버링으로 ERC-

20은 20번째 제안이라는 뜻이다. ERC-20은 이더리움 블록체인상에서 유통되는 토큰 표준 사양이라고 할 수 있다. ERC-20으로 만든 토큰은 이더리움과 교환된다.

⋮ 상호 운용성 interoperability ⋮

한 시스템이 동일 시스템 또는 다른 시스템과 상호 원활한 통신·호환이 가능한 성질을 말한다. 하나의 블록체인과 다른 블록체인 간의 연결성, 특정 코인과 다른 코인과의 교환성, 암호화폐와 기존 은행과의 호환성 등이 블록체인의 상호 운용성에 속한다. 이더리움의 스마트 계약 기능을 활용한 ERC-20 기반 토큰이 이더리움 시스템과의 연동을 위해 ERC라는 표준 기반을 따르는 것도 상호 운용성의 사례다.

⋮ 암호화폐 공개 ICO, Initial Coin Offering ⋮

암호화폐 공개는 기업들이 발행 목적, 규모, 운용 계획 등을 포함한 백서를 공개하고 신규 암호화폐를 발행해 투자자로부터 사업 자금을 모집하는 방식을 일컫는다. 발행사가 백서를 홈페이지에 게재하면 투자자는 이 백서를 보고 수익성을 판단해 투자를 결정한다. 투자자가 발행사의 계좌에 비트코인 등 암호화폐를 송금하면 발행사는 자체 암호화폐를 투자자가 송금한 암호화폐와 일정 비율로 교환해준다. 그리고 투자자는 발행사의 자체 암호화폐를 거래소에서 되팔아 현금화할 수 있다.

⦂ 백서 white paper ⦂

암호화폐 발행사가 코인이나 토큰 발행 전 콘셉트와 기술 등 코인의 모든 것에 대해 서술해 놓은 일종의 '사업계획서'다. 백서에는 사업화할 블록체인 기술, 암호화폐 조달에 관련된 구체적인 내용을 명시한다.

⦂ DAO Decentralized Autonomous Organization ⦂

'탈중앙화된 자율 조직'으로, 기본적인 인공지능 기술을 통해 사람의 개입 없이 정해진 규칙에 따라 자동으로 운영되는 단체의 형태를 말한다.

⦂ 다이코 DAICO ⦂

탈중앙화된 자율 조직DAO과 암호화폐 공개ICO를 합친 말로, 이더리움의 창시자인 비탈리크 부테린이 2018년 초 공개한 ICO 방식이다. ICO가 모금된 투자금을 프로젝트 팀으로 바로 전달하는 반면 DAICO는 스마트 계약을 통해 자금을 통제할 수 있다. 즉 투자자들이 모금한 투자금을 어떻게 분배할지 투표를 통해 정할 수 있는 방식이다.

5. 블록체인이 4차 산업혁명과 만났을 때

블록체인은 획기적인 기술이다. 그러나 블록체인의 강력한 힘을 만들어주는 것은 시장이다. 블록체인 기술은 산업 고도화에 중요한 역할을 하지만 모든 산업 분야에 적합하지는 않다. 실제 요구 사항을 바탕으로 기존 시장과 법적 환경을 고려해 실질적 문제를 해결해야 한다.

취리히 공대에서 정보 보안을 연구하는 카를 뷔스트Karl Wust와 런던 임페리얼 칼리지의 교수인 아서 저베이스Arthur Gervais는 '블록체인이 정말 필요한가?Do you need a blockchain?'라는 글에서 다음과 같은 견해를 밝혔다.

블록체인 기술의 적용은 세 가지 원칙을 따라야 한다. 첫째, 각 주체 간 기본적인 신뢰 관계가 없으므로 블록체인을 통해 신뢰를 구축해야 한다. 둘째, 여러 당사자가 함께 협력해야 한다. 참여자가 너무 많으면 장부 비용이 증가하므로 블록체인의 공공 거래 장부를 통해 비용을 줄여 효율을 높일 수 있다. 셋째, 시장 수요에 맞는 완벽한 비즈니스 논리를 갖춰야 한다. 블록체인 기술은 효율성을 높이고 비용을 줄이기 위해 사용되지만 응용 자체는 가치가 있어야 하며 그 가치는 비즈니스 논리를 따른다. 비즈니스 논리와 시장 수요가 없는 응용은 사상누각에 지나지 않을 것이다.

현재 블록체인 기술은 주로 금융, 보험, 전력 산업, 제조 및 공공 분야에 사용되고 있다. 그중에서도 비트코인이 처음 사용된 금융업에서 가장 광범위하게 적용되고 있으며 영향력도 강력하다. 가상화폐 이외에도 영국 중앙은행Bank of England의 가상화폐 RS코인RSCoin 시스템, 중국 초상은행과 R3CEV의 블록체인 결제 활용 프로젝트가 잘 알려져 있다.

보험업 역시 블록체인의 초기 응용 환경 중 하나다. 탈중앙화 리스크 방지 시스템을 통해 글로벌 기업의 관심을 빠르게 끌어모았다. 성공적인 사례로 상하이 증권거래소에서 개발한 '바오쟈오롄保交联', 프랑스 보험회사 악사AXA의 보험금 지급 시스템 '피지Fizzy', 마이크로소프트와 언스트 앤 영Ernst & Young이 출시한 해운보험 블록체인 플랫폼이 있다.

전력산업에서는 발전소 등이 블록체인 네트워크를 구축하고 파견 기관, 전력망 운영 회사 및 규제기관을 검증 노드로 네트워크에 할당함으로써 모든 운영 매개 변수가 실시간으로 체인에 등록되고 있다.

나아가 실시간 운영도 가능하다. 성공적인 사례는 미국 트랜스액티브 그리드TransActive Grid 블록체인 에너지 프로젝트, 오스트레일리아의 파워렛저Power Ledger P2P 전력 거래 시스템, 중국의 에너지 블록체인 실험실이 있다.

다음으로 공급망 관리 및 위조 방지 추적 영역의 발전 전망을 살펴보자. 대다수 소비자가 고가의 명품을 사기 위해 해외 직구를 하거나 좋은 품질의 분유를 사기 위해 전문 판매점에 간 적이 있을 것이다. 이때 가장 중요한 것은 루이비통 핸드백이 진짜 프랑스산 명품인지, 분유가 뉴질랜드산이 맞는지 확인하는 것이다. 과거에는 이 모든 신뢰는 쇼핑몰과 세관 신고에 의존했다. 그러나 지금은 모든 것이 위조될 수 있음을 알고 있다. 게다가 검증 비용은 매우 많이 든다. 어떻게 이 문제를 해결할 수 있을까? 현재 기업은 모든 제품 정보를 체인에 올리는 메커니즘을 설계하기 위해 노력하고 있다. 예를 들어 현지에서 가공, 물류, 운송까지 모든 데이터가 블록체인에 있고 이 데이터가 검증을 거쳐 디지털 서명을 받은 뒤 체인에 저장되면 고유의 '신분증'이 된다. 소비자는 제품을 구매했을 때 QR 코드를 스캔해 제품의 제조국부터 수명 주기까지 모든 정보를 파악할 수 있게 된다. 이러한 다중 단계, 다중 검증으로 생성된 정보는 단일 플랫폼보다 신뢰도가 높다. 이것이 다차원 산업 체인 또는 컨소시엄 블록체인의 형태로 제공되는 공급망 관리 및 위조 방지 추적 기능이다.

현재 블록체인 응용 환경을 연구하는 기업은 앞서 이야기한 분야를 제외하면 소수에 지나지 않는다. 2019년 이후에는 블록체인이 다른 첨단 기술(사물인터넷, 인공지능, 빅데이터 등)과 융합될 가능성이 높으며 블록체인 기술의 응용환경에는 금융 서비스, 에너지 및 전력, 보험, 인터넷 콘텐츠, 저작권, 자원 공유, 스마트 물류, 공공사무, 산업 제조, 의료, 농업, 자선, 경제 예측, 스마트 교통, 신용 관리 등이 포함될 것이다. 4차 산업혁명은 디지털 정보를 사용해 기술 혁신을 이루는 것이 핵심이다. 그리고 취약한 디지털 정보를 보안할 가장 발전한 기술과 대안이 블록체인이다.

인공지능과 블록체인의 결합

인공지능은 4차 산업혁명 시대에 가장 자주 사용되는 용어 중 하나다. 지능이 필요한 작업을 수행할 수 있는 시스템을 구축하는 데 필요한 이론과 실제를 제공한다. 이를 실현하기 위해 머신러닝, 인공신경망, 딥러닝 등의 최첨단 기술이 개발되고 있다.

블록체인은 데이터를 암호화된 분산 원장 형식으로 저장하는 시스템이다. 권한을 가진 사용자만 읽을 수 있으며 블록체인을 통해 생성된 모든 데이터는 변경 및 삭제가 불가능하다. 이러한 획기적 기술의 잠재력에 관해 학문적으로는 많은 기록이 작성되었지만 실제 사용 기록은 아직 부족하다. 그런데 최근 많은 스타트업이 블록체인에 인공지능을 도입하기 시작했다. 암호화된 분산 원장이 인공지능과 같은 최첨단 기술을 만나면 어떤 일이 벌어질까?

◉ 인공지능과 암호화

블록체인에 보관된 데이터는 파일 시스템에 내재된 암호화 덕분에 매우 안전하다. 이는 블록체인이 민감하고 개인적인 데이터를 저장하기에 매우 이상적이며, 이를 통해 삶의 가치와 편리함을 실현할 수 있음을 뜻한다. 우리의 의료기록을 토대로 정확한 진단을 내리는 스마트 의료 시스템 또는 아마존Amazon이나 넷플릭스Netflix가 다음에 사고 싶은 콘텐츠를 제안하는 데 사용하는 추천 엔진을 생각해보자. 이러한 시스템에 공급되는 데이터는 매우 개인적이다. 이런 데이터를 거래하는 기업은 데이터 보안 측면에서 기대 수준을 충족시키기 위해 많은 돈을 투자해야 한다. 그럼에도 개인정보 유실로 이어지는 대규모 데이터 유출은 지속적으로 늘고 있다.

블록체인 데이터베이스는 정보를 암호화한 상태로 유지한다. 체인의 모든 데이터가 안전하도록 개인키만 안전하게 보관하면 된다. 인공지능 역시 보안 측면에서 탁월하다. 최근 인공지능 기술은 암호화된 상태에서 데이터 작업을 할 수 있는 알고리즘 구축으로 그 영역을 확장하고 있다. 암호화되지 않은 데이터를 노출시키는 데이터 프로세스를 줄임으로써 훨씬 더 안전하게 작업할 수 있다. 따라서 블록체인에 인공지능을 도입한다면 암호화 기능은 더욱 강화될 것이다.

◉ 블록체인은 인공지능의 결정에 도움을 준다

인공지능이 내린 결정은 인간이 내린 결정과는 차이가 있다. 이는 인공지능이 독립적이며 다수인 변수를 평가해 비교할 수 있고, 특정 변수가 목표에 중요한지 학습할 수 있기 때문이다. 따라서 인공지능 알고리즘은 금융 거래의 사기성 여부를 결정하는 데 점점 더 많이 사용될 것으로 예상된다. 다만 초기에는 인공지능의 결정을 인간이 검수해야 할 필요가 있다. 엄청난 양의 데이터를 고려할 때 이것은 매우 복잡한 작업일 것이다. 예를 들어 월마트Walmart는 모든 매장의 수개월에 달하는 거래 데이터를 인공지능 시스템에 제공한다. 이 시스템은 어떤 제품의 재고를 유지해야 하는지, 어떤 제품을 매장에서 철수하는 것이 이익인지 등의 결정을 내린다. 이 결정 사항을 계속해서 블록체인에 기록하는 것이다. 이 정보는 변조될 수 없으므로 신뢰성을 가지며 유용성 판단과 감사도 인간이 검수하는 것보다 훨씬 쉬워진다.

인공지능이 많은 분야에서 큰 이점을 제공한다고 해도 그 결과물이 대중의 신뢰를 받지 못한다면 그 유용성은 심각하게 제한될 것이다. 따라서 블록체인에 인공지능의 의사결정 과정을 기록함으로써 투명성과 통찰력을 보장하고 대중의 신뢰를 얻을 수 있다.

● 인공지능은 인간보다 더 효율적으로 블록체인을 관리한다

컴퓨터는 명확한 지침이 없으면 작업 명령을 수행할 수 없다. 암호화라는 특성을 가진 블록체인은 컴퓨터에서 데이터가 작동하려면 엄청난 처리 능력이 필요함을 뜻한다. 예를 들어 비트코인 블록체인에서 채굴하는 데 사용되는 해시 알고리즘은 트랜잭션을 확인하는 데 적합한 문자를 찾을 때까지 모든 문자 조합을 시도하는 무차별 대입 방식을 사용한다.

그런데 인공지능이라면 이러한 무차별 접근 방식을 벗어나 훨씬 지능적인 방식으로 작업을 관리하려 한다. 암호 해독 전문가는 많은 암호를 성공적으로 해독하면서 그 유형을 파악해 암호를 더 효과적이고 효율적으로 해독하는 방식을 터득한다. 인공지능의 한 부분으로 컴퓨터가 명시적인 프로그램 없이 배울 수 있는 능력을 뜻하는 '머신러닝'에 기반 채굴 알고리즘이 이와 유사한 방식으로 작업을 처리한다. 따라서 블록체인에 기록해 신뢰를 얻은 올바른 훈련 데이터를 인공지능에 제공하면 평생 시간과 노력을 들이지 않아도 즉시 기술을 연마해 전문가와 같은 결과물을 얻을 수 있다.

지금까지 살펴본 것처럼, 블록체인과 인공지능은 첨단 기술 트렌드로서 자체적으로도 획기적이지만, 두 기술이 결합했을 때 훨씬 혁명적인 잠재력을 발휘할 수 있다. 각자의 기능을 향상시키는 동시에 서로에게 신뢰를 제공하기 때문이다.

양자컴퓨터와 블록체인

IBM은 2019년 1월 미국 라스베이거스에서 열린 국제가전박람회CES에서 최초의 상업용 양자컴퓨터 'IBM Q시스템 원'을 선보였다. 그동안 이론상으로만 존재했던 양자컴퓨터가 세상에 등장한 것이다. 이날 이후 블록체인 업계는 과연 양자컴퓨터가 블록체인을 위협하고 파괴할 것인가에 관해 많은 관심을 보이고 있다.

블록체인은 우리 삶의 방식을 바꿀 최신 기술이다. 하지만 새로운 기술이 등장하면서 일부 연구자들은 블록체인 기술이 머지 않아 낡은 기술이 될 것이라고 예측하기도 한다. 최근 과학 전문 주간지 〈네이처Nature〉에는 블록체인과 양자컴퓨팅에 관한 컴퓨터 과학자의 논문이 개재되었다. 논문에서 과학자들은 10년 안에 양자컴퓨터가 블록체인의 암호 코드를 깨뜨릴 수 있으며, 그럴 경우 블록체인은 쓸모없어질 것이라고 주장한다. 2025년까지 세계 GDP의 10%가 블록체인에 저장될 가능성이 있음을 염두에 둔다면 이 문제는 꽤나 심각하다.

블록체인은 공개되고 분산된 데이터베이스다. 공개되어 있으므로 누구나 읽을 수 있고 일정 조건을 충족한다면 누구나 기록할 수도 있다. 데이터를 임의로 수정할 수 있는 중앙 통제기관이 없으며 데이터베이스를 해킹하거나 파괴할 단일 지점도 없다. 블록체인의 데이터는 암호화되어, 자격을 갖춘 사람만 열 수 있거나 읽을 수 있다. 그러나 양자컴퓨팅이 모든 것을 바꿀 수 있다.

● 양자컴퓨팅은 무엇을 할 것인가?

오늘날의 전통적인 블록체인에서 공개키와 개인키 페어링pairing의 가장 일반적인 형태는 '타원곡선을 이용한 전자서명 알고리즘ECDSA, elliptic curve digital signature algorithm'에 기반한 것이다. ECDSA는 컴퓨터, 심지어 매우 뛰어난 연산능력을 지닌 컴퓨터일지라도 매우 큰 숫자를 분해하고 블록체인 키를 깨뜨릴 수 없다는 보안 가정에서 작동한다.

대부분의 블록체인은 ECDSA에 의존한다.

ECDSA 공개키 암호화 시스템에서는 누구나 공개키로 트랜잭션이나 메시지를 보낼 수 있다. 하지만 쌍으로 구성된 개인키의 소유자만이 그 정보에 접근할 수 있다. 우편함처럼 누구나 구멍을 통해 편지를 넣을 수 있지만 우편함을 열고 그것을 꺼내려면 개인키가 있어야 하는 것이다. 하지만 양자컴퓨터의 전산능력이라면 블록체인 키를 깨뜨릴 수준의 연산이 가능해진다는 것이 업계 전문가들의 이야기다.

● 양자컴퓨팅의 한계

대표적 암호화폐 비트코인과 이더리움을 판매하는 코인박스Coinbox. dk의 CEO 알렉산더 레오 핸슨Alexander Leo-Hansen은 양자컴퓨팅이 블록체인을 위협할 가능성을 제기하는 한편, 그것이 위험에 빠뜨릴 유일한 기술은 아니라고 말했다. 양자컴퓨터가 블록체인 코드를 풀 수 있는 시점까지 발전한다면 블록체인을 사용하는 은행, 회사 및 국가는 타깃이 될 것이다. 하지만 그는 그 단계까지 나아가지는 않을 것이라고 말했다. 양자컴퓨팅에 의해 암호화 기술 또한 향상되기 때문이다. 양자컴퓨팅이 암호화에 적용되면 암호화는 더욱 엄격해지고 블록체인 코드를 깨뜨리는 일이 어려워질 것이다.

양자컴퓨터의 가장 중요한 위협은 전 세계의 현대적인 암호 기술의 기초가 되는 비대칭 암호화 알고리즘인 RSA Rivest Shamir Adleman: 공개키와 개인키를 세트로 만들어서 암호화와 복호화를 하는 인터넷 암호화 및 인증 시스템의 하나로, 1977년에 개발되었으며, 개발자인 리베스트, 샤미르, 아델만의 이니셜을 땄다 와 ECC Elliptic Curve

Cryptosystem: 타원곡선 암호체계로,1985년 코블리츠와 밀러가 제안한 후 보안시스템 및 전자상거래 솔

루션 업체들에 의해 폭넓게 사용가 모두 양자컴퓨터에는 지나치게 약한 방어 수
단이라는 것이다. 양자컴퓨터가 현실화되면서 암호 시스템은 양자컴
퓨터에 대응하도록 설계된 새로운 암호 알고리즘으로 전환해야 한다.
이는 비단 블록체인에 한정된 것이 아니라, 암호화가 필요한 모든 산
업에 적용되는 문제다. 전문가들은 모든 암호화 소프트웨어 및 하드
웨어가 향후 10~20년 동안 재건되고 교체될 필요가 있다고 말한다.

사물인터넷과 블록체인

2018년 11월 다국적 엔지니어링 및 전자기업 보쉬Bosch는 블록체인
과 사물인터넷internet of things, IoT의 결합을 공식화했다. IoT와 분산된 데
이터 마켓플레이스가 공존해야 한다는 개념을 진지하게 받아들여 분
산 거래 플랫폼인 IOTA와 손잡고 크로스 도메인 개발 키트XDK 프로
젝트에 착수했다. IOTA는 독일에 등록된 비영리 재단으로 IoT에 기반
을 둔 암호화폐 유통 서비스다.

IoT에 대해서는 다양한 정의가 존재한다. 글로벌 컨설팅 업체 언스
트 앤 영은 '서로 통신하고 수집하고 교환하기 위해 임베디드 소프트
웨어embedded software: 간단하게 조작할 수 있는 내장형 프로그램 및 센서를 사용해 인
터넷에 모든 장치를 연결하는 것'이라고 설명한다.

IT 리서치 기업 가트너Gartner는 2020년까지 IoT 기기의 수가 204억

개에 이를 것으로 예측했으며, BI 인텔리전스는 240억에 가까울 것으로 예측했다. 한편 시장 정보 및 자문 서비스를 제공하는 기업 IDC는 2020년까지 300억 개의 장치가 IoT로 연결될 것이라고 전망한다. 5,000명의 애널리스트, 데이터 전문가, 금융 전문가 및 산업 전문가로 구성된 IHS 마킷IHS Markit에 따르면 IoT 기기가 2030년까지 1,250억 개로 증가할 것이라고 예측했다.

컨설팅 기업 베인앤컴퍼니Bain & Company는 IoT 매출이 2020년 말까지 4,500억 달러로 증가할 것으로 예측했으며, 맥킨지 앤드 컴퍼니McKinsey & Company는 IoT가 2025년까지 세계 경제에 11조 1,000억 달러의 충격을 가할 것이라고 주장했다. 예측의 차이는 조금씩 있지만 IoT가 세계 경제에 가할 충격이 엄청나다는 면에서는 동의하는 모양새다.

● IoT는 어떻게 작동할까?

IoT는 데이터를 수집하고 교환할 수 있는 연결된 장치의 네트워크를 나타낸다. IoT 기반 플랫폼은 기기가 데이터를 복사하고 이러한 기기들이 서로 통신할 수 있도록 공용 언어를 제공해 사용자가 혜택을 누릴 수 있도록 하는 공통 네트워크를 제공한다.

통신장치나 센서는 전화, TV, 냉난방 장치, 전기 제품, 자동차, 교통 신호등 및 산업용 장비와 같은 일상적인 기기에 내장되어 있다. 이 센서는 연결된 장치의 작동 상태에 관한 데이터를 지속적으로 내보내며, 클라우드(인터넷)를 통해 데이터를 주고받을 수 있도록 한다.

IoT 플랫폼은 데이터를 분석해 중요한 정보를 추출하고 다른 장치와 공유해 특정 명령을 내리거나 작업을 시작한다. 그 결과 사용자 경험이 개선되고 자동화 및 효율성이 개선된다. 예를 들어 제조 과정에서 공장의 모든 구성 요소와 기계에는 시스템 상태 데이터를 운영자의 모바일 앱에 지속적으로 전송하는 센서가 장착될 수 있다. 그 결과 고장이 발생하기 전에 잠재적 문제를 확인하고 해결해 시간과 비용을 절약할 수 있다. 에어컨과 같은 직접 소비재 제품을 살펴보면 시스템 상태 및 온도에 관한 데이터를 방출하는 센서를 장치에 내장할 수 있다. 데이터는 IoT 네트워크에서 지속적으로 다운로드되고 분석된다. 문제가 발생하면 사용자가 문제를 파악하기도 전에 수리 요청에 들어가는 것이다.

● IoT의 치명적 약점과 블록체인

IoT 네트워크의 약점은 완벽하지 않다는 것이다. 인터넷을 통해 중요한 정보를 끊임없이 공유하므로 해커의 주요 타깃이 되어 개인정보 보호와 보안은 주요 관심사다. 실제로 교통 신호 조작, 스마트홈 카메라 제어, CCTV 영상 불특정 다수에 유포, 자동차 원격 제어를 통한 핸들 및 브레이크 조작, 도어록 출입문 개방 등 다양한 IoT 영역에서 해킹을 통해 기기 조작이 이뤄졌다. 2016년 미라이Mirai 악성코드에 감염된 수백만 대의 IoT 기기가 미국 동부 도메인 서비스를 대상으로 디도스DDoS: 분산 서비스 거부공격을 하는 악명 높은 사건이 일어났다. 약 2시간 동안 진행된 이 공격으로 아마존, 〈뉴욕 타임스〉, 넷플릭스, 비자Visa 등 80여 개 기관의 서비스가 마비됐다. 2017년 9월에는 IoT로 연결된 심장박동 조절기 50만 개가 리콜되기도 했다. 해커가 환자에게 이식된 의료기기를 조작할 수 있는 보안상 허점이 발견되었기 때문이다.

블록체인은 IoT의 이런 치명적 약점에 효과적인 방어를 제공해줄 것으로 기대되고 있다. 블록체인의 핵심은 암호로 보호된 분산 원장으로, 당사자 간의 안전한 데이터 전송을 가능하게 한다.

전통적인 IoT 시스템은 중앙 집중식 아키텍처에 의존한다. 데이터를 분석해 클라우드로 전송한 뒤 IoT 기기로 재전송한다. 수십억 대의 기기가 IoT 네트워크에 속할 것으로 예상되는 이런 중앙 집중식 시스템은 확장성이 매우 제한적이며 네트워크 보안을 위협하는 다양한 약점에 노출되어 있다. 또한 제삼자가 각각의 마이크로 트랜잭션을 확인하고 인증해야 하므로 엄청나게 비싸고 느려질 것이다.

블록체인 네트워크에서는 스마트 계약을 통해 IoT 기기가 특정 요구 사항이 완료될 때만 실행되는 계약을 작성해 안전하고 자율적으로 작동할 수 있다. 자동화, 확장성, 그리고 저렴하고 신속한 전송이 가능할 뿐만 아니라 스마트 계약을 통해 개인이 사익을 위해 데이터를 수정하는 것을 방지할 수도 있다. 정보가 분산되어 있고 암호로 보호된 네트워크에서 공유되므로 네트워크 보안을 손상시키는 것은 불가능에 가깝다.

또한 중앙 집중식 네트워크를 사용하면 네트워크 전체를 사용할 수 없도록 만드는 단일 장애 지점의 위험이 발생할 가능성이 크다. 분산형 블록체인 네트워크는 P2P 기반으로 데이터를 전송하는 수백만 개의 개별 노드로 구성되어 있기 때문에 특정 지점에서 장애가 발생하더라도 나머지 IoT 네트워크는 이 위험을 피해갈 수 있다.

6. 블록체인 거버넌스를 통해 살펴보는 블록체인 기술의 미래

미국 혁명 직후, 민주주의는 새로운 것이었기 때문에 모든 미래의 우발 상황을 다룰 수 있는 정부를 설계하는 것이 거의 불가능했을 것이다. 미국 최초의 헌법인 연합규약Articles of Confederation은 잘 작동하지 않았지만, 이를 통해 많은 것을 배운 헌법 제정자들은 오늘날까지 이어지는 거버넌스의 모델을 창조했다. 이는 그들이 새로운 상황과 계획되지 않은 상황이 발생할 때 적용될 수 있는 수정 메커니즘을 헌법에 넣었기에 가능했다.

비트코인의 창시자인 사토시 나카모토도 마찬가지다. 그가 미래의 모든 도전 과제를 예측할 수는 없지만 적응의 잠재력을 지닌 비트코인 형태의 거버넌스를 만들어냈다. 이는 새로운 기술에 필수적인 요소다.

비트코인과 블록체인 거버넌스 간의 연결

미국에는 "제너럴 모터스에 좋은 것은 미국에 좋다"는 속담이 있다. 이는 철강을 비롯해 석유, 고무, 유리, 운송, 금융 등 미국 경제의 핵심 산업들이 자동차 산업에 연결되어 있었기 때문이다. 비트코인과 블록체인 산업 간의 관계에 대해서도 비슷한 언급이 가능하다.

비트코인과 미국의 거버넌스에는 많은 유사점이 있다. 블록체인이나 민주주의는 발명된 게 아니라고 주장할 수 있다. 이 두 요소 모두 이전부터 존재해왔다. 다만 공통된 차이점은 그들이 이 요소들을 새로운 방식으로 결합해 성공적이고 지속적인 사례를 처음으로 만들어냈다는 데 있다.

미국이 민주주의 모델을 전 세계로 확산시켰듯이, 비트코인은 블록체인 거버넌스 모델로서 그 역할을 할 것이다. 어느 쪽도 최상이라거나 가장 효율적이라고 단언할 수 없다. 그들만의 거버넌스를 갖고 있는 많은 나라들과 동맹들이 있고, 그들의 다양한 요구에 대해 다른 이들보다 더 잘 작용하는 것도 있다. 미국 정부의 안정성이 국제 정치에 미치는 영향과 마찬가지로 블록체인 세계의 비트코인 안정성도 블록체인 기술 전반에 영향을 미칠 것이다.

비트코인 거버넌스의 비전 '합의'

블록체인은 알고리즘이 중앙 권한을 대체하는 분산 디지털 원장 기술이다. 이러한 원장은 누가 접근할 수 있고 유효성을 검사할 수 있는지에 따라 다르지만, 원장의 사본이 여러 개 있고 누구든지 접근할 수 있으며 무단으로 공개적으로 공유하는 원장인 비트코인이 사용하는 양식으로 거버넌스에 대한 논의를 시작할 것이다.

블록체인은 본질적으로 분산되어 있어 중앙 권위의 제거를 의미한다. 정치 세계에서 확장성은 모든 이슈에 시민이 직접 투표하는 직접 민주주의에서 시민을 대표하는 대리자 이슈에 투표하도록 선출된 간접 민주주의로 변화함으로써 해결된다. 마찬가지로 블록체인 거버넌스가 특정 규모에 도달하면 중앙 통제 없이 어떻게 작동할 수 있는가 하는 문제가 발생한다.

비트코인 거버넌스의 초기 비전은 MIT 인터넷 엔지니어링 태스크 포스Internet Engineering Task Force의 대표 데이브 클라크Dave Clark의 성명에 의해 영향을 받았다. "우리는 왕과 대통령, 투표를 거부한다. 우리는 믿을 만한 합의와 실행 코드를 믿는다."

합의를 정의하는 명확한 비율은 없다. 수학적으로 보았을 때 50%<합의<100%가 될 것이며, 다수파가 지배하더라도 소수자들이 착취당하지 않을 것이라는 믿음을 기반으로 합의가 이뤄진다.

블록체인 프로젝트의 초기 표준이 된 비트코인이 사용하는 합의 알고리즘은 작업 증명POW으로 알려져 있다. POW에서는 채굴자가 점점 더 복잡해지고 자원을 많이 소비하는 문제를 해결해 거래의 유효성을 검사하며, 그 뒤 블록에 타임스탬프와 함께 기록된다. POW는 현재 여러 가지 문제가 드러나면서 대안이 등장했다.

왜 비트코인 거버넌스가 작동할까?

미국의 민주주의 형태가 안정된 이유 중 하나는 천천히 움직이기 때문이다. 견제와 균형 시스템은 어느 한 집단에 너무 많은 권력이 주어지는 것을 막는다. 핵심 개발자와 BIPBitcoin Improvement Proposal: 비트코인 개선 제안 시스템의 상호 작용을 통해 비트코인은 전략적 의사 결정을 구현하기 위해 근소한 점진주의 접근 방식을 이용한다. 거버넌스 구조의 안정성 측면에서 비트코인의 빠르지도 효율적이지도 않다는 약점이 강점이 된 것도 이와 같은 이유에서다. 역설적이게도 '비효율적'이라는 용어는 '효과가 없다'는 의미로 사용되지만 안정성에 의해 길러진 신뢰의 측면에서 네트워크의 효율성을 가져오는 것은 이러한 비효율이다.

비트코인 거버넌스는 어떻게 작동하는가?

미국은 입법부 행정부 사법부가 상호 작용해 민주주의를 안정시키는 3자 정부를 가지고 있다. 비트코인의 경우 소프트웨어 개발 업체, 채굴 업체, 토큰 보유자(사용자)가 주요 3대 참가자다. 둘의 가장 큰 차이점은 비트코인을 사용할 때 적시에 합의된 방식으로 긴급 결정을 실행하는 집행부와 동일한 것이 없다는 점이다.

이론적으로는 비트코인 암호가 스스로를 관리해야 하지만 이 문제를 해결하기 위해서는 '법 제정'과 '법 집행'의 차이를 이해해야 한다. 블록체인은 신뢰할 수 있는 제삼자 또는 중재에 의한 유효성 검사의 필요성을 제거해 법, 즉 규칙을 집행한다. 그러나 법(규칙) 제정은 여전히 인간에 의해 결정된다. 예기치 않은 상황이 발생하면 인간의 개입이 필요하다.

스마트 계약에 의해 일상적이고 예측 가능한 거래를 처리하는 블록체인 암호의 능력은 '법적 계약'에 준하지만, 계획되지 않은 사건을 처리하는 데는 변호사의 역할이 필요한 것이다.

온체인 vs. 오프체인 거버넌스

거버넌스에 대한 논의에서 우리는 누가 법을 제정하는지, 누가 집행하는지 구분해야 한다. 블록체인 개발자는 기본적으로 자신이 작성하는 암호에 법(규칙)을 작성하지만 블록체인 자체가 해당 법을 시행한다. 블록체인은 개발자 없이는 자체 규칙을 만들 수 없다. 그러나 국민의 동의 없이는 거버넌스도 없듯이, 개발자는 특정 소프트웨어 버전을 채택하려는 채굴자 및 사용자의 동의 없이는 통치할 능력이 없다.

온체인 거버넌스는 투표로 결정을 내리도록 사용자의 손에 통제권을 쥐어줌으로써 직접 민주주의를 반영한다. 확장성 문제를 해결하기 위해 대의 민주주의 요소를 취하기 시작했지만, 그렇게 함으로써 특정 집단이 부당한 영향력을 행사하지 못하도록 권력의 균형을 유지하려고 시도한다. 온체인 거버넌스는 현재까지 이론일 뿐이었지만, 현재 테조스Tezos가 이를 실현하기 위해 노력하고 있다.

비트코인과 이더리움을 가장 밀접하게 연계한 오프체인 거버넌스는 주요 세 당사자 리더 사이의 힘의 균형 면에서 체계적이지만, 특정 핵심 참여자의 영향력이 크다. 결과적으로 더 작은 규모의 많은 참여자들은 거버넌스에서 배제된다는 전략적 한계가 있다. 그러나 여기에 불만을 품은 사용자가 많은 경우 하드 포크를 시작할 수 있기 때문에 일반적인 기업 분할보다 효율적이다.

포크는 무엇인가?

포크가 거버넌스에 가장 큰 위협이라고 들었을지도 모르겠다. 이 위협을 해결하려면 소프트 포크와 하드 포크의 차이점을 알아야 한다. 이 둘은 실행되는 암호의 호환성과 분산 원장에 미치는 영향으로 구분된다.

소프트 포크에서는 두 개의 체인이 다른 암호로 실행되지만 서로 호환된다. 소프트 포크가 일어나면 이전에 원장에서 허용되지 않았던 거래가 기록된다. 소프트 포크는 95%의 합의가 필요하기 때문에 상식적인 변화가 진행되는 경향이 있다.

미국의 국가를 예로 들어보면 연방의 몇 가지 다른 법을 따르기로 한 개별 주라는 개념에 소프트 포크를 대입해보자. 그들은 여전히 미국의 사법권 안에 있으며, 미국의 혜택을 누린다. 어떤 주에는 다른 규칙이 적용될 수 있지만, 일반적으로 사람들의 이동과 상거래에 제한이 없다.

두 개의 체인이 호환되지 않는 암호를 실행할 때 하드 포크가 발생하므로 두 체인은 더 이상 조정할 수 없게 된다. 하드 포크는 연합에서 탈퇴하는 동맹과 더 유사하다. 변화와 결과의 차이가 너무 커서 두 그룹이 더는 호환되지 않는다. 남북전쟁 당시 남부와 북부가 각각 미국의 건국 비전에 충실하다고 주장한 것처럼, 하드 포크가 생길 때, 각 진영은 블록체인의 진정하고 독창적인 비전을 고수한다고 주장한다.

포크는 바람직하지 않지만, 발생했을 때 중요한 소수 그룹이 지배적인 상황을 더는 받아들이지 못하는 교착 상태를 극복함으로써 블록체인 프로젝트의 실행 가능성을 검증할 수 있다. 대부분의 경우, 누가 초기 비전에 충실한가의 문제보다는 어느 쪽이 해시파워를 더 많이 가지고 있느냐에 따라 결정된다. 내전에서 어느 쪽의 화력이 강한지로 승리가 결정되는 것과 같다.

두 개의 가장 중요한 포크

블록체인의 실행 가능성을 테스트한 두 가지 유명한 포크는 비트코인 캐시BCH와 이더리움 클래식ETC으로 이어지는 포크다. 각각의 경우 비트코인과 이더리움은 살아남았을 뿐만 아니라 결과적으로 강해졌다. 단기적으로 신뢰가 손상되었지만 장기적으로는 생존 능력을 키웠다.

이더리움이 일반적으로 더 중앙 집중화된 것으로 간주되는 등 비트코인과 이더리움의 거버넌스 구조에는 차이점이 있다. 비트코인 포크는 블록체인에 기록되어서는 안 되는 오류를 수정하고 비트코인 블록의 용량이 1MB로 제한되어 처리속도가 느리고 수수료가 많이 드는 점을 개선하기 위해 최대 8MB까지 용량 확장이 가능한 비트코인 캐시를 만든 것이다.

이더리움의 경우는 앞서 언급했던 2016년 6월 DAO 사건에서 하드 포크가 일어났다. 이더리움은 2016년 4월 크라우드펀딩을 통해 DAO를 출범시킨다. 하지만 두 달도 못 되어 해커들에 의해 약 360만 개의 코인이 해킹당한 것이 DAO 사건이다. 해킹 피해를 없었던 일로 만들고 해킹당한 코인을 기존 소유자에게 돌려주는 하드 포크를 단행했다. 하지만 소수의 사람들은 중앙이 개입해서 사건 전으로 되돌리는 것은 블록체인의 본질인 '탈중앙화' 개념이 훼손되는 것이라며 하드 포크에 찬성하지 않았다.

이더리움 클래식은 상당한 액수의 손실을 의미한다고 할지라도 분산화를 유지하는 것이 더 중요하다고 생각한 소수 출신의 결과다. 기존의 문제를 개선하고 85%의 지지를 얻은 하드 포크를 통해 새로워진 이더리움이 진정한 이더리움 블록체인으로 인식되었지만, 기존의 이더리움 암호를 실행하고 변경 불가능한 원장을 유지하는 것은 이더리움 클래식이다.

이 포크를 설명하는 데 사용할 수 있는 비유는 특정 성향의 정당 지지자들이 상대 정당의 정직한 정치인을 선택할지 지지 정당의 부패한 정치인을 선택할지 고민하는 고전적인 정치 딜레마다.

과거 공산주의 국가에서 자란 대부분의 사람들은 좌파 성향의 후보자를 절대 지지하지 않을 것이다. 그들에게 사회주의는 이전으로 돌아가는 것이나 마찬가지이기 때문이다. 그들이 사회주의를 보는 시선은 이더리움 클래식 지지자들이 중앙 집중화를 보는 것과 같은 관점이다. 블록체인 포크의 경우 중요한 질문은 다음과 같다. "결함 있는 사람이나 결함 있는 시스템의 가장 큰 위협은 무엇인가?"

〈포브스Forbes〉에 따르면 비트코인캐시는 2019년에 비트코인의 2배가 되는 등 실제로 비트코인을 능가했다. 이 기사에서 언급된 블록체인 투자 심리학자들에 따르면 시가 총액(55억 달러 대 930억 달러), 비트코인 파급 효과, 낮은 가격, 덜 개발된 선물 시장 등을 포함해 논리적인 설명이 몇 가지 존재하지만, 두 코인 모두 분명히 살아남았을 뿐만 아니라, 하드 포크 후에 번성했다.

블록체인 거버넌스의 미래

세계은행 국제금융공사IFC에 따르면 대다수의 기업 블록체인 벤처 기업은 분산 원장의 이익과 비즈니스 목표를 통제할 수 있는 권한을 확보하기 위해 프라이빗 블록체인을 활용했다. 이는 신기술인 블록체인에 대한 신뢰가 높아짐에 따라 블록체인 허용이 분산화와 분리를 촉진하는 핵심 단계라는 최근 펜 블록체인 컨퍼런스의 '합의' 의견과 일치한다.

다양한 형태의 민주주의 국가들이 국제 신뢰와 상거래를 촉진하고 유엔에서 제재 필요성을 없애는 것처럼, 효과적인 블록체인 거버넌스의 확산은 산업계를 억제하는 정부 규제 등 외부 개입의 필요성을 완화시킬 것이다.

2부

블록체인이
바꿀 미래

BLOCKCHAIN

경제

1. 반드시 알아야 할 블록체인의 5가지 트렌드

　블록체인 기술이 적용된 대표적 사례인 암호화폐는 2018년에 그 가치가 폭락했다. 블록체인 기술을 활용한 파일럿 프로그램들 역시 아직 그 진가를 발휘하지 못하고 있다. 그러나 IBM, 월마트를 비롯한 많은 대기업은 거래 기록 확보 및 보관과 관련해 혁신적인 솔루션을 필요로 하는 조직에 블록체인이 진정한 가치를 제공할 것이라는 확신을 가지고 계속 나아가고 있다.

　앞으로 블록체인 기술이 지속적으로 발전하고 사용자가 꾸준히 증가할 경우 우리는 블록체인을 단순한 기술이 아닌 경제적 가치로서 주목해야 한다. 그 이유는 지금부터 설명할 블록체인의 다섯 가지 특징에 있다.

과대광고 및 사기 방지

어떤 신기술이든 그것을 과대광고하는 사기꾼이 있기 마련이다. 블록체인마저도 도입과 배포에 장밋빛 미래를 가져다줄 것이라는 과대광고 효과가 발생했다는 말이 많다. 하지만 블록체인 분야가 조금 더 성숙한다면 제품과 서비스에 관한 과대광고와 사기를 오히려 막을 수 있다.

가장 눈여겨볼 분야는 의료 산업이다. 의료 시스템에 보안성과 범용성이 강화된 블록체인을 적용하면 의사에 대한 투명한 정보 공개는 물론, 건강보험 사기와 의료 브로커를 뿌리 뽑을 수 있다. 미국 MIT 미디어랩은 메드렉MedRec이라는 이더리움 기반의 블록체인 원장을 병원의 전자의료기록 시스템에 적용해 환자의 의료 정보를 공유하는 테스트를 진행했다. 정보의 원본은 투명하게 공개되고 이를 다수가 공동으로 소유하므로 정보 조작이 불가능에 가깝다. 따라서 이 시스템을 이용할 경우 운영비용 감소와 정확한 의료 서비스 제공이 가능해진다. MIT 미디어랩은 블록체인에 기록된 데이터는 각 기관과 기업에서 정확한 감사를 위해 공유되는 동시에 의료기록 접근을 제어하는 인증 로그를 설정하고 있다고 설명한다.

블록체인의 의료 시스템 도입은 의약품의 완전한 원산지 추적에도 활용될 수 있다. 이는 위조 약품의 생산을 단절시키는 계기가 될 것이다. 또한 건강보험 재정 악화의 큰 원인 중 하나인 의료보험 사기도 방지할 수 있다. 이 시스템이 의료 산업에 정착한다면 환자들은 자신이 치료를 받아야 할 분야의 전문의를 검색해 수술비용을 확인할 수 있으며, 거짓 후기나 과대광고에 관한 후기 등을 올려 의료인과 의료 기술의 투명성을 높일 것이다.

이 외에도 월마트와 같은 기업이 2018년 미국과 캐나다에서 벌어진 로메인 상추 대장균 감염 같은 위기를 극복하고 식품 안전 기준을 높이기 위해 블록체인에 투자하고 있다. 블록체인 기술을 통해 각 제품이 재배된 농장으로부터 어떻게 이동하는지를 추적하고 이를 소비자가 확인할 수 있도록 하는 것이다. 이러한 정보의 제공은 식품의 출처에 대한 투명성과 검증을 통해 소비자의 신뢰도를 높여준다.

전 세계 1위 클라우드 업체인 아마존은 2019년 5월 기업용 블록체인 개발 서비스인 아마존 매니지드 블록체인Amazon Managed Blockchain, AMB을 정식 출시했다. 이는 기업 내 개발자들이 손쉽게 블록체인 시스템을 구현할 수 있는 환경을 제공하는 서비스다.

블록체인과 IoT 융합이 보여주는 가능성

한 보고서에 따르면, IoT에서 데이터 및 장치를 보호하기 위한 블록체인 기술 사용이 2018년에 2배로 증가했다. 이러한 경향은 앞으로 더욱 늘어날 것이다. 블록체인에 사용되는 강력한 암호화는 공격자가 막대한 양의 컴퓨팅 능력을 갖추지 않으면 뚫릴 가능성이 거의 없다. 또한 분산 컴퓨팅이라는 환경은 특정 네트워크에 사용자가 접근하지 못하도록 방해하는 'DDoS 공격'과 같은 단일 지점 장애를 해제해 공격자가 보안을 우회할 수 없도록 한다.

블록체인은 보안뿐 아니라 IoT 분야에서도 유틸리티 이점을 제공한다. IoT에 연결되는 기기가 늘어나면 늘어날수록 엄청난 양의 기계 간 통신이 이루어지는데, 이는 인간이 수동으로 유지하기에는 너무 빠른 속도로 진행될 것이다. 전문가들은 이러한 통신과 트랜잭션을 기록하고 모니터링하는 데 블록체인이 점점 더 많이 사용될 것이라고 예측한다. 이러한 디지털 융합은 아직 초기 단계이지만 향후 몇 년 사이에 폭발적으로 증가할 것으로 보인다.

금융에서 더 늘어나는 블록체인 제품

암호화폐의 가치 폭락으로 금융업에서 블록체인의 위상은 낮아지는 듯 보였다. 하지만 금융 서비스 측면에서 블록체인은 엄청난 혁명을 가져올 것이다. 현재 개발도상국에서 수많은 사람들이 은행 계좌조차 만들지 못해 금융기관 서비스를 이용에서 소외되고 있다. 하지만 블록체인의 사기 방지 기능과 금융 포용 기능은 개발도상국의 국민들이 금융 서비스 이용을 통해 삶을 개선하고 지속 가능한 미래를 구축하도록 도울 것이다. 빌 게이츠는 빈곤국에 새로운 금융 서비스를 제공함으로써 2035년에는 빈곤국이 거의 남아 있지 않을 것이라고 예언할 만큼 낙관적인 의견을 피력했다.

투자 기회 확대

  블록체인 기술은 화폐를 비롯해 전통적으로 기관 투자자 및 부유층의 보호하에 있는 모든 종류의 자산에 대한 투자 기회를 제공하고 추적할 수 있게 한다. 예를 들어 토큰의 발행은 부동산 투자에 대한 문턱을 낮춰 잠재적인 가치가 높은 자산을 더 많이 거래할 수 있게 해줌으로써 부동산 투자로 인한 이익의 파이를 더 많은 사람들이 나눌 수 있게 해준다. 이러한 투자 기회가 일상적인 투자자가 참여하기에 충분히 안전하다고 생각되도록 제도적인 측면에서 규제가 필요할 것이다. 앞서 언급했듯이 현재 제도적 보완은 진행되고 있는 것처럼 보인다.

  예술작품, 고급 와인, 부동산 같은 자산은 전통적으로 부유한 계층이 선택할 수 있는 투자의 사례로, 투자 성과를 거두기 위해 서두를 필요가 없었다. 하지만 블록체인을 통해 이제 일반 투자자도 디지털 방식으로 제공되는 이 자산의 '주식'을 구입하거나 자금이 필요할 때 매각할 수 있다. 또한 블록체인 기반의 스마트 계약은 이런 거래를 진행할 때 브로커나 변호사 같은 중개인에 대한 의존도를 감소시킴으로써 비용 및 진입 장벽을 더욱 낮추도록 설계되었다.

여전히 큰 사업 기회인 암호화폐

암호화폐의 가치가 다시 폭등할 것이라는 무책임한 예측을 하지는 않을 것이다. 미래에 어떤 일이 일어날지 정확히 예측할 수 없다. 하지만 명백한 한 가지는 암호화폐가 죽지는 않을 것이라는 사실이다. 비트코인 가격을 기준으로 볼 때 가격이 폭락했다고 하는 2018년에도 2016년에 비해 10배 이상 높고 거래소 거래량은 여전히 투자에 대한 소비자의 욕구가 있음을 보여준다. 이더리움, 리플Ripple 및 테더Tether 같은 대체 암호화폐는 비트코인을 포함해 암호화폐의 미래가 더 많은 유틸리티, 보안 또는 속도를 제공한다는 약속과 같기 때문이다.

어떻게 보면 2018년은 암호화폐 산업이 비교적 안정된 기간이었다고 볼 수 있다. 암호화폐가 제공하는 것이 무엇인지에 대한 대중의 인식이 확산되면서 더 유용하고 가치 있는 암호 생태계의 토대가 만들어진 것이라고 평가할 수 있다.

2. 블록체인이 바꿀 화폐 거래 방식

디지털 화폐라고 하면 대중은 가장 먼저 비트코인을 떠올릴 것이다. 가치의 폭등과 폭락을 거듭한 비트코인을 두고 거품이라는 혹평과 통화로서 가치가 없다는 비판이 넘쳐나고 있다. 그러나 우리는 비트코인 가격보다 암호화폐를 가능하게 만들어준 혁신적 기술인 블록체인에 주목해야 한다.

MIT 미디어랩 디지털 화폐 이니셔티브Digital Currency Initiative 이사인 네하 나룰라Neha Narula는 블록체인 기술이 우리 경제와 사회를 혁신할 것이라고 말했다. 그녀는 블록체인이 금융 시스템을 비롯해 제품과 서비스 공급망 관리, 우리 사회의 지속 가능성에 관한 모든 것을 변화시킬 가능성을 갖고 있다고 주장한다. 블록체인 기술에는 우리가 혼란스러운 사회 속에서 잃어버린 신뢰를 회복할 수 있는 가능성도 있다고 했다.

2016년 나룰라는 '화폐의 미래The Future of Money'라는 테드 토크TED Talk 강연을 통해 금융의 미래를 예측했다. 그녀는 강연에서 같은 네트워크에 속한 두 사용자 간 거래가 안전하고 검증 가능하며 영구불변하게 저장되는 공공 장부로서의 블록체인 기술과, 금융 거래에서 투명성과 책임성을 제공하면서 은행과 기타 기관의 통제력을 제거할 수 있는 디지털 화폐 기술에 관해 설명했다.

고대 사회에 사용하던 조개 화폐부터 금, 달러에 이르기까지 원래부터 가치를 가진 물건은 없다. 이런 물건이 가치를 지닌 이유는 오로지 우리가 가치를 부여하기로 정했기 때문이다. 화폐는 사람들이 서로 무언가를 교환하고 거래하는 일에 관련된 도구다. 화폐 그 자체로 가치 있는 것은 아니다. 단지 그 가치를 서로 합의한 것이다. 이것은 강력한 개념이다.

약 20년 전부터 우리는 디지털 화폐를 사용하기 시작했다. 사람들은 통장으로 급여를 지급받고 집세는 계좌에서 이체한다. 세금도 온라인으로 납부한다. 급여 통장에서 펀드나 퇴직연금 계좌로 돈이 조금씩 빠져나간다. 이 모든 거래는 컴퓨터에서 0과 1로 치환되어 이루어진다. 이처럼 디지털 화폐를 사용하면 지구 반대편에 있는 사람에게도 몇 초 만에 돈을 보낼 수 있다. 거대 기관이 컴퓨터상에서 이루어지는 모든 0과 1의 변화를 보증하기 때문이다.

그러나 이러한 시스템은 호환에 한계가 있다. 이 때문에 다른 통화를 쓰는 국가에 송금하려면 많은 수수료를 내야 한다. 디지털 화폐로 자유롭게 거래할 수 있게 되었지만 중간에 있는 문지기 기관들이 수수료라는 돈을 요구하며 저해하고 있는 것이다. 게다가 거래 자체를 방해하는 각종 장애물도 존재한다. 그 이유는 디지털 화폐를 소유한 것은 은행과 신용카드 회사이며, 개인이 실제로 디지털 화폐를 갖는 것이 아니기 때문이다. 나룰라는 이러한 기관이 화폐 거래의 혁신을 방해한다고 주장한다.

아날로그 시대에 화폐는 물리적 대상이 존재했다. 그리고 특정 속도, 즉 인간의 속도로 움직였다. 그러나 디지털 시대가 되면서 화폐가 사용되는 범위가 넓어지고 거래 속도도 빨라졌다. 그럼에도 돈은 오직 은행의 속도로만 움직인다.

화폐 3.0: 프로그램되는 화폐

이제 새로운 화폐의 시대가 열리고 있다. 미래의 화폐는 프로그램이 가능하다. 소프트웨어와 통화를 결합하면 화폐는 고정적인 가치의 단위 그 이상의 의미를 가지게 된다. 그러면 보안 문제를 기관에 맡기지 않아도 된다. 프로그램이 가능한 시대에는 사람과 기관의 역할이 없어진다. 소프트웨어가 통제권을 쥐게 되고 화폐의 흐름은 더욱 안전하고 견고해진다. 이러한 진화의 첫 단계가 암호화폐다. 암호화폐는 정부나 은행에서 관리하지 않는다. 중개자 없이도 전 세계 어디서든 거래가 가능하다. 비트코인은 가장 보편적으로 사용되는 암호화폐이며, 이 밖에도 수백 가지의 암호화폐가 있다. 암호화폐는 실제 화폐와 같지만 암호학이라는 특별한 수학 분야에 기반을 두고 있다. 암호학은 정보를 보호하는 방법을 연구하는 학문으로, 정보를 감추어 평소에는 눈에 띄지 않지만 정보의 출처를 검증한다.

지금까지는 은행을 통해 디지털 화폐를 입출금했지만 이제는 블록체인을 통해 거래 당사자가 직접 돈거래를 할 수 있게 되었다. 안전한 금융 거래를 하기 위해 은행에 의존할 필요가 사라지는 것이다. 블록체인에서는 암호화폐의 거래 명세를 당사자가 기록하면 이 내용이 블록체인에 참여한 다른 모든 사람들의 컴퓨터에 똑같이 기록된다. 이 때문에 거래 기록을 조작하거나 삭제할 수 없다. 동시에 속도도 빠르며 은행처럼 높은 수수료를 낼 필요도 없다.

암호화폐는 프로그래밍 가능한 화폐를 전 세계적으로 사용하기 위한 첫 단계다. 프로그래밍할 수 있는 화폐가 널리 사용되면 누구든 안심하고 빠르게 송금할 수 있게 된다. 금융기관에 등록하고 승인받을 필요도 없을 뿐 아니라 세계 어느 곳에 보내더라도 변환 절차를 거치지 않아 돈의 흐름이 막히는 일도 없다.

정보혁명이라 불리는 3차 산업혁명에서 인터넷이 엄청난 혁신을 가져온 이유 중 하나는 '개방성'이다. 인터넷은 태어날 때부터 공유 지대였다. 누구도 인터넷 전체를 소유하거나 통제할 수 없다. 따라서 수많은 이용자들은 자유롭게 의견을 표현하고 정보를 함께 공유했다. 그 과정에서 초반에는 황무지처럼 아무것도 존재하지 않았던 인터넷 네트워크는 엄청난 정보와 비즈니스의 세상으로 발전했다.

인터넷의 등장으로 소통 방식과 경제의 흐름이 달라진 것처럼, 암호화폐도 가치를 평가하는 방식의 변화를 가져올 것이다. 이는 자동차가 처음 등장했을 때와 비슷하다. 최초의 암호화폐는 초기의 자동차처럼 느리고 이해하기 어려우며 사용하기도 쉽지 않았다. 지금의 디지털 화폐는 말과 마차처럼 느리고 불편하지만 그럭저럭 잘 작동되고 있다. 자동차를 처음 접한 인간은 운전하는 방법을 익히고 내비게이션을 사용하게 되면서 말을 타고 다니던 시절보다 훨씬 빠르고 편하게 원하는 곳으로 언제든 갈 수 있게 되었다. 암호화폐 역시 마찬가지다. 새로운 화폐를 사용하는 시대가 도래하고 있다. 우리가 암호화폐의 장점은 받아들이고 발전시키며 단점을 개선해 일상생활로 끌어들여 정착시킨다면 지금보다 훨씬 쉽고 빠르게 거래할 수 있을 것이다. 프로그램 가능한 화폐는 지금의 거래 방식인 거대 인증기관의 필요성을 네트워크 구조에서 제외시키고 화폐의 혁신과 화폐의 민주화를 더욱 촉진할 것이다. 그 결과 우리가 전혀 예측할 수 없는 방향으로 변화가 일어날 것이다.

3. 암호화폐는 인플레이션을
해결할 수 있을까?

경제학에서 인플레이션은 일정 기간 동안 단일 화폐 가치가 큰 폭으로 하락하는 것을 뜻한다. 같은 단위의 화폐라도 인플레이션이 발생하면 구매할 수 있는 능력이 감소한 것으로 정의된다. 즉 인플레이션의 결과는 경제에서 상품과 서비스의 일반적인 가격 상승을 가져온다. 따라서 소비자 물가지수 상승률은 곧 인플레이션율과 같다고 볼 수 있다.

안정적인 경제를 위해 모든 국가는 낮은 물가상승률을 유지하려 노력한다. 하지만 이러한 도전 목표를 달성하기는 어렵다. 원인은 글로벌 통화 공급의 투명성 부족 때문이다. 이 문제는 가난한 개발도상국에서 특히 두드러진다. 결과적으로 많은 국가들이 지속적으로 인플레이션을 겪고 있으며, 이런 상황에서 경제를 지탱하기 위해 외부 대출기관에 의존한다.

미국을 비롯한 이른바 선진국 대다수의 정책 입안자들은 지난 100년 동안 물가 안정과 고용 극대화를 위한 최상의 경제 환경을 조성하기 위해 물가상승률을 1~2.5%대로 유지하려고 노력했다. 이론적으로 입증된 최적의 물가상승률은 없다. 그럼에도 미국 연방준비제도이 사회와 많은 중앙은행은 물가상승률을 2%로 유지할 것을 강력하게 권고하고 있다. 이 같은 현재의 경제 모델을 지지하는 사람도 있고 비평하는 사람도 있다. 하지만 그들이 거의 모두 동의하는 가장 중요한 개념은 물가상승률을 일관되게 유지해야 한다는 것이다. 그래야만 기업과 소비자가 그들의 지출과 수입을 적절하게 계획할 수 있기 때문이다.

그런 의미에서 암호화폐의 공급 방식인 '알고리즘 모델' '관리 모델' '커뮤니티 모델'의 비교를 통해 암호화폐가 인플레이션에 어떻게 접근하고 해결할 수 있는지를 살펴보자.

첫째로 '알고리즘 공급 모델'로서 공급량이 한정되어 채굴량을 예측할 수 있는 비트코인은 실물화폐의 인플레이션 문제 해결의 키워드가 될 수 있다. 탄생 당시 총공급량을 2,100만 개로 설정했으며 21만 개의 블록이 채굴될 때마다 다음 채굴로 발행되는 블록당 비트코인의 수가 절반으로 줄어들도록 설계했다. 따라서 공급량에 따라 미래의 특정 날짜에 어떤 영향을 미치는지 확실히 알 수 있다. 미래의 공급이 예측 불가능하고 정치·경제적 상황에 직접적으로 영향을 받는 실물화폐와 달리 인플레이션 문제를 근본적으로 제거해줄 것으로 기대하는 이유가 여기에 있다.

수많은 암호화폐가 비트코인의 이러한 알고리즘 모델을 모방했다. 동일한 모델을 사용한다고 해도 암호화폐와 각각의 물가상승률에는 여전히 큰 차이가 있다. 이는 새로운 블록체인 발행 비율의 결과다. 비트코인 총공급량의 약 83%가 이미 유통되고 있다는 사실은 비트코인 인플레이션율이 상대적으로 낮은 수준인 3.35%로 유지할 수 있음을 뜻한다. 한편 알고리즘 공급 모델을 사용해 2016년 후반에 처음 출시된 지캐시Zcash는 최근에 발행된 전체 공급량의 25%를 손상시켰다. 이는 결과적으로 상당히 높은 인플레이션을 가져왔으며, 현재 약 47%에 머물러 있다.

암호화폐는 이렇듯 통화 실험에서 새로운 기회를 제공하고, 통화 공급에서 인플레이션을 관리하는 새로운 방법을 제공할 수 있다. 이 방식은 100여 년간 케인스 경제학을 지지해온 경제학자들이 보호해온 이론을 깨뜨릴 것이다. 우리가 디지털 화폐 영역에서 목격하고 있는 혁신적인 통화 발행 모델은 미래의 통화 정책 형성에 중요한 역할을 할 잠재력을 가지고 있다.

하지만 암호화폐 공급에는 아직 개선해야 할 것들이 많다. 특히 암호화폐의 두 번째 공급 방식인 '관리 공급 모델'이 그러하다. 다양한 ICO 프로젝트는 크라우드 펀딩 캠페인 진행에 따라 전체 토큰 공급을 발표한다. 하지만 시장에는 총공급량의 일부만 방출한다. 보류된 토큰은 나중에 제공자의 재량으로 공개된다.

이때 미발매 토큰에 대한 정보를 대중이 쉽게 이용할 수 있으며 충분히 투명하고 완벽한 시나리오에서 시장이 발표되지 않은 토큰의 가격을 가상으로 계산한다면 문제없을 것이다. 하지만 계산 결과가 사실인지 판단하기는 어렵다. 대규모 암호화폐를 공급하는 프로젝트는 근본적으로 급격한 인플레이션의 경향이 있다. 지금까지 새로운 토큰이 많이 나올 때마다 인플레이션에 기여했다.

알고리즘 공급 모델과 비교할 때, 관리형 공급 모델은 투명성과 확실성이 부족하다. 이는 결코 무시할 수 없는 문제다. 관리 공급 모델의 잠재적 이익은 창업자가 좋든 나쁘든 통화의 유동성을 통제할 수 있기 때문이다. 이 문제를 해결하지 못한다면 관리 공급 모델을 통한 암호화폐는 기존의 실물화폐의 고질적 문제인 인플레이션에서 절대로 자유로울 수 없다.

암호화폐 공급의 세 번째 방식인 '커뮤니티 공급 모델'은 커뮤니티에서 암호화폐를 공급하는 방식이다. 가장 대표적인 예는 이더리움이다. 이더리움 커뮤니티는 설립이 시작된 직후 특정 경제 설계에 착수하기 전에 먼저 플랫폼을 발전시키도록 결정했다. 이더리움에 부여된 자유는 결국 장기적으로 최적의 경제 모델을 수립하는 데 도움이 될 것이다. 이더리움의 공급 방식에 관해서는 조금 더 지켜봐야 한다.

암호화폐 모델의 진화를 관찰하는 것은 매우 흥미로운 일이다. 과연 시장이 확실성을 넘어 융통성을 부여할 것인가? 알고리즘, 관리, 커뮤니티 공급 모델은 각각 어떻게 유동성에 영향을 미칠 것인가? 그 결과에 따라 인플레이션 문제를 해결하고 화폐 시장에 다양한 변화를 가져올 것이다.

환경과 기후변화

1. 블록체인이 환경에 영향을 미치는 8가지 방법

'암호화폐 광풍'이 거래 시장을 강타했던 2017년 미디어의 블록체인 띄우기는 최고조에 달했다. 그 기세가 한풀 꺾인 최근에는 블록체인의 규제가 어떻게 진행될지 관심이 높아지고 있다. 한 설문조사에서 약 84%의 임원이 금융 서비스가 주도하는 블록체인 이니셔티브를 진행 중이라고 응답했다. 이는 블록체인 기술이 적어도 금융 산업에서만큼은 점점 커다란 영향력을 발휘하고 있음을 뜻한다.

사실 미디어가 블록체인의 가능성을 과장한 데는 이유가 있다. 그 이유를 확인하기 위해서는 근본적으로 1990년대에 도입된 인터넷이나 2000년대 후반의 스마트폰과 같이 완전히 새로운 기능을 제공하는 컴퓨팅 아키텍처의 형태를 살펴보아야 한다. 젊은 사람들에게 스마트폰 이전에 어떤 삶이 있었는지 물어보거나 인터넷이 시작되기 전과 비교해 지금의 삶이 어떻게 좋아졌는지 물어보라. 많은 사람들이 스마트폰과 인터넷이 없었던 세상을 상상해내기 위해 고군분투할 것이다.

블록체인이 세상을 변화시킬 수 있는 방법을 이해하기 위해서는 블록체인의 특징을 파악할 필요가 있다. 가장 주목할 만한 특징은 분산되고 불변하는 원장과 고급 암호 기능으로, 대규모의 컴퓨터 네트워크에 강력한 자산이 된다. 이는 디지털 화폐 또는 상품 소유에 대한 증명에서 거래 진위에 이르기까지 다양하다. 또한 중립적 블록체인의 분산된 비즈니스 모델에 대한 신뢰를 포함하며 심지어 블록체인 기술을 뒷받침하는 데이터 및 코드가 모두 공개되도록 개방되어 있다는 사실도 포함한다.

이처럼 장점이 적극 소개되고 있음에도 블록체인이 인터넷이나 스마트폰의 시장 규모에 도달하려면 상당한 어려움을 극복해야 한다. 여기에는 사용자 신뢰 및 채택, 성능의 장벽(상호 운용성, 확장성 및 에너지 소비 포함), 보안 위험, 법률 및 규제 문제가 걸려 있다.

그런데 대부분의 사람들과 기업은 블록체인의 영향력이 디지털 금융에 한정되는 것으로 여긴다. 블록체인은 전 세계에서 가장 시급한 환경 문제에 대한 우리의 생각과 행동 방식에도 영향을 줄 수 있다. 앞서 이야기한 블록체인의 문제를 극복하고 기술이 더욱 발전해 블록체인이 적용되는 산업 분야와 시스템이 확대된다면 말이다.

블록체인은 불법 어로와 삼림 벌채에서 물과 에너지의 효율적 관리에 이르기까지 다양한 환경 문제를 해결하는 데 도움이 될 수 있다. 샌프란시스코에서 개최된 세계기후행동정상회의Global Climate Action Summit에서 발표된 세계경제포럼World Economic Forum과 다국적 회계 감사 기업인 PwC가 공으로 발간한 보고서인 '더 나은 지구를 위한 블록체인'에는 블록체인이 환경 문제를 해결하는 데 도움이 되는 65가지 이상의 새로운 사용 사례가 담겨 있다. 블록체인 기술이 기후변화, 생물 다양성, 해양 및 수자원 안보, 공기 정화, 날씨와 재난 등의 분야에서 긍정적인 변화를 불러올 것이라 예측했다. 보고서는 플랫폼 네트워크가 에너지와 물과 같은 천연자원을 탈중앙화 방식으로 관리할 수 있고, 나아가 지속 가능한 공급망을 만들 수 있을 것으로 내다봤다. 또한 저탄소 경제 성장과 지속 가능한 경제 성장에 필요한 대규모 자금 모금에도 블록체인 기술을 활용할 수 있다고 밝혔다. 블록체인이 제4차 산업혁명의 다른 기술과 함께 기존 비즈니스 모델을 넘어 기후 변화 및 기타 환경 문제를 해결하는 와일드카드가 될 수도 있음을 확인한 것이다.

보고서에 담긴 내용 중 특히 우리가 관심을 가질 만한 여덟 가지 방식을 소개한다.

● '시스루see-through' 공급체인

공급망 전체의 거래는 블록체인을 통해 기록될 수 있다. 또한 예를 들어 제품의 원산지와 같은 출처에 대한 불변의 기록을 생성할 수 있다. 이는 공급자에서 판매처에 이르기까지 제품의 완벽한 투명성과 추적 가능성을 제공한다. 이것은 청정 공급망에 대한 소비자 수요의 새로운 물결을 만들어낼 뿐만 아니라, 공급자, 구매자 및 규제기관이 공급망을 다루는 방식 자체를 변화시킬 수 있다.

미래를 내다보면 블록체인은 공장의 노동자부터 물류, 소매업자, 소비자, 투자자, 비정부기구NGO 및 규제 당국에 이르기까지 글로벌 공급 체인의 모든 이해관계자를 하나의 플랫폼으로 연결할 수 있다. 특정 사용자가 필요로 하는 데이터, 추적성, 투명성, 제어 또는 준수 메커니즘을 제공하는 플랫폼은 비공식 경제의 근로자와 소비자 모두에게 진정으로 혁신적인 제안일 것이다.

● 분산되고 지속 가능한 자원 관리

블록체인은 분권화되고 깨끗하며 자원 효율이 좋은 에너지 및 수도 시스템으로의 전환을 지원한다. 플랫폼은 이러한 에너지 자원, 가령 스마트 센서로 수집한 가정용 물과 태양광 에너지 등의 분산된 데이터를 수집할 수 있다. 지금까지는 이런 자원 시스템을 중앙 기관부터 소매 사용자까지 부분적인 정보만으로 의사결정을 해왔다. 블록체인을 지원하는 플랫폼은 이를 극복하고 더 많은 정보에 입각한 의사결정을 가능하게 할 뿐만 아니라, 이러한 자원과 광범위한 시스템의 관리에 대한 분산된 의사결정을 가능하게 할 수도 있다. 그런 점에서 블록체인은 환경 분야에 혁신적 아이디어를 제공해 엄청난 변화를 야기할 게임 체인저라고 할 수 있다. 여기에는 재생 가능 에너지원의 추적 성과 검증, P2P 거래, 역동적인 가격 책정 및 더 나은 수요 예측을 통한 균형 조정이 포함될 수 있다.

● 자금 모집

지속 가능한 금융의 새로운 원천으로서 블록체인 기반 금융 플랫폼은 자본에 대한 혁명을 일으킬 잠재력을 갖고 있다. 그리고 환경 문제를 해결하기 위한 녹색 인프라 프로젝트 투자부터 개발도상국을 위한 복합 금융 또는 자선 기부에 이르기까지 다양한 분야에서 활동할, 완전히 새로운 계층의 잠재적인 투자자를 깨울 수 있다. 더 광범위하게 말하자면 블록체인이 주주에서 이해관계자 가치로, 전통적인 금융 자본에서 사회와 환경 및 금융 자본에 대한 회계로 시스템을 전환할 수 있는 잠재력을 가졌다는 것이다.

● 순환 경제 장려

블록체인은 재료와 천연자원을 가치 있게 사용하고, 거래하는 방식을 근본적으로 바꿀 수 있다. 낭비되거나 폐기되는 것들의 재정적 가치를 실현하고, 경제적으로 가치 있는 것으로부터 재정적 가치를 더욱 높일 수 있도록 인센티브를 부여한다. 이런 변화는 광범위한 행동 변화를 유도하고 진정한 순환 경제를 실현하는 데 도움을 줄 것이다. 가령 플라스틱은행Plastic Bank은 해양 재활용 플라스틱을 수거하는 대가로 암호화 토큰 형태로 재정적 보상을 발행하는 사회적 기업을 설립했다.

● 탄소(및 기타 환경) 시장의 변화

블록체인 플랫폼은 탄소(또는 기타 물질)에 대한 기존 시장 플랫폼을 최적화하고 탄소 신용 거래를 위한 암호화 토큰을 제공할 수 있다. 초기 실험 사례는 에너지 블록체인 랩Energy Blockchain Labs과 IBM이 개발한 중국의 '탄소 신용관리 플랫폼'이다. 스마트 계약을 체결함으로써 중국 탄소 시장의 투명성, 검증 가능성 및 신뢰성을 높일 수 있을 것으로 기대된다. 앞으로 블록체인이 개인과 가정 또는 조직을 대상으로 한 전 세계 탄소 거래 시장을 뒷받침하게 될 것이다.

◉ 차세대 지속 가능성 모니터링

블록체인은 업데이트되는 데이터를 활용해 지속 가능성 보고 및 보증을 혁신할 수 있는 잠재력을 지니고 있다. 기업이 성과를 관리, 시연, 개선하고 소비자 및 투자자가 정보에 입각한 더 나은 의사 결정을 내릴 수 있도록 지원하는 것이다. 이를 환경 분야에 대입하면 실시간 데이터에 접근해 자동으로 데이터를 수집하고 관리할 수 있을 것이다. 예를 들어 블록체인의 스마트 계약을 통해 온실가스 배출을 관리하면 각 기업 또는 국가가 온실가스를 배출한 데이터를 투명하게 관리할 수 있다. 이를 바탕으로 온실가스 배출을 줄이기 위한 제도를 만들 수 있으며 탄소세 도입 등 세제의 효율성도 높일 수 있다.

◉ 재해 자동 대비 및 인도적 구호

블록체인은 재난을 대비하고 구제하는 데 관련 있는 여러 당사자가 자원의 효율성, 효과성, 조정 및 신뢰를 향상시키기 위한 새로운 공유 시스템을 가능하게 한다. 잘 설계된 시스템은 스마트 계약을 통해 재난 발생 시 광범위한 행위자들이 중요한 정보를 자동으로 공유할 수 있게 한다. 예를 들어 구호물자를 더 신속하고 효과적으로 동원해 공급망을 자동으로 전환하고 구호기관이 비상사태에 대응해 그들의 노력을 더 효과적으로 조정할 수 있게 할 수 있다.

● 지구 관리 플랫폼

다양한 가치 기반 트랜잭션을 가능하게 하는 새로운 블록체인 기반 지형 공간 플랫폼은 초기 탐색 단계에 있다. 이 플랫폼이 육지의 삶에서 해양 보건에 이르기까지, 지구 환경 공동체를 보호하기 위한 새로운 시장 메커니즘을 가능하게 할 것이다. 이러한 응용 프로그램은 기술 및 물류의 타당성 측면에서 거리가 멀더라도 고려해야 할 흥미로운 요소다. 예를 들어 해양 자원을 모니터링하는 지구 해양 데이터 플랫폼은 지역이나 어부의 어업권을 확보하고 집행하기 위해 블록체인을 통합할 수 있다.

이 여덟 가지 사례는 블록체인이 환경 문제와 만나면 자원을 보존하고 더 깨끗한 지구를 만들기 위한 분산 솔루션으로 전환해 자연 자본을 확보하거나 투자금을 모집하는 등 힘을 실어줄 잠재력을 보여준다. 이는 비재무적 가치를 포착해야 하는 환경 분야에서 특히 중요하다.

2. 블록체인은 지구 환경에 어떤 영향을 줄까?

산업혁명이 시작되었을 때, 인류는 역사상 가장 큰 딜레마 중 하나에 빠졌다. 기술의 진보로 얻게 된 혜택이 과연 그것이 초래한 환경적 손해만큼 가치가 있느냐는 것이다. 이 난국은 인류가 최신 기술에 점점 더 의존하게 되면서 마침내 지금의 상황을 가져오고 말았다. 당시 전기와 화석 연료는 우리가 살던 세상을 재구성했다. 오늘날 20년도 채 안 되는 시간에 상호 연결성은 우리가 생각하고 사는 방식을 영원히 바꿔놓았다.

블록체인 기술은 디지털 혁명으로 인해 가장 논란이 된 발명 중 하나다. 블록체인의 엄청난 잠재력은 여전히 많은 부분이 미개척 상태이며, 과도한 관심이 암호화폐를 채굴하는 데 집중되어 있다. 채굴에 필요한 엄청난 양의 에너지는 블록체인을 기술과 자연의 끝없는 투쟁에서 악당의 위치에 가져다 놓았다. 그러나 이 기술을 더 나은 지구 환경을 만들 수 있도록 흥미로운 해결책을 생각해낸 사람들도 있다. 블록체인 기술과 환경적 영향에 대한 찬반양론을 살펴보자.

암호화폐 채굴에는 엄청난 전기가 사용된다. 실제로 이는 유럽 국가 20개 이상의 수요를 합친 수준이다. 오늘날 암호화폐 채굴이 전 세계 에너지 소비량의 거의 1%를 차지할 정도다. 그런데 사실 중국을 제외하면 채굴에 사용되는 에너지의 거의 80%는 미국과 유럽 전역의 '친환경 공장'에서 생산되는 재생 가능 에너지원에서 나온 것이다.

블록체인은 거의 모든 사람이 참여할 수 있는 새로운 수익원이므로 세계 곳곳에 있는 많은 도전자가 채굴에 뛰어들었다. 채굴은 아프리카의 오래된 발전소가 재개되고, 풍차가 도처에 나타나고, 바닷물이 에너지를 생성하는 데 사용되는 등 에너지 분야에서 경쟁을 창출했다. 에너지 수요가 감소할 때 풍력, 태양 에너지와 같은 녹색 에너지의 상당 부분은 사용하지 않으면 버려질 상황에 처한다. 이때 녹색 에너지를 어떻게 사용해야 할지 모르던 많은 나라가 에너지의 대부분을 암호화폐 채굴에 사용한 것이다. 그렇다. 지금껏 우리는 블록체인을 통한 암호화폐 채굴이 환경을 망치는 주범이라고 생각했지만 사실은 낭비될 위기에 놓인 재생 가능 에너지를 사용하는 현명한 방법에 활용되었음을 알게 되었다.

효율적인 에너지 소비는 에너지 소비량 자체의 감소보다 더 중요하다. 암호화폐 채굴로 인한 세계 에너지 그리드에 대한 추가 부담을 무시하더라도, 향후 20년 동안 에너지 소비 수준은 28% 증가할 것이다.

인류는 점점 더 많은 에너지를 필요로 한다. 이제 우리는 1%의 잘못된 에너지 소비 대신 나머지 99%의 에너지에 초점을 맞추어 환경에 미치는 영향을 줄이는 방법을 찾아야 한다.

그리고 여기서 블록체인과 분산화가 우리에게 해답을 줄 것이다. 일론시티Eloncity로 알려진 새로운 블록체인 기반의 에너지 그리드는 시스템의 효율성을 향상시키기 위한 미래적이고 혁신적인 솔루션을 제안한다. 비효율적이고 번거로운 중앙 집중식 전원 공급 장치에서 스마트 마이크로 그리드 네트워크를 기반으로 효율적이고 지능적인 에너지 저장 시스템으로 이동하는 것이다. 중앙 집중식 전원 공급 방식은 에너지 자체의 비용을 크게 뛰어넘는 에너지 분배와 서비스 비용을 요구한다. 그에 반해 블록체인을 이용한 지역의 소형 그리드 및 지방 분산형 신재생 전원 공급 장치는 에너지 가치를 재구성하는 새로운 솔루션으로 전 세계에서 테스트되었다. 스마트 마이크로 그리드는 소비자가 자신의 전기 사용 습관을 관리하고 에너지 가격 변화에 따라 소비를 조정하며, 남은 에너지를 저장하도록 최적화되어 자원 활용을 극대화한다.

2015년 폭스바겐의 디젤 배출가스 조작 스캔들이 터졌을 때, 기업의 사회적 책임이 언론의 관심을 끌었다. 하지만 그런 일은 처음도 마지막도 아니었다. 한국의 가습기 살균제 참사나 유럽의 독성 살충제 달걀, 중국을 공포에 빠트린 분유 파동 등 심각한 위험 요소가 계속해서 등장해왔다. 이는 인간의 건강뿐 아니라 넓은 지역의 환경 안정성마저 위협하고 있다. 현재의 공급망 관리 시스템으로는 어디서 문제가 생긴 것인지, 언제 발생할 것인지, 어떻게 관리해야 하는지를 파악하고 대처하기 어렵다. 이를 위해서는 공급망의 모든 단계의 데이터를 수집하고 적절히 모니터링해야 하는데 그런 기술을 적용한 사례는 매우 드물다.

그런데 IoT 센서 및 블록체인 기술을 사용해 공급을 단계별로 추적함으로써 인간의 목숨을 위협하고 환경을 파괴하는 문제를 미리 방지할 수 있다면 어떨까? 자동차, 의약품, 섬유 분야에서 새로운 블록체인 기반 솔루션이 템코TEMCO에 의해 제공되고 있다. 템코는 공급망 프로세스의 모든 단계에서 스마트 계약을 사용해 소비자에게 관리 표준의 신뢰성에 대한 정보를 실시간으로 제공할 것이다. 제조 업체에서 창고, 운송 회사, 유통 업체, 최종 소비자까지 모든 정보가 연결되며 모두에게 공개된다. 기업이 공급하는 제품과 서비스에 관한 투명성이 높아짐에 따라 기업과 소비자는 탄소 발자국뿐 아니라 선택이 미치는 환경적 영향에 대한 책임을 더욱 강하게 느낄 수 있다. 유사한 해결책으로 월튼체인Waltonchain에서 제안한 무선 인식 기술이 있다. RFIDradio-frequency identification라 불리는 이 기술은 IC칩을 상품, 화물, 자재, 유가증권 등 모든 물건과 동식물 등에 부착함으로써 생산, 유통, 판매의 모든 단계에서 태그를 이용해 제품을 추적하고 물리적 데이터를 체인에 저장하는 것이다. 이를 바탕으로 제품의 효과적 관리는 물론 제품의 안전과 환경을 위협하는 원인을 쉽고 빠르게 추적할 수 있다.

3. 해양생물 다양성과 공해 감시

어느 나라의 주권에도 속하지 않고 개방되어 모든 나라가 공통으로 사용할 수 있는 바다, 즉 공해公海는 보호와 감시 측면에서 사각지대에 놓여 있다. 이를 원격으로 감시할 수 있는 신기술이 세계 해양생물다양성을 보존하기 위한 협약 시행에 결정적 역할을 할 것으로 보인다.

2018년 9월 세계 여러 국가의 외교관들이 뉴욕의 유엔 본부에서 만났다. 국가 관할권 밖 해양생물 다양성의 보전과 지속 가능한 이용에 관한 협약을 맺으려는 목적이었다. 현재 불법이거나 보고되지 않은 어획, 저인망 어선은 해산물과 심해 산호 및 열수 분출공 등 귀중한 해양생물의 다양성을 심각하게 위협하고 있다. 이 외에도 과학 연구, 제약, 생명공학, 화장품 등의 산업 분야에서 상업적 가치를 지닌 해양 자원의 유전 정보와 화학물질을 찾기 위해 각 국가와 기관이 해양생물 조사에 적극적으로 참여하고 있는 실정이다. 이 과정에서 파괴되는 해양 환경 문제를 최소화하기 위해 유엔 가입국이 나선 것이다.

2019년 3월 유엔 본부에서 열린 제2차 정부 간 회의에서는 해양 유전 자원에 관한 이익 공유 문제부터 해양 보호구역을 포함한 구역 기반 관리수단에 관한 규정에 대해 논의했다. 또한 환경 영향 평가 방식과 해양과학 기술의 역량 강화 등 다양한 이슈에 관한 논의가 이루어졌다. 그들은 2020년까지 해양 자원을 보호하기 위한 법적 구속력 있는 조약을 만들고자 협상을 계속하는 중이다.

세계경제포럼의 수석 이사로 세계공공재센터World Public Forum of Centre에서 환경에 관한 업무를 담당하는 도미닉 오프리Dominic Waughray는 블록체인과 같은 기술이 공해 어업 추적과 불법 행위 식별을 통해 새로운 조약을 시행하는 데 도움을 줄 수 있다고 말했다. 또한 바다를 감시하는 방법으로 인공지능을 언급했다.

아직 공해와 관련해 누가 어디에서 어업을 할 수 있는지를 규제하는 보편적으로 인정된 규칙이 없다. 그러다 보니 공해에서 이루어지는 불법 어업으로 연간 235억 달러 규모의 수산물 자원이 새어나가고 있다. 일본인은 참치를 즐겨 먹는다. 그런데 일식이 전 세계적으로 유행하면서 우리가 흔히 참치라고 부르는 다랑어의 수요가 크게 증가하자 태평양에서 참치 불법 포획도 크게 늘었다. 이에 세계자연기금 WWF은 횟감으로 인기가 높은 태평양 참다랑어를 멸종 위기종으로 지정했다. 그리고 참치를 보전하기 위해 포획과 운송, 판매의 모든 경로를 추적하는 기술을 개발하고 있다. 기술이 완성된다면 기업과 소비자는 소매점에서 판매되는 참치의 출처를 확인할 수 있다. 이러한 투명성은 참치의 멸종을 방지할 뿐 아니라 미래의 구매자들이 불만을 토로하는 것을 피할 수 있다.

오프리는 해양 거버넌스가 공공재에 도움이 되는 도전이라고 말한다. 건강한 바다를 만들기 위해 공해는 반드시 필요하다. 하지만 아무도 그것을 소유하지 않기 때문에 발생하는 문제가 있다. 각국의 대표가 참여한 단체가 태평양의 참치 어업 규정이나 그린란드와 유럽 사이 대서양 어획량 관리 규칙 같은 국제 해역에 대한 특정 규정을 협상했다. 그러나 전문가들은 기존의 협약이 국제수역에서 생태계를 관리하기에는 부적절하다고 판단하고 있다. 많은 협약이 자원 추출이나 분배에만 초점을 맞추고 있다는 것이 그들의 주장이다.

퓨 자선기금Pew Charitable Trusts의 리즈 캐런Liz Karan은 "새로운 공해 협약은 국경을 초월해 생물 다양성을 보호하고 이러한 거버넌스의 격차를 좁히는 데 중점을 두어야 한다"고 말한다. 글로벌 협상이 이루어지지 않은 채 단편적 접근 방식으로는 달성될 수 없다고도 강조했다. 예를 들어 북대서양의 버뮤다 제도 사르가소 해역의 관리를 장려하고 뱀장어가 풍부한 해저를 보호하기 위해 노력한 지 10년이 지났음에도 구속력 있는 조치는 이루어지지 않았다고 덧붙였다.

캐런은 키리바시, 나우루, 솔로몬 군도와 같은 작은 국가의 배타적 경제수역EEZ이 대규모 원양어선에 의해 집중적으로 어획되고 있는 상황에 관해서도 문제를 지적했다. 이들 지역은 작은 태평양 섬나라의 주변으로 일정한 간격을 두고 대형 원양어선이 들어와 수산자원을 휩쓸어가고 있다. 이로 인해 주변의 어업에 큰 영향을 미치며 기존의 제도에서 활동하는 어민들과 국가가 고통을 겪고 있다.

EEZ는 특정 국가의 주권적 권리를 인정하지만, 이 지역에 있는 자원을 채취하거나 사용할 권한을 다른 나라에도 부여한다. 그런데 이는 곧 이 지역의 해양 환경을 보호해야 할 책임을 갖게 되는 것이기도 하다. 그럼에도 EEZ의 관리 권한을 가진 나라들은 책임보다는 이익을 좇는 데만 급급한 실정이다. 하물며 주인이 없는 바다인 공해는 어떠할까? EEZ의 바깥 바다인 공해는 한마디로 주인이 없는 바다다. 지금 전 세계의 공해에서는 무분별한 조업이 계속되고 있다. 앞서 이야기한 다랑어뿐 아니라 바다거북, 상어, 가오리, 새치 등 다양한 어종이 멸종 위기에 처했다. 공해에서는 순찰이나 감시, 통제와 같은 관리가 이루어지지 못한다. 설사 불법 어업을 적발했다고 해도 국가마다 법과 처벌 수준이 다르고 공해의 처벌 기준이 명확하게 협의되지 않아 아무것도 할 수 없다. 이런 상황이 계속된다면 곧 해양생물의 개체 수에 변화가 전 세계 어업에도 부정적인 영향을 줄 것이다. 이른바 '공유지의 비극'이 일어날 가능성이 높아진 셈이다.

공해에서 이루어지는 어업이 지속 가능하도록 투명하게 감시하고 규제와 통제를 통한 관리가 필요한 이유다. 여기에도 블록체인 기술이 역할을 할 것으로 보인다. 공해에서 어업을 하는 모든 선박의 포획 및 운송 경로를 추적할 수 있다. 이 과정에서 불법 어업을 막고 노동력 착취도 확인할 수 있다. 즉 해양생물을 포획하는 순간부터 그것이 소비자의 식탁에 올라가기까지의 전 과정을 디지털 장부를 통해 파악하고 추적할 수 있는 것이다. 하지만 문제는 불법임을 확인했다 해도 그것을 처벌할 명확한 규칙이 존재하지 않는다는 데 있다. 따라서 블록체인 기술을 공해의 어업에 접목하는 동시에 전 세계에서 공통적으로 적용할 수 있는 강력한 법률이 제정되어야 할 것이다.

교육

1. 명문대가 앞장서는 블록체인 교육

과거의 대학은 새로운 기술을 채택하는 데 주저했으며 오랜 시간이 지나도록 변화를 두려워했다. 고민 끝에 대학이 새로운 기술에 관한 위원회를 구성하고, 프로그램을 설계하고, 과정을 만들어도 이미 시간이 많이 흐른 탓에 그들이 선택한 기술은 쓸모없는 것이 되고 말았다.

하지만 일부 대학은 현대 기술에 뒤떨어지지 않기 위해 신속하게 움직일 준비가 되어 있다. 블록체인 역시 교육 과정과 인증서, 프로그램 이름 등을 먼저 정의하는 대학이 블록체인 기술의 표준을 정하게 될 것이다.

더욱 중요한 것은 블록체인 관련 수업이나 기술 프로그램을 제공하지 않는 학교의 학생들은 구인 시장에 계속 남아 일자리를 찾기 위해 고군분투해야 할 것이라는 사실이다. 일부 추정에 따르면 미국에서 비트코인을 포함해 블록체인 기술과 관련한 일자리는 2017년 200% 증가했으며, 2015년 이후 600% 이상 증가했다. 실제로 대학의 취업 게시판에 블록체인을 언급하는 글은 하루 평균 두 건씩 눈에 띄었고, 가장 많이 검색된 취업 공고 18건 중 15건이 블록체인이라는 단어를 명시적으로 포함했다. 물론 이것은 과학적 수치는 아니다. 하지만 블록체인 기술을 둘러싼 취업 시장에서 변화가 일어나고 있다는 명백한 신호다. 이는 어찌 보면 지극히 자연스러운 현상이기도 하다. 블록체인의 활용 분야는 금융, 교육, 의료, 제조, 유통, 행정 등 다양하게 확장되고 있지만 이를 감당할 전문 인력은 턱없이 모자라기 때문이다.

빠르게 발전하는 시대에 뒤지지 않는 대학에서는 학생들이 블록체인 교육 네트워크Blockchain Education Network, BEN 같은 클럽을 설립하고 연구 그룹을 구축하는 등 스스로 제4차 산업혁명 시대가 원하는 인재상이 되기 위한 문제를 해결하고 있다. 블록체인의 핵심 개념을 이해하고 암호학, 분산 시스템, 알고리즘, P2P 네트워크와 데이터 구조 등 블록체인의 기술 요소와 구조를 익히는 것이다. 나아가 토큰을 활용한 디지털 플랫폼 사례 연구와 블록체인 앱을 실제로 개발하면서 전반적으로는 블록체인 플랫폼을 직접 설계하는 프로젝트까지 진행한다. 듀크 대학교와 UC 버클리의 학생 중심 연구센터처럼 일부 대학은 학생이 주도하는 연구소에서 블록체인에 관한 활발한 활동을 진행하고 있다. 단순히 암호화폐에 기반한 기술을 넘어 제2의 인터넷으로까지 불리는 블록체인의 공유와 분산의 사회적 가치를 실현해 혁신을 주도하는 인재로 성장하는 것이다.

전 세계 대학 중 블록체인 학과 및 프로그램을 제공하는 12개 대학을 소개한다.

● 코넬 대학교 Cornell University

아이비리그 대학 중 막내였던 코넬 대학교는 신학대학과 인문대학으로 시작한 다른 아이비 대학들과 달리, 처음부터 최신 기술에 전념하고자 했다. 코넬은 1865년 이래 세계에서 가장 영향력 있는 연구대학 중 한 곳으로 성장했으며, 비즈니스 및 컴퓨터 과학 분야의 역사적인 선두주자로서 그 공약에서 벗어나지 않았다.

코넬은 '암호화폐 및 계약을 위한 코넬 이니셔티브'에서 지원하는 프로젝트인 '코넬 블록체인'과 함께 혁신의 전통을 이어가고 있다. '코넬 블록체인'은 학생 및 기업 고객에 블록체인 기술을 교육하고, 인증 및 적용을 제공하고자 한다. '코넬 블록체인'과 함께 코넬 대학교는 중요한 기술의 미래를 구체화하고 미래를 준비하는 리더를 양성한다.

● 듀크 대학교 Duke University

듀크 대학교는 유명한 남부 아이비리그 중 하나이자 의료, 비즈니스 및 기술 연구 분야의 세계적인 리더로, 세계 최고 수준의 연구대학 중 하나다. 에이즈 연구에서부터 신학, 종양학, 경제학에 이르기까지 듀크는 거의 한 세기 동안 혁신의 중심에 있었다. 듀크 기금Duke Endowment이 작은 남부 대학을 글로벌 강국으로 만들었기 때문이다.

'듀크 블록체인 랩'은 학생과 교수진 모두 블록체인 기술의 개발 속도를 높일 수 있도록 설계된 전문적이며 학생 중심의 연구센터다. 강의와 워크숍 등을 통해 듀크 블록체인 랩의 중심에 있는 학생들은 듀크를 블록체인 발견의 허브로 만들어 산업, 금융, 은행 등을 위한 진화 및 적용 분야의 글로벌 리더를 배출하고자 한다.

● 조지타운 대학교Georgetown University

미국에서 가장 오래된 가톨릭 대학교이자 세계에서 가장 유명한 민간 연구기관 중 하나인 조지타운 대학교는 1789년 창립 이래 매우 영향력 있는 기관으로 자리 잡았다. 그 영향력의 대부분은 워싱턴 DC에 있는 조지타운의 위치에서 나온다. 정부와의 깊은 연관성, 정치, 산업, 금융 및 정책 분석에서 가장 강력한 인물들에게 접근성을 가지고 있다.

최근 몇 년 동안 조지타운의 맥도너 비즈니스 스쿨은 블록체인 학술 연구에서 가장 주목할 만한 목소리가 되었다. 금융시장 및 정책센터는 지난 3년간 연례 국제 블록체인 서밋을 후원했으며, 블록체인에 관한 백서를 발간하고 금융과 투자에 미치는 블록체인의 영향을 분석했다. 조지타운의 권위와 함께 그들은 미래 블록체인 주요 기관의 운영자가 될 것이다.

● MIT

STEM Science과학, Technology기술, Engineering공학, Mathematics수학 교육이라면 메사추세츠 케임브리지에 있는 민간 연구대학 MIT가 항상 세계 최고로 선정된다. 미국 최초의 현대 연구 대학 중 하나인 MIT는 1861년 창립 이래, 특히 디지털 시대가 시작된 뒤 기술 개발의 핵심이었다. MIT는 인공지능, 오픈 소스 프로그래밍, 심지어 해커 문화 개발의 선구자다.

MIT는 미디어랩의 '디지털 화폐 이니셔티브'를 통해 블록체인 기술에 대한 주요 당사자 중 하나로 부상하고 있다. 디지털 화폐 이니셔티브는 블록체인 기술의 위험성과 잠재력에 대한 인식을 높이는 동시에 연구 프로젝트, 논문, 블록체인 그룹 지원 등을 통해 블록체인 개발에 주력하고 있다. 인터넷 기술을 가능하게 하는 데 도움을 준 기관인 MIT가 계속해서 앞서가고 있다.

● 뉴욕 대학교 New York University, NYU

뉴욕 대학교는 도시로서 뉴욕의 정체성을 대표하는 기관이다. 1831년 설립 당시 NYU는 뉴욕의 발전과 영향력의 상징이었다. 오늘날 NYU는 미국의 금융, 비즈니스, 문화의 중심인 뉴욕을 대표하는 대학교이자 세계에서 가장 권위 있는 사립 연구대학으로 인정받고 있다.

NYU의 스턴 비즈니스 스쿨은 상위 20개 비즈니스 스쿨에 빠지지 않고 선정되어 블록체인 기술을 핀테크FinTech MBA 프로그램의 필수 영역으로 만들었다. 이 MBA 프로그램에서 제공되는 전문 분야는 블록체인 심층 기술 분석, 인공지능 및 블록체인 기술이 금융에 미치는 영향에 중점을 둔다. 졸업생은 계속해서 투자은행, 국제 금융, 기업가 정신 등에서 커다란 영향력을 발휘할 것이다.

● 프린스턴 대학교Princeton University

미국 혁명 이전에 설립된 미국에서 가장 오래된 대학 중 하나이자 뉴저지의 아이비리그 소속이기도 한 프린스턴 대학교는 세계에서 가장 혁신적이고 권위 있는 대학 중 하나다. 프린스턴은 엔지니어링, 비즈니스 및 공공 정책 분야의 선두 주자로서 모든 분야의 리더를 교육하며 세계 최고의 대학으로 인정받고 있다.

프린스턴은 '코세라Coursera'를 통해 2015년 9월부터 '비트코인과 암호화폐 기술Bitcoin and Cryptocurrency Technologies'이라는 공개 강좌를 제공하고 있다. 코세라는 온라인 공개수업Massive Open Online Course, MOOC 플랫폼으로 MIT, 스탠퍼드, 예일대와 같은 명문대학 강좌도 수강할 수 있다. 블록체인에 관한 전문 지식을 전 세계에 공유하고 있는 것이다.

강좌를 신청하면 강의를 듣고 난 뒤에는 퀴즈와 과제로 복습할 수 있다. 또한 플랫폼 내 포럼을 통해 다른 학생과 의견을 주고받거나 강의자에게 질문도 직접 할 수 있다. 강의를 진행하는 아빈드 나레이야난Arvind Narayanan 컴퓨터공학부 교수는 프린스턴 대학교의 학생들에게 암호화폐와 블록체인 기술은 물론, 비트코인의 가격 결정 요소와 암호 해독이 어떻게 작동하는지에 대한 기본을 가르치고 블록체인에 관한 오해를 지적한다. 강의는 단순히 기술적인 내용을 넘어 정치와 법적 이슈, 알트코인과 암호화폐의 생태계, 사회적 영향력 등도 함께 다룬다.

● RMIT

오스트레일리아에서 가장 오래된 대학 중 하나인 로열 멜버른 공과대학Royal Melborne Institute of Technology, RMIT은 1887년 야간 학교로 시작해 교육 및 연구를 통해 오스트레일리아를 산업혁명으로 인도하는 데 도움이 되는 실질적인 교육에 중점을 두고 발전했다. 오늘날 RMIT는 오스트레일리아 최고의 STEM 대학이다.

RMIT는 블록체인 기술 과정을 제공하는 오스트레일리아 최초의 대학이기도 하다. 8주 완성 온라인 단기 코스는 블록체인 기업인 액센추어Accenture와 선도적 비영리 단체인 스톤앤초크Stone and Chalk와의 제휴로 설계되었다. 비록 짧은 과정이지만 학생들에게 블록체인 기술에 대해 가르칠 뿐 아니라 전문가가 블록체인 기술을 사용해 비즈니스에 이익을 얻도록 도와준다. RMIT 블록체인 과정에 대한 학생들의 넘치는 수요는 RMIT가 올바른 방향으로 가고 있다는 것을 보여준다.

● 스탠퍼드 대학교Stanford University

20세기 중반, 스탠퍼드는 기업가 정신에 대한 헌신과 학생, 졸업생 및 교수진의 지원을 통해 실리콘 밸리의 핵을 형성했다. 오늘날 세계를 구성하는 많은 기술과 기업, 리더 등이 스탠퍼드 대학교로 인해 만들어진 결과라고 하는 것도 그리 큰 과장은 아니다. 이는 1885년 창립 이래 스탠퍼드가 얼마나 영향력 있었는지를 의미하는 것이기도 하다. 현재 스탠퍼드는 기술 혁신의 선두에 있으며, 이 점은 많은 미국 학생들이 다른 어떤 학교와 비교해 입학을 꿈꾸는 대학이 된 이유 중 하나이기도 하다.

스탠퍼드 온라인은 기술, 비즈니스, 경제 등에서 가장 최신의 주문형 주제에 대한 무료 온라인 강좌 및 MOOC로 잘 알려져 있다. 스탠퍼드 온라인은 비트코인 및 암호화폐 코스를 제공하며, 이는 사이버 보안 대학원에서 자격증으로 이수된다. 블록체인 코스 및 암호 해독에 대한 교육을 제공하는 전 세계 몇몇 기관은 스탠퍼드 자격증 온라인 코스를 모델로 삼고 있을 정도다.

● 캘리포니아 대학교 버클리 캠퍼스University of California Berkeley

미국 캘리포니아주 버클리에 있는 주립 종합대학교로 미국 서부를 대표하는 명문대학이다. 오랫동안 미국에서 가장 우수한 공공 연구 대학으로 평가를 받아온 캘리포니아 대학교 버클리 캠퍼스는 UC 시스템의 주력이며 공교육의 모델로, 기술과 실용적인 학습 및 DNA 연구를 수행한다. 버클리는 컴퓨터 처리에서부터 지속 가능한 에너지에 이르기까지 꾸준한 기술 혁신자였다. 졸업생들은 애플Apple과 테슬라Tesla를 포함해 중요한 현대 기업들을 세우기도 했다.

'버클리의 블록체인'은 과거에 수많은 기술을 개척한 것처럼 버클리가 블록체인 기술을 개척하도록 지원하는 학생 중심의 조직이다. 학생, 동문 및 커뮤니티 구성원이 함께 모여 블록체인, 암호 해독, 향후 기술 적용에 대한 교육, 연구, 컨설팅을 제공한다.

● 일리노이 대학교 University of Illinois at Urbana-Champaign, UI

일리노이 대학교는 1867년에 최초의 토지 승인기관으로 설립된 전국 주요 공공 연구대학 중 하나다. 토지 부여 상태에 따라 UI는 공학 및 기술에 기반을 두고 구축되었으며, 20세기에 들어서 이 대학은 컴퓨터 과학의 선구자로 자리매김했다. UI는 최초의 디지털 컴퓨터 중 일부를 구축했으며, 국립 슈퍼 컴퓨팅 애플리케이션 센터의 본거지다. 영화계에서는 〈2001 스페이스 오디세이〉에 등장하는 인공지능 컴퓨터 HAL의 발상지로 여겨지기도 한다.

일리노이 대학교 분산 시스템 연구실 Univ. of Illinois Distributed Systems Lab 은 컴퓨팅 분야의 UI 혁신에 대한 오랜 연구를 계속해오고 있다. 이 연구실은 연구 프로젝트 및 논문으로 학술적 대화를 교육하고 확장하는 한편 블록체인 기술도 개발하고 있다. 연구실의 응용 프로그램은 금융 및 의료 산업이 블록체인을 실제로 활용할 수 있는 방법을 제공한다.

● 니코시아 대학교 University of Nicosia, UNIC

니코시아 대학교는 지중해에서 세 번째로 큰 섬인 키프로스에서 가장 큰 대학이자 세계에서 가장 혁신적이고 미래 지향적인 대학 중 하나다. 1980년에 설립된 UNIC의 본래 목적은 키프로스 학생들에게 영국의 전문 시험에 합격하는 교육을 제공해 취업 기회를 강화하는 것이었다. 오늘날 UNIC는 수업료를 비트코인으로 받는 최초의 대학이 됨으로써 현대 디지털 기술에 중점을 둔다는 인상을 심어주었다.

UNIC는 블록체인 및 디지털 통화 기술 분야의 대학원 학위 프로그램을 제공하는 세계 최초의 대학으로도 유명해졌다. 다른 학교는 일반 석사 과정에서 학점이나 자격증을 제공하지만 UNIC는 현재의 기술 및 잠재력, 적용법까지 3학기에 걸친 석사 학위 프로그램을 개발했다.

● B9LAB 아카데미

영국의 신생 교육기관인 B9랩B9Lab은 대학은 아니다. 하지만 블록체인 기술에 대한 교육을 제공하는 전문기관으로서 그 역할은 무척 중요하다. B9랩은 전 세계 112개국에 걸쳐 1만 명이 넘는 학생들을 위해 블록체인 코스와 자격증을 제공한다. 또한 블록체인 기술을 사용하고자 하는 기업과의 협업으로 기술 개발 및 응용에 관한 중요한 연구를 수행하고 발표한다.

학생들은 B9랩 아카데미를 통해 현장에서 가장 혁신적인 전문가들이 설계한 블록체인 과정을 온라인 강좌로 수강할 수 있다. 프로그램을 마친 학생들의 약 80%가 과정에 합격해 이더리움 네트워크에 백업된 블록체인 인증서를 받는다. 이 인증서는 위조할 수 없다.

B9랩과 같은 조직은 민간 산업 및 고등 교육기관과의 공동 작업을 통해 블록체인이 가진 잠재력을 최대한 발휘하도록 이끌며, 동시에 교육을 넘어 다른 모든 분야와 함께 블록체인이 혁신할 방법을 고민한다. 이 혁신은 시작일 뿐이며, 누구나 참여할 기회를 얻을 수 있다.

2. 블록체인 기술과 고등 교육의 미래

　교육은 채널을 통해 지식과 기술을 교환하는 것이다. 교육을 둘러싼 모든 당사자 사이에 신뢰가 존재한다면 프로세스는 더욱 효율적으로 작동한다. 평판 좋은 고등 교육기관이 매년 수천 건의 지원서를 받는 현상도 이를 통해 설명할 수 있다. 훌륭한 환경을 갖추고 탁월한 교육을 제공할 수 있는 학교, 즉 뛰어난 학교일수록 똑똑하고 능력 있는 사람을 받아들인다. 그리고 블록체인은 미래의 고등 교육을 변화시키는 데 중요한 역할을 할 수 있다.

　유럽연합EU은 소속 국가에 교육 및 학생 지식 향상을 촉구하면서 분산 교육 시스템을 그 솔루션으로 제시했다. 이는 블록체인 기술을 바탕으로 한다. 분산화와 불변성이라는 블록체인 기술의 특성을 가지고 교육 부문을 어떻게 효과적으로 변화시킬 수 있을까?

● 학력 및 경력 위조 탐지

우리나라는 한때 유명인들의 학력 위조 사건이 널리 퍼지면서 사회적 이슈가 됐다. 그 과정에서 얼마든지 학력과 자격을 위조할 수 있으며 이에 관한 거짓말이 쉽게 드러나지 않는다는 사실을 많은 사람들이 확인했다. 우리나라뿐 아니라 다른 나라에서도 이러한 사례를 문서화한 기록이 있다. 이를 살펴보면 고위 정치인과 공무원을 가장한 사기가 생각 이상으로 많다. 타인의 자격증을 검증하는 것이 어렵기 때문이며, 특히 여러 곳의 고등 교육기관에서 자격을 취득했다고 주장하는 경우는 더욱더 그러하므로 사람들을 속이기 쉬운 까닭이다. 심지어 관련 교육기관의 컴퓨터 시스템에 침입할 수 있는 해커는 특정인의 자격을 변경하거나 삭제할 수도 있다.

이를 방지할 수 있는 것이 블록체인 기술이다. 블록체인은 불변성을 가진 기록의 원장이다. 일단 정보가 입력되고 확인되면 변경할 수 없다. 또한 누구도 네트워크 사용자의 승인 없이 블록체인에 정보를 추가할 수 없다. 고등 교육기관은 인증서 발급 및 학력 또는 경력 위조를 방지하기 위해 사용자의 입맛에 맞게 블록체인 프로토콜을 개발할 수 있다.

● 범용 학력

'지구촌global village'이라는 말은 오래된 미래용어이지만, 이제 진정한 의미에서 세계는 연결된 하나의 마을로 변하고 있다. 그 마을에서는 세계 각지의 사람들이 함께 일할 수 있어야 한다. 그러나 학술 성적표를 보편적 기준에 따라 인정하고 그 내용을 인증서로 변환하는 해결책이 아직 존재하지 않는다. 이 작업을 수행하는 제삼자가 있지만 프로세스가 매우 느려, 경우에 따라 몇 개월이 걸리기도 한다.

여기에 블록체인 기술을 도입한다면 이야기는 달라진다. 사람들은 블록체인에 자신의 자격을 입력할 수 있다. 이 방법으로 인해 당사자는 자격을 증명하는 인증서에 보편적으로 접근할 수 있으며, 필요로 하는 관할권의 표준에 따라 검증 및 평가할 수 있다.

● 스마트 계약

교육의 가치는 매우 크다. 이는 곧 비싼 학습 비용으로 연결된다. 많은 졸업생들이 고등 교육기관으로부터 적게는 수천 달러에서 많게는 수만 달러까지를 학비를 대출하고 있다. 그리고 많은 고등 교육기관이 그중 일부를 돌려받지 못하고 있는 상황이다. 기관은 학자금을 회수하기 위해 제삼자를 고용할 수도 있다. 하지만 그 회수는 매우 느린 과정이 될 것이다. 학자금 대출에 블록체인을 적용하면 기관은 학자금 회수를 위한 스마트 계약을 전개할 수 있다. 제삼자를 고용할 필요 없이 이 계약을 맺는 순간부터 채무자를 따라 다니며, 미납된 채무가 전액 지불되면 증명서를 발급해준다.

● 신임장

양질의 교육이 중요하지만 불행히도 점점 어려워지고 있다. 교육기관은 교육의 품질을 유지하고 관리하기 위해 수업 평가 등을 진행한다. 하지만 여기에는 조작이 일어날 가능성이 존재한다. 현재 많은 기업 마케팅 수단으로 사람들을 이용해 제품 및 서비스 평가에서 긍정적 리뷰를 조작하고 있다. 교육기관 역시 이런 일이 벌어질 가능성이 얼마든지 있다. 이를 방지하는 것이 블록체인이다. 블록체인 기술은 수업에 참여한 학생만 리뷰를 남기도록 작동할 수 있다.

● 산화된 교실

교육은 교실에서 인터넷으로 옮겨 가고 있다. 많은 사람들이 온라인 강좌를 수강하고 있으며 이런 방식은 물리적으로 교실에 접근할 수 없는 사람들을 돕는다. 덕분에 온라인 교육 시스템을 제공하는 기업이 점차 증가하고 있지만 여기에도 어김없이 단점이 존재한다. 그들은 사람들이 배워야 한다고 생각하는 것을 일방적으로 가르친다. 또한 대부분의 경우 실시간 학습이나 피드백이 없다. 학생들은 미리 녹화된 영상에만 의존해야 하는 것이다.

블록체인 기술을 정보의 실시간 교환이 이루어지는 분산화된 교육 시스템을 제공하는 데 사용할 수 있다. 이 방법으로 학생들은 온라인 교사와 일대일로 수업한 뒤 블록체인 프로토콜의 디지털 토큰으로 수업의 만족도에 따른 보상을 제공할 수 있다. 이러한 기술만 충족된다면 교육은 분산화되고, 어느 기관도 이를 통제할 수 없게 된다. 그리고 온라인 강의실은 대다수의 선택에 의해 관리되는 자치단체로 바뀔 것이다.

● 장학금의 투명성

높은 학비를 지불할 여력이 없어서 고등 교육을 받지 못하는 사람들이 있다. 문제를 해결하기 위해 여러 정부 조직과 비정부기구가 학생들의 후원을 하고 있다. 그러나 이런 후원금이 필요한 사람들에게 늘 전달되는 것은 아니다. 때로는 여유가 있는 사람에게 제공되며, 심지어 비도덕적인 사람들에 의해 후원금이 엉뚱한 곳으로 흘러 들어가는 경우도 있다. 블록체인 기술은 장학금 지급 내역을 공유하고 추적을 통해 장학금이 예정된 목적지로 가고 있는지 확인하는 데 사용할 수 있다.

블록체인 기술에 관한 세미나와 ICO는 세계 곳곳에서 지속적으로 진행되고 있다. 이것이 교육의 미래에 초점을 맞출수록 더 좋은 미래가 펼쳐진다. 블록체인을 통합해 강력하고 투명하며 분산화된 교육 시스템을 구축하면 더 양질의 교육을 제공하고 더 많은 사람들이 교육을 받을 기회를 얻게 된다. 교육의 미래는 블록체인 기술의 채택으로 시작될 것이다.

사회 시스템

1. 블록체인과 디지털 민주주의의 상관관계

그동안 정치에서 기술이 해온 역할에 대해서 수많은 토론이 있었다. 브라질에서는 선거를 앞두고 모바일 메신저 왓츠앱WhatsApp에서 정치적 메시지를 전달하기 위한 스팸이 기승을 부렸다. 결국 왓츠앱은 선거 관련 스팸 메시지를 보낸 수십만 개의 계정을 차단했다. 미얀마에서 페이스북은 의견과 정보를 공유하는 주요 커뮤니케이션 통로다. 하지만 페이스북은 또한 미얀마 내 소수민족 간 증오와 폭력 선동의 장으로 이용되었다. 군에 연결된 공공기관, 극단주의 종교 그룹, 정부 소속 인사들이 로힝야족을 겨냥한 증오 발언을 확산했기 때문이다. 이 외에도 2016년 정치 컨설팅 업체인 케임브리지 애널리티카Cambridge Analytica가 페이스북이 수천만 명의 사용자 정보를 팔았고, 이를 이용해 도널드 트럼프Donald Trump 미국 대통령의 선거운동을 도왔다는 사실이 알려지기도 했다. 이렇듯 많은 사람들은 기술이 정치에서 꼭 필요한 역할을 하기보다는 오히려 부정과 잘못을 확산시키고 있다고 말한다.

진실 여부에 상관없이 기술의 발전은 정보가 쉽게 확산되는 데 커다란 역할을 해왔다. 그에 따라 선거에서 유권자가 후보를 인식하는 방법에 영향을 준 것도 사실이다. 그렇다면 투표 자체에는 어떤 영향력을 행사했을까? 후보자 중 누구에게 투표할지에 대해서는 기술 발달에 따른 정보 확산으로 영향을 주었다고 말할 수 있지만, 선거일에 투표하는 방식은 거의 변화되지 않았다. 이 때문에 투표 자체에 기술이 어떤 역할을 했는지 확인해볼 필요가 있다.

모바일과 디지털에 의한 투표의 현대화는 기술 발달에 맞춰 수년간 지속되어온 토론 주제이지만 언제나 같은 결론에 도달했다. 투표는 민주주의의 가장 중요한 근본 제도이므로 이를 사이버 위험에 노출시킬 수 없다는 것이다. 그러나 인터넷 투표를 반대해온 사람들은 지금까지 찾지 못했던 열쇠인 보안성과 불변성이라는 특징을 가지고 찾아온 새로운 참가자를 맞이했다. 바로 블록체인 기술이다.

디지털 민주주의 실험

2018년 11월 진행된 미국의 중간 선거에서 소규모의 블록체인 투표 실험이 실시되었다. 웨스트버지니아주 24개 카운티 소속으로 해외에

체류하고 있는 국민과 군인은 보츠Voatz라는 앱을 통해 투표했다. 미국에서 처음으로 총선 투표 시스템에 블록체인을 사용한 것이다.

맥 워너Mac Warner 웨스트버지니아주 국무장관은 IT 담당 직원에게 해외에 거주하는 8,000여 명의 군인과 가족이 모바일 투표를 이용할 방법을 조사하도록 지시했다. 2016년 대선 당시 전 세계에서 보낸 약 30만 표의 부재자 투표지가 법정시한 내 도착하지 못해 개표조차 하지 못하는 등 선거 때마다 참정권 침해 문제가 심각했기 때문이다.

맥 워너 주장관은 "기존의 사전 투표용지를 이용한 투표는 우편 서비스나 유선 전화망조차 잘 갖춰지지 않은 벽지에 주둔 중인 군인과 가족에게는 유용한 투표 방법이 아니었다. 그러나 휴대폰은 다르다. 모든 사람이 갖고 있다"며 앱을 사용한 투표를 기획한 이유를 말했다. 스마트폰을 가지고 있고 주 또는 연방 ID가 있는 군인과 가족은 보츠 앱을 사용해 투표할 수 있다. 보츠는 지문이나 망막 인식 기술을 통해 암호화된 생체 인식 검증 시스템을 이용하는 승인형 블록체인이다. 이 블록체인은 IBM이 개발한 프라이빗 블록체인 강자인 하이퍼렛저HyperLedger 프레임워크에 기반을 둔다. 투표 참여자들의 투표 결과는 프라이빗 블록체인에 기록되고 투표용지는 집계되기 전에 투표의 유효성을 확인하는 여러 컴퓨터에 전송된다.

블록체인 투표는 민주주의에서 소외당하기 쉬운 사각지대를 해소하는 대안으로 모색되고 있다. 앞서 2018년 4월에 열린 매사추세츠 공화당 주지사 후보자 지명대회에서는 블록체인 투표로 찰리 베이커를 후보로 선출됐다. 같은 해 6월 매사추세츠주 우스터에서 열린 민주당 주지사 후보 지명대회에도 블록체인 투표를 적용했다.

쉬운 투표 방식이 투표율을 높일까?

민주주의의 근본 원칙은 시민의 참여다. 하지만 캘리포니아 대학교 버클리 캠퍼스의 미국 대통령직 프로젝트The American Presidency Project에 따르면 1968년에서 2012년까지 미국 대통령 선거 투표율은 60% 미만 이었으며 그중 절반은 55%에도 미치지 못했다. 미국 여론조사 기관 퓨 리서치센터Pew Research Center의 연구 결과에 따르면 미국의 투표율은 선진국 32개국 중 26위에 해당한다. 미국보다 투표율이 앞서는 나라 중에는 강제 투표 법률이 있는 국가가 많다. 예를 들어 오스트레일리아는 선거에서 투표하지 않으면 20달러의 벌금을 내야 한다.

선거는 몇 년에 한 번 돌아오는 일임에도 전 세계에서 수많은 사람들이 투표할 권리를 누리지 못하고 있다. 여기에는 사소한 문제가 사람들로 하여금 선거에 참여하지 않게 만드는 장벽으로 작용하고 있다. 이럴 때 휴대폰을 통해 바로 투표할 수 있는 편리함이 주어진다면 투표율이 높아질까? '투표 비용 지수Cost of Voting Index'라는 연구는 선거인 등록 마감일, 사전 투표와 부재자 투표에 관한 법률, 투표인의 신분증 지참 여부, 투표에 걸리는 시간과 같은 요인들이 2016년 대통령 선거에 영향을 주었다는 사실을 밝혀냈다. 이러한 투표 방해 요소가 적은 주에서는 상대적으로 투표율이 높았다.

블록체인을 이용한 투표에서 사람들이 가장 우려하는 요소는 안전이다. 블록체인은 안전성과 불변성으로 관심받고 있다. 그러나 보츠 앱을 이용한 투표의 경우 투표자의 표가 바로 블록체인으로 가지 않는다. 그렇기 때문에 그 사이에 어떤 일이 일어날지도 모른다는 우려가 크다.

모든 형태의 인터넷 투표에 반대하는 투표 보안 시민단체인 투표검증재단Verified Voting Foundation의 대표 매리언 슈나이더Marian Schneider는 "보츠는 블록체인 기술을 부수적으로 사용하는 앱이라는 것이 정확한 표현"이라고 말한다.

미국의 투표재단Vote Foundation은 인터넷 투표의 타당성을 평가하는 보고서를 통해 유권자 인증, 클라이언트의 멀웨어, 네트워크 공격, DDos 공격 등과 같은 위험이 온라인 투표의 편익에 비해 너무 높다고 말했다. 또 추가 보안 문제 역시 만족스럽게 해결되지 않는다면 공공 선거에서 인터넷 투표 시스템을 고려해서는 안 된다고 주장했다.

암호화폐와 계약을 위한 이니셔티브Initiative for CryptoCurrencies and Contracts의 연구진들 역시 블록체인 투표에 강하게 반대하며 원하지 않는 소프트웨어가 설치되고, 시스템이 하이재킹당할 수 있는 멀웨어와 네트워크 공격에 의한 위험에 많은 우려를 제기했다.

새롭고 모호한 정치 시대

　인터넷 투표의 도구로 사용되는 블록체인은 현재 상태로는 미래의 가능성을 제시할 뿐, 완벽하지 않다. 블록체인을 이용한 투표의 지지자와 반대자들 모두 블록체인이 아직은 성숙한 기술이 아니라는 점을 강조하고 있다.

　페이스북과 기타 소셜 미디어 플랫폼이 대중화된 지 5년이 지났다. 처음 SNS가 우리 일상에 들어왔을 때만 해도 그것이 지금처럼 소수에 대한 증오 발언이나 정치적 선동을 퍼뜨리기 위해 사용될 것이라고는 생각하지 못했을 것이다. 그리고 소셜 미디어가 선거와 같은 정치적 선택에 영향을 줄 것도 예상하지 못했다.

　블록체인이 실행 가능한 투표 도구가 되기 위해서는 보안 문제뿐만 아니라, 우리가 알지 못하는 위험과 문제를 먼저 해결해야 한다. 기술은 현대 정치에 많은 영향력을 행사했으며 그 과정에서 다양한 문제가 발생해 우려를 낳고 있다. 기술이 정치에 가져온 부정적인 부분과 우리 생활에 가져온 긍정적인 부분의 균형을 찾는 것은 쉬운 일이 아니다. 계속해서 점진적으로 서서히 해결되어야 할 문제들이다.

　블록체인 지지자들조차 블록체인이 더 많은 사람들을 투표하게 만드는 최종적인 해답이 될 수 없다는 사실을 알고 있다. 2018년 실시된 웨스트버지니아주의 실험은 앞으로 어느 방향으로 나아갈지를 알려주는 지표가 되어줄 것이다.

2. 인간의 통제와 자유 사이에 블록체인이 있다

비트코인은 2009년에 등장한 이래 꾸준한 인기를 끌고 있다. 사람들은 비트코인으로 얼마나 짧은 시간 안에 부자가 되었는지, 비트코인 채굴이 얼마나 많은 전기를 사용하는지, 채굴이 얼마나 복잡한지 이야기한다. 그러나 비트코인이 인권에 어떤 역할을 하며 얼마나 많은 사람들에게 경제적, 정치적 자유를 줄 수 있는지 이야기하는 사람은 없다. 비영리 단체인 인권재단Human Rights Foundation의 최고전략 책임자인 알렉스 글래드스타인Alex Gladstein은 최근 싱귤래리티 대학교 글로벌 서밋 강연에서 비트코인이 자유에 미치는 중요한 영향에 관해 다음과 같이 말했다.

"인류가 누구도 막을 수 없는 돈을 전 세계 어디나 보낼 수 있는 힘을 갖게 된 것은 역사상 처음 있는 일이다. 역사상 처음으로 검열에 진정한 저항력을 갖게 된 것이라고 할 수 있다."

글래드스타인은 우리 사회가 갈림길에 서 있다고 하며, 상호 작용이 감시되고 검열받는 중앙 집권화된 길로 가거나 필수적인 자유와 권리를 보전할 수 있는 분산화된 길로 갈라진다고 말했다.

이 갈림길에서 기술의 역할은 역설적이다. 일부 기술은 정부나 기업에 통제의 도구를 제공하고 또 어떤 기술은 시민들의 손에 더 많은 자유와 권한을 부여한다. 글래드스타인은 중국 정부가 자국민의 행동, 위치, 금융 거래, 통신 내역 등을 면밀히 주시하고 있다고 지적했다. 얼굴 인식 기술, 스마트폰 앱, 감시용 드론, 스마트 안경 등은 사용자의 일상생활에 관한 정보를 수집한다. 이러한 정보는 국가의 사회 신용 시스템에 입력된다. 중국은 이 정보를 바탕으로 정부 저항 세력, 지식인, 범죄자, 기타 부적합자로 분류된 사람들의 공공서비스 접근을 거절하고 복종적인 시민들에게는 특권을 준다.

이것이 전부가 아니다. 글래드스타인은 "예측적 치안 활동은 중국에서는 이미 현실이다. 만약 중국 정권이 사람들의 사회 신용점수를 통해 반사회적 행동을 암시하는 신호라고 여긴다면 정부 당국은 그 사람들이 범죄를 저지르기 전에 체포할 수도 있다"고 경고했다.

서방 세계의 경우에는 그보다 덜 극단적이기는 하지만 그럼에도 우려할 필요가 있다. 사람들의 동의나 인지 없이 판매되는 개인 데이터, 선거에 영향을 주는 온라인 플랫폼, 가짜 뉴스에 의한 평판 등이 이미 곳곳에서 일어나고 있기 때문이다.

글래드스타인은 이런 문제 해결에 비트코인이 도움을 줄 수 있으며 이미 그렇게 하고 있다고 말한다. "비트코인 이전에 국제적 거래에는 제삼자를 신뢰할 수밖에 없었다. 통제할 수 없는 돈은 존재할 수 없었다. 비트코인은 인간의 네트워크 능력을 혁신적으로 업그레이드했다."

비트코인은 소유자가 없어 분산되어 있다. 이는 곧 권력의 분산을 의미한다. 이러한 사실은 비트코인에 고유한 회복 특성을 부여한다. 비트코인은 변경될 수 없고 중단되거나 방해받지 않는다. 사람들은 거래 대상을 알거나 신뢰할 필요가 없다. 심지어 비트코인 커뮤니티 내부에도 권력은 분산되어 있다.

채굴자들은 실행부서다. 채굴자는 비트코인 블록체인에 블록을 추가하기 위한 권리를 얻으려고 일한다. 암호 작성자는 입법부서다. 암호 작성자들은 언어를 업그레이드할 수 있는 스크립트를 작성한다. 그리고 사용자들은 사업부서에 해당된다. 사용자들은 전체 노드에 새로운 블록을 설치할지 여부를 결정한다.

글래드스타인은 아무도 비트코인을 통제할 수 없으며, 서로 다른 세 그룹의 일치가 있어야 하므로 비트코인을 조작하거나 변화시키는 것은 매우 어렵다고 했다. 이러한 사실은 최초의 비트코인 블록에 남아 있는 비트코인의 창설 이유에서도 확인할 수 있다. 2007년 대형 금융회사가 금융위기를 초래했다. 그럼에도 불구하고 정부는 더 많은 돈을 찍어냈고 구제금융을 통해 그들을 지원했다. 그러자 인플레이션이 발생했고 자신도 모르는 사이에 우리가 가진 자산의 가치는 점점 하락했다. 이러한 모습을 지켜봐 온 납세자이자 시민들의 불만은 점차 커졌고, 2008년 사토시 나카모토가 비트코인 백서에서 발표한 금융의 중앙 집중 방식에서 탈피해야 한다는 주장이 큰 관심을 끈 것이다.

글래드스타인은 엄청난 인플레이션으로 고통받는 베네수엘라의 위기와 치솟는 물가에 대해서도 언급했다. 화폐가 종잇값보다 저렴할 정도로 화폐 가치가 폭락했으며, 2016년부터 공식적인 경제지표를 발표하지 않아 정확한 물가상승률이 공개되지는 않았지만, 2018년 기준 6,305% 이상 상승했다고 알려져 있다. 글래드스타인은 비트코인이 베네수엘라 국민들을 위한 탈출구가 될 것이라고 이야기한다. 비트코인과 기타 분산형 네트워크는 정부나 은행 시스템을 신용할 수 없는 국가에서 특히 유용하게 사용된다. 현재 세계에서 암호화폐를 사용하는 사람들의 수는 약 7,500만 명으로 세계 인구의 1%에 해당한다. 또한 전 세계 인구의 절반인 40억 명이 독재 정권 치하에서 살고 있는데 이것이 암호화폐와 블록체인에는 엄청난 기회가 될 수도 있다. 정부가 화폐를 대량으로 찍어내 가치가 폭락하고 인플레이션을 일으키면 국민은 자국의 화폐를 믿지 못하게 된다. 현재 베네수엘라는 국내 자산의 해외 유출을 막기 위해 자산 송금 등 국민들의 해외 지출을 엄격히 제한하고 있다. 그런데 비트코인은 어느 나라에서든 일정 수준의 가치가 보증된다. 동시에 보관이나 해외 송금도 쉽다. '정부가 통제할 수 없는 자산'이란 점에서, 적어도 베네수엘라에서는 다른 자산보다 비트코인에 가치를 저장하는 게 안정성이 뛰어난 셈이다.

비트코인이 세상에 선보인 지 10년이 되었지만 이제 시작일 뿐이다. 휴대전화가 초기에는 비싸고 사용하기 어려웠지만 이제는 전 세계의 모든 사람들이 저렴하게 휴대전화를 사용하고 있으며 전화를 거는 것 이상의 많은 일들을 하고 있다. 글래드스타인은 비트코인이 이와 유사하게 장벽을 낮추고 사용자 친화성을 증가시키며 사용자를 늘려나가는 사이클을 따르고 있다고 본다.

문제는 비트코인이 활성화될수록 채굴과 트랜잭션이 느리게 설계되어 있다는 점이다. 비트코인의 설계자는 보안과 검열 저항성을 위해 확장성과 효율성을 희생했다. 작업 증명 메커니즘은 태생적으로 느릴 수밖에 없다. 예를 들어 비트코인에서 새 거래 기록 또는 블록을 원장에 추가하는 경우 항목당 허용되는 데이터가 1MB에 불과함에도 평균 약 10분이 필요하다. 이더리움에는 블록 크기 제한이 없지만 초당 약 20개의 트랜잭션만 처리가 가능하다. 또한 비트코인이나 이더리움 P2P 네트워크는 애초에 대량의 데이터를 저장하도록 설계되어 있기 때문에 전자 원장이 유기적으로 커짐에 따라 이를 지탱하기 위해 필요한 계산 및 전력 용량도 커지게 된다. 비트코인의 사용자가 10억 명이 되려면 이 문제를 해결할 방법을 찾아야 한다.

글래드스타인은 양방향 결제 채널 네트워크인 라이트닝 네트워크 Lightning Network와 같은 시스템을 제안한다. 라이트닝 네트워크는 네트워크 참여자 간의 왕복 프로세스를 전담할 별도의 블록체인 또는 데이터베이스를 두는 방법을 사용해 기존 결제 시스템과 효과적으로 경쟁할 수 있게 해준다. 제2 레이어를 통해 일상적인 프로세스를 블록체인 외부로 옮기면서 블록체인의 태생적 신뢰성을 유지함으로써 효율성을 대폭 높일 수 있다. 라이트닝 네트워크는 초당 수백만 건의 트랜잭션을 처리할 수 있다. 글래드스타인은 만약 라이트닝 네트워크가 실패하더라도 이는 분산화 기술 확장을 위한 청사진으로 유용하다고 말한다. 그는 인간의 자유와 권리, 개인정보 보호의 미래가 분산화 기술에 달려 있다고 믿고 있다.

3. 블록체인으로 법에 더 가까워진다

블록체인이 우리가 살아가는 방식에 혼란을 가져오고 변화시킬 수 있는 능력을 갖고 있음을 우리는 알고 있다. 그런데 어디까지, 그리고 어느 정도까지 영향을 미칠 것인가? 최근 추세를 고려해보면 블록체인은 2020년에는 우리 사회를 이끌 주요 기술이 될 것으로 기대된다. 그때가 오면 블록체인이 법률산업에 미칠 파장을 살펴보자.

블록체인의 매력적인 기능 중 하나는 스마트 계약이다. 이 기술은 기본적으로 계약 당사자가 동의한 거래 조건이 달성되면 자동으로 약속된 돈이나 물건이 계약 당사자에게 전달되는 시스템이다. 별도의 강제 권위체가 필요하지 않고 블록체인에 합의된 계약 내용만 저장하면 된다. 가령 지진으로 건물이 무너지거나 피해를 입을 경우 보험사는 자연재해 현상에 기반해 보험금을 지불하게 되는 것이다.

이러한 스마트 계약이 가능하려면 먼저 법률 처리의 자동화라는 프로세스에 어떤 룰을 적용할 것인지를 합의한 다음 그 내용을 코드로 옮겨야 한다. 그런데 다양한 응용 프로그램을 개발할 수 있는 블록체인 스크립팅 언어는 아직 그 정도로 발전하지 못했다. 지금은 은행과 금융 서비스, 지불 서비스 등에 파격적인 변화를 가져올 수준으로 성장한 상황이다. 하지만 다양한 블록체인 개발 회사가 기술 발전에 앞장서면서 스마트 계약이 조금씩 현실로 다가오고 있다.

법률 산업에서 블록체인 기술을 활용한 사례를 살펴보자.

전자증거개시 제도

몇몇 국가에서는 전자증거개시e-Discovery 제도가 널리 사용되고 있다. 이는 증거개시Discovery 제도에서 기인한 것으로 우리나라에는 2007년 국내 형사법에 도입되었다. 증거제시제도는 재판이 시작되기 전에 양측이 자신이 보유한 문서 및 자료를 법정 증거로 제출해야 하는 제도로, 미국, 영국, 캐나다, 오스트레일리아 등 대부분의 영미법계 국가에서는 보편화되어 있다. 국가안보, 증인보호 등의 특별한 사유가 없는 한 재판이 진행되기 전 검사와 피고인이 서로 증거를 열람 또는 복사할 수 있도록 하는 제도다. 재판에 앞서 특별한 사유 없이 자신이 보유한 자료를 공개하지 않거나, 증거 은폐의 목적으로 자료를 폐기한다면 소송에서 불이익을 받을 수도 있다. 전자증거개시는 종이 문서 등 아날로그 증거를 대상으로 하는 기존의 증거개시 제도에 이메일, 컴퓨터 파일 등 디지털 증거를 추가한 것이다.

블록체인이 불변하고 사실상 무한대의 로그라는 점을 고려할 때, 지금껏 법정에서 다양한 이유를 들어 많은 증거 이슈가 받아들여지지 않았던 사례가 블록체인을 통해 바뀔 것으로 기대하고 있다. 그 과정에서 대부분의 법적 절차가 보완될 것으로 보인다.

그러나 이것 또한 몇 가지 문제를 가져온다. 예를 들어 블록체인 데이터를 증거물로 다루는 것은 합법적으로 접근할 수 있는 블록체인을 만드는 데 중요한 문제가 된다. 미국에서 증거의 허용 기준은 정보가 '사실이며, 위증 시에 처벌받는다'는 맹세 여부에 따라 달라진다. 블록체인 기록과 같은 독립 문서 증거는 대개 허용되지 않으며 단순한 '전문증거'로 분류된다. 전문증거란 피해자의 법정 진술이 아닌 진술조서나 다른 사람의 증언을 말하며 우리나라에서는 반대신문권의 침해, 직접주의를 들어 전문증거의 증거능력을 제한하고 있다. 즉 블록체인 기록이 법적 증거로 채택되기 위한 과정이 험난하다는 것이다.

미국과 같은 나라에서는 기업들이 이미 기록 보관 목적으로 블록체인 기술을 탐색하기 시작했다. 블록체인 원장 시스템이 주류 사용으로 진입함에 따라 증거 및 발견 목적에서의 사용 가능성도 높아질 것이다. 따라서 법률 산업은 블록체인 기록에 접근하고 처리하는 방법을 파악하는 것은 물론, 그것이 합법적으로 실행 가능한가에 관한 해답을 계속해서 찾아야 한다.

개인정보 보호법 변경

모든 공식적인 원장과 마찬가지로 블록체인은 거래 및 기타 정보의 유효성을 추적하기 위한 공식 기록이 될 수 있다 이 기록은 모든 사람에게 공개되지만, 개별 거래 요소는 암호화되어 공개적으로 표시되지 않는다. 여권 정보가 블록체인에 저장되어 있는 경우 여권 또는 기타 신원 정보가 안전하게 암호화되어 있으며, 거래의 유효성 확인을 위한 신원 증명에만 사용할 수 있다고 가정하면 기본 개인 데이터는 보호된다고 할 수 있다.

반면 개인정보 보호법과 관련해 블록체인이 심각하게 오용될 가능성도 있다. 불법 제품 판매 또는 랜섬웨어 결제 모델 지원 등 불법 거래가 익명성으로 인해 공개 블록체인을 통해 쉽게 확산될 수 있다. 이를 방지하기 위해 금융기관은 데이터를 영구적으로 제거할 수 있도록 법원에 요청할 수 있다. 그런데 블록체인에 저장된 정보는 변경하거나 삭제할 수 없다. 이 때문에 유럽에서는 이미 데이터의 탈중앙화를 위한 웹 프로토콜을 말하는 IPFS InterPlanetary File System: 분산형 파일 시스템 같은 블록체인 기반 스토리지 시스템에 개인정보를 저장할 경우 '삭제권'에 대한 개인정보보호 규정General Data Protection Regulation, GDPR 조사를 받고 있다.

블록체인과 관련한 개인정보의 문제는 응용 프로그램이 여러 관할지역에 걸쳐 구현되는 경우다. 이와 같은 응용 프로그램은 국경 간 데이터 흐름과 관련된 문제를 해결하고 집행 가능성, 책임, 분쟁 해결, 발건 및 치외법 적용과 관련해 더 광범위한 법적 문제를 해결해야 한다.

부동산 소유권

부동산 소유권은 법률에 블록체인을 응용한 훌륭한 사례다. 재산은 주로 소유를 통해 결정된다. 여기서 가장 큰 문제는 토지의 소유를 결정하고 확인하는 것이다. 재산에 관한 대부분의 분쟁은 부패한 정부가 권력을 남용해 무지한 사람들을 이용하는 경우에 발생한다. 더는 이런 일이 발생해서는 안 된다. 블록체인 원장은 모든 사람이 소유권을 인식할 수 있도록 함으로써 거래의 공정성을 높일 수 있다. 이는 정부조차도 뚫을 수 없는 인증 메커니즘을 허용하면서 분쟁을 줄인다.

세계 여러 나라에서 블록체인의 실제 사용 사례가 늘고 있다. 조지아 공화국은 이미 10년 전부터 블록체인 기반 공공서비스를 도입했다. 블록체인 인프라 제공 업체인 비트퓨리 그룹Bitfury Group과 협력해 비트코인 블록체인을 사용해 재산 이전 여부를 검증하고 정부가 그에 따른 조치를 취한다. 부동산 거래에도 블록체인을 적용해 불과 30분 만에 모든 거래 절차를 마칠 정도다. 우리나라에서 사업자 등록을 하기 위해서는 몇 차례의 복잡한 과정을 거쳐야 한다. 그러나 조지아에서는 모든 일이 블록체인을 기반으로 하기 때문에 한 번에 해결된다.

그동안 덴마크, 가나 및 미국의 블록체인 기술을 개척해온 기술자들은 아프리카 가나의 비영리기업 '비트랜드Bitland 이니셔티브를 시작했다. 가나에서는 토지 등록 시스템이 제대로 되어 있지 않아 토지 소유권 증명이 어려웠다. 이에 비트랜드는 블록체인 기술을 이용해 소유권 정보를 안전하게 보호하면서 투명하고 오류 없는 기록을 구축했다. 토지 소유자의 소유권 증명이 가능해지면서 개인 경제가 활성화되고, 이는 지역 경제의 발전으로 이어졌다. 가나 정부 역시 비트랜드 기록을 통해 세금을 징수하는 것이 편리해지면서 국가 경제도 발전했다.

요약하면 스마트 계약을 수행할 수 있는 분산 데이터베이스 기술인 블록체인은 암호화를 위한 플랫폼 그 이상이다. 현재 블록체인 기술은 거버넌스에서 사용 사례가 급격히 증가하고 있다. 블록체인은 일상생활에서 주류가 되고 있지만 복잡한 난제와 법적 문제를 제기하며, 기존 법률의 한계를 뛰어넘고 있다. 이것은 인터넷, 의료 기술, 전자중개거시 제도 및 소셜 미디어에 적응한 것처럼 법률이 블록체인 기술에 적응해야 한다는 점을 분명히 한다.

4. 블록체인이 셀프서비스 정부를 가능하게 한다

1961년 8월 하와이에서는 아기가 태어나면 그날의 지역 신문에 아기의 출생을 발표했다. 한 줄의 출생 기사는 전통의 일부로, 매일 지역 신문에 새로운 인물이 사회에 속하게 되었음을 등록했다. 이런 방식은 출생에만 국한되지 않았다. 당시 유괴범들은 최신 날짜의 신문 첫 페이지를 들고 있는 인질 사진을 찍어 그들이 살아 있다는 증거로 사용했다. 한편 정부는 기업가에게 지역 신문에 새 회사 설립을 발표하도록 요구했다. 시간이 흘러 이 기술은 타임스탬프 기능으로 발전했다.

타임스탬프는 어느 시점에 데이터가 존재했다는 사실을 증명하기 위해 특정 위치에 표시하는 시각을 뜻한다. 이는 과거의 신문의 기능을 뛰어넘었다. 가령 세금 문제에서는 납세자가 제시간에 세금을 냈는지를 정부에 확인시켜주며, 특허 문제에서는 어느 발명가가 먼저 발명품을 개발했는지를 증명할 수 있도록 도와준다.

시대가 발달하면서 타임스탬프는 디지털 기술로 새롭게 탄생했다. 인터넷으로 접근 가능한 원장에 기록된 타임스탬프 및 디지털 서명 트랜잭션의 조합이 중요한 역할을 한 것이다. 이것은 어떻게 가능해졌을까? 여기에도 블록체인과 비트코인 기술이 존재한다.

2008년 가을, 사토시 나카모토는 비트코인을 선보이며 은행이라는 금융기관을 거치지 않고 돈을 송금할 수 있게 하는 블록체인이라는 기술을 함께 소개했다. 이제 기업가와 개발자는 변호사 없이 실행 가능한 계약서를 작성하고 정보센터 없이 주식 및 채권 양도를 자동으로 정산할 수 있게 되었다. 나카모토는 이처럼 블록체인의 다양한 용도를 제안했다. 그날 이후 아이의 탄생부터 재산의 소유권 이전에 이르기까지 모든 것이 공개적이면서도 동시에 불변한다는 조건에서 기록할 수 있는 블록체인 위에 각종 애플리케이션을 구축하고 있다. 비트코인이 처음 세상에 모습을 드러냈을 때만 해도 달러 및 다른 화폐에 대한 대체 통화라는 좁은 용어로 평가받았다. 하지만 이제 많은 기업과 국가가 블록체인을 어떻게 다양한 방식으로 활용할 수 있을지를 적극적으로 검토하고 있다.

블록체인은 정부가 '반응형 개방형 데이터'라고 부르는 것을 구현하는 인프라의 핵심 요소다 오늘날의 개방형 데이터와 달리 반응형 개방형 데이터는 시민의 명령에 반응한다. 비즈니스 라이선스, 부동산 소유권 또는 출생증명서를 블록체인에 업로드함으로써 시민들은 법률사무소, 공증인 또는 관청의 대기 줄 없이 디지털 방식으로 정부가 제공하는 각종 거래를 진행할 수 있다. 블록체인에 등록된 자동차, 주택, 기타 자산의 소유권은 합법적이며 공개적으로 인정되는 동시에 정부 기록이나 기타 제삼자 없이 한 사람에게서 다른 사람으로 안전하게 이전할 수 있다.

블록체인은 이전의 모든 거래에 새로운 거래가 추가되는 공개 원장이다. 블록체인이 커질수록 각 기록이 시간 순서대로 쌓이기 때문에 과거 거래를 조작하는 것은 점점 어려워진다. 시간을 기록하는 타임 스탬프에 디지털 서명이 더해져 정부나 은행 또는 공증인과 같은 제삼자 없이 소유권을 이전함으로써 트랜잭션을 확인한다.

블록체인은 지금 전 세계가 고민하는 새로운 기술이다. 미국 버몬트주는 블록체인의 기록을 사용해 정부 기록을 추적하는 것을 고려하고 있다. 온두라스는 블록체인에 부동산 소유권을 등록하는 것을 심사숙고하는 중이다.

거래, 계약서 등 문서는 전 세계적으로 접근 가능한 공공장부에서 확인되어야 한다. 즉 저장된 정보가 사람, 기관 또는 정부에 의해 삭제되거나 조작될 수 없도록 보장해야 한다. 그렇지 않을 경우 블록체인 시스템이 심각한 결과를 초래할 수 있다. 이러한 데이터 무결성 표준을 준수한다면 블록체인은 정부의 공식 기록을 유지 관리하는 강력한 도구가 될 수 있다.

인터넷의 광대하고 분산된 성격과 마찬가지로 블록체인에서 공개 키를 실제 개인과 연결하는 것은 어렵다. 개발자가 이러한 문제를 해결할 수 있는 도구와 응용 프로그램을 만들기 위해 경쟁하고 있다.

그럼에도 비영리 기관 및 정부 기관, 대기업의 블록체인 기술에 대한 관심은 나날이 커지고 있다. 블록체인은 특수 용도로 채택되든 일반 용도로 채택되든 상관없이 세계 경제를 교란할 엄청난 잠재력을 가지고 있다. 동시에 더욱 개방적이고 공정한 사회를 지원하는 데 도움이 될 기술이기도 하다.

MIT 디지털 커런시 이니셔티브Digital Currency Initiative는 기업가, 오픈 소스 개발자, 비정부기구, 학술 기관 및 정부와 협력해 기초 연구를 수행하고 실용적인 파일럿 프로그램을 개발해 블록체인이 실제로 가져올 수 있는 변화를 연구한다. 그 가운데 소프트웨어 개발자, 학자 및 기업가의 작업을 바탕으로 다음과 같은 몇 가지 사례를 제시한다.

● 출생증명서와 사망진단서

출생 날짜에 관한 서류는 투표권, 은행 계좌 개설권, 여권을 통한 여행권 등을 부여한다. 국가가 관리하는 수많은 기록의 바탕이 되는 것이 출생 서류라고 해도 과언이 아닐 정도다. 이렇듯 세계 경제의 바탕이 되는 것이 인구 관리임에도 관리상 실수가 많이 발생한다. 5세 미만의 아동 중 최대 3분의 1이 출생증명서를 발급받지 못했다. 유네스코의 조사에 따르면 태국과 같은 곳에서 소녀들의 인신매매가 줄어들지 않는 이유 중 하나가 시민권과 같은 공식적 신분 및 신원 정보가 부족한 탓이라고 한다.

블록체인은 출생증명서와 사망진단서를 발행하는 정부 또는 기타 지역 기관에서 활용할 수 있는 기술이다. 출생 및 사망 데이터를 개인적으로 제어할 수 있는 암호화 방법으로 인코딩하면 기록 유지가 더욱 안정적일 뿐만 아니라 당사자인 시민이 중요한 서비스에 접근할 수 있게 해준다.

● 비즈니스 라이선스

크리스 테가트Chris Taggart와 롭 맥키넌Rob McKinnon은 2014년 기업 정보 사이트 오픈 코퍼레이트OpenCorporate를 시작했다. 그들은 세계의 모든 기업을 카탈로그화해서 공개 데이터베이스에 입력하는 것을 목표로 삼았다. 시간이 지나 그들은 약 9,000만 개의 기업을 다루는 유용한 정보 캐시를 힘들게 구축했다. 훌륭한 서비스를 제공했지만 세계화된 경제에서는 이러한 모든 데이터에 접근할 수 있는 더 쉽고 편한 방법이 필요했다.

이러한 비즈니스 기록에는 국제 표준이 있어야 유용하다. 일부 정부 기관은 비즈니스 라이선스 정보를 쉽게 읽을 수 있는 형식으로 게시한다. 블록체인의 상호 운용성은 테가트와 맥키넌 같은 사람들이 힘든 작업을 하지 않아도 서로 다른 관할권의 레지스트리를 연결할 수 있다. 블록체인의 기록 유지 신뢰성을 활용해 빠르고 효율적으로 기업의 비즈니스 정보 등록이 가능하다. 기업가는 기술의 효율성으로 이익을 얻을 수 있을 뿐만 아니라 블록체인의 타임스탬프 기능으로 손실된 문서를 추적하고 기록을 조정하며 일반적으로 데이터베이스를 유지 관리하는 작업량을 줄일 수 있다.

● 재산 소유권

일반적으로 집은 개인의 가장 큰 자산이다. 개발도상국에서 부동산 소유권은 훨씬 더 큰 의미를 가진다. 예를 들어 페루의 경제학자인 에르난도 데 소토Hernando de Soto는 개발도상국에서 수조 달러의 '죽은 자본'을 확인했다. 빈곤층 사람들은 집을 소유하고 있지만 이를 팔거나 보험에 들거나 대출받는 등 '자산'으로 활용하지 않는 것이다.

여기에 블록체인의 타임스탬프가 적용될 수 있다. 특정 토지 증서로 시간이 지남에 따라 축적되는 많은 거래를 추적하기 위해 분산된 원장을 사용하면 해당 토지 증서의 관리를 위해 들어가는 비용 등을 비롯해 소유로 인해 벌어지는 문제를 줄일 수 있다. 블록체인의 상호 운용성은 그 이점이 국경을 넘어 적용되기도 한다.

정부가 토지 소유권 등록 기관을 블록체인 기반 시스템으로 전환한다면 시민들은 더 공정하고 투명한 토지 소유와 거래를 보장받을 수 있다. 또 이러한 기록은 토지 소유 관련 문서의 변조나 파괴를 막을 수 있어 분쟁 등의 발생을 막아준다.

● 그 밖의 기록

블록체인이 정부 기록 보관의 경우에만 유용한 것은 아니다. 대학은 성적 기록 및 보관을 위해 블록체인을 사용할 수 있다. 일부 국가에서 정부 지도자들의 대학 학위가 가짜인 것이 밝혀지면서 많은 문제를 낳았다. 국가에서 관리하지 않는 학위의 진위를 증명하는 것은 쉽지 않다. 위조되거나 삭제될 위험도 높기 때문이다. 이 과정을 개선하기 위해 대학이나 심지어 중·고등학교도 블록체인의 원장에 성적표를 저장할 수 있다. 이것은 사람들이 자신의 학력을 밝히는 데 투명성을 가져다주며, 학생들에게는 맞춤형 개인 교습 또는 취업을 위해 기업과 학점을 선택적으로 공유할 수 있도록 해준다.

블록체인 기술의 가능성은 무한하다. 하지만 여기서 언급한 사용 사례의 경우 아직 검증되지 않은 부분이 많다. 지금 많은 기업과 국가가 잠재력을 지닌 블록체인 기술의 혁신 가능성을 연구하고 있다. 그 결과 블록체인으로 문제를 해결할 수 있는 다양한 솔루션이 최종적으로 구현될 때 최상의 방법으로 사회에 이익을 가져올 것이다.

분명한 것은 정부 및 기관의 기존 시스템을 디지털 시대의 요구와 과제를 해결할 수 있도록 업데이트해야 한다는 점이다. 그다음 블록체인을 통해 응답 가능한 개방형 데이터를 구현함으로써 지금껏 발전을 방해한 고질적인 문제를 해결할 수 있다.

버락 오바마Barack Obama는 대통령 선출 당시 미국 출생이 아니라는 루머에 대응해 출생증명서를 공개했다. 그러나 이조차 위조되었다는 루머에 휩싸였었다. 다행히 약 50년 전인 1961년 8월 현지 일간지인 〈호놀룰루 광고주the Honolulu Advertiser〉에 실린 그의 출생 기사가 그 유용성을 입증했다.

그러나 보통 사람들의 경우 출생을 증명하기 위해 오래된 신문을 파고들어도 소용없다. 블록체인과 타임스탬프 및 P2P 트랜잭션 시스템이 데이터 안정성 및 상호 운용성에 대한 길을 제시하는 해답이 될 수 있다.

5. 블록체인이 재난과 재해에 대응하는 방법

  세계는 자연재해가 가져오는 어마어마한 피해를 매년 목격하고 있다. 피해에서 회복되지 못한 사람들은 여전히 원조 단체에 의지하고 있다. 2018년 11월 캘리포니아에서는 역사상 최악의 대형 산불이 발생했다. 약 800km²의 부지와 1만 4,000채 이상의 건물이 소실되었고 86명이 사망했다. 이뿐만이 아니다.

  2018년 10월에는 허리케인 마이클이 미국 플로리다를 강타하며 45명이 사망했다. 그보다 한 달 앞선 9월에는 허리케인 플로렌스가 캐롤라이나 지역에서 발생해 30조 리터의 물폭탄이 쏟아졌고 33명이 사망했다. 2017년 9월에 푸에르토리코에 상륙한 허리케인 마리아는 그곳을 쑥대밭으로 만들었다. 한편 아시아에서는 2017년 9월과 12월에 약 3개월 간격으로 인도네시아에서 쓰나미가 일어나 약 2,700명의 사망자가 발생했다.

전 세계 공공기관과 사회단체는 천재지변으로 피해를 입은 사람들을 돕기 위해 노력하고 있다. 하지만 인간의 능력에는 한계가 있어 신속하고 효율적인 원조가 어렵다. 블록체인 기술이 자연재해를 예방할 수는 없다. 그러나 도움이 필요한 지역 사회를 파악하고 지금보다 빠르고 간편하게 원조를 지원하고 긴급 구호를 보낼 수 있다. 이는 무엇보다 피해를 최소화하는 데 도움이 될 것이다. 지금부터 그 방법을 알아보자.

스마트 계약을 통한 정책 구현

피해자를 돕는 공공기관과 사회단체의 가장 큰 문제는 구호 과정과 방식의 투명성이다. 기부하는 사람들은 물론, 기부금을 운영하는 단체조차 기금이 의도한 대로 최종 대상에게 도달한다는 확신을 갖지 못한다. 이 문제는 블록체인의 스마트 계약으로 해결할 수 있다.

스마트 계약은 프로그래밍된 조건이 모두 충족될 경우 자동으로 계약을 이행하는 시스템이다. 기존의 계약은 체결에서 이행까지 수많은 문서와 인력을 필요로 했다. 그 과정에서 기부금이 새어나가거나 최종 목표에 도달하지 못하고 정체된 상태로 중단되는 경우가 많이 발생했다. 심지어는 계약이 모두 마무리되었음에도 정작 기부금이나 다른 자원이 실제로 지급되지 않기도 했다. 블록체인의 스마트 계약 기술을 사용해 기부금과 같은 모든 자금의 위치를 추적하도록 설계된 알고리즘을 적용하면 이 문제를 해결할 수 있다. 이때 무엇보다 중요한 것은 스마트 계약이 A지점에서 B지점으로 자금을 이동할지 여부를 결정하는 데 도움이 되는 자치 메커니즘이라는 사실이다. 계약 내용을 충족하지 않으면 결과로 이어지지 않는다. 즉 계약 내용과 다른 방식으로 자금을 사용하려 시도하면 자금을 움직일 수 없는 것이다.

자연재해로 황폐화된 국가의 어린이에게 긴급 식량과 의료 서비스를 제공하기 위해 마련된 UN 기구인 유니세프UNICEF는 2017년 말에 국가 위기를 최소화하기 위해 이 기술을 구현하려고 시도했다. 특정 사건trigger event을 기반으로 실행되는 스마트 계약을 수립하고 조직과 도움이 필요한 국가 간의 거래를 원활하게 하는 임무를 함께 수행했다. 이 기술을 구현하기가 쉽지는 않겠지만 블록체인으로 혁신을 이뤄낼 것으로 기대하고 있다.

이론적으로 이 기술은 조직에서 조직으로의 기여도를 확인하고 추적하는 데 사용될 수 있다. 이는 모든 정보를 투명하게 만들어서 거래 비용을 줄이고 부패를 최소화하며 인도주의적 구호가 어디에서 제공되는지 더 잘 기록할 수 있는 능력을 갖추게 할 것이다.

개인정보 보호에 대한 존중

효과적이고 효율적인 공급망을 관리하고 유지하는 데 가장 중요한 것은 위치다. 그게 전부다. 제품의 특정 위치 또는 GPS 좌표를 식별하는 기능은 최종 소비자에게 도달할 때까지 제품과 서비스에 연결되어 있어야 한다.

매년 발생하는 자연재해로부터 우리가 배운 것이 있다면 언제 어디서 도움을 필요로 하는지 알 필요가 있다는 사실이다. 그래야 도움을 줄 수 있기 때문이다. 온체인을 통해 위치 기반 서비스를 활용하면 해당 정부기관 및 금융기관에 특정 상품이나 품목을 추적하는 기능을 제공할 수 있다. 온체인이란 블록체인 거래를 기록하는 방식 중 하나로, 네트워크에서 발생하는 모든 전송 내역을 블록체인에 저장한다. 이와 반대 개념인 오프체인은 블록체인 밖에서 거래 내역을 기록하는 방식이다. 온체인에서 해결하지 못하는 확장성 문제를 해결하기 위해서 이루어진다.

다만 어떤 기술을 사용하더라도 개인정보는 항상 중요하다. 위치 기반 서비스는 사용자에게 잠재적 취약성을 열어놓는다. 위치 기반 서비스를 사용할 경우 데이터 유출, 도용 및 기타 공격 등 위험한 공격에 빠질 가능성이 생긴다. 개인정보를 보호하기 위해 우리는 항상 누군가가 데이터를 관리하고 제어하며 통제해야 한다는 사실을 잘 알고 있다. 분명한 것은 우리가 우리 자신의 정보를 통제하기를 원한다는 점이다.

긴급 구호와 같은 인도적 지원을 시도할 때 위치 증명Proof of Location, PoL프로토콜을 작동하는 이유가 여기에 있다. PoL 프로토콜은 위치 기반 서비스이지만 블록체인 기술이기 때문에 안전하고 검증된 위치 증명 프로토콜로 암호화폐를 사용할 수 있도록 한다. 소매업과 같은 공급망부터 위치 타깃 마케팅, 특정 장소로의 송금 등에 주로 사용된다. 하지만 대규모 구호사업 중개에도 유용하게 사용되며 모든 산업을 변화시킬 잠재력을 가지고 있다.

위치 증명 프로토콜과 같은 블록체인 기술을 인도주의적 원조에 적용하면 도움이 필요한 지역사회와 자연재해로 고통받는 인구 집단에 구호물품과 같은 것을 공중 투하하듯이 암호화폐를 전달할 수 있다. 이스라엘 기업 플래틴Platin은 위치 증명을 활용해 도움이 필요한 지역과 사람들을 파악하고 암호화폐를 지원한다. 이 기술은 성숙한 디지털 인프라를 강화해 중개자를 최소화함으로써 실시간으로 직접 지원을 분배하고 제공해 공정하고 균일한 공급을 보장한다. 이 과정에서 개인정보는 철저하게 보호받을 수 있다. 플래틴의 공동 창립자 라이어널 울버거Lionel Wolberger 박사는 블록체인 기술이 다음과 같은 방법으로 인도주의적 원조에 강력한 근간을 제공할 것이라 말했다.

첫째, 낭비를 최소화하고 방지한다. 본인에게 전달되지 않은 암호화폐는 보낸 사람에게 돌아간다.

둘째, 보관 문제를 방지한다. 블록체인은 지갑별로 금액을 제한할 수 있다.

셋째, 전반적인 공평성을 도입한다. 어려움에 처한 사람에게 도달하기 전에 중개자가 자금을 빼돌리는 것이 원천적으로 금지된다.

현재 플래틴은 인도주의 단체들과 경제적 곤란, 기근 및 자연재해로 치명적인 피해를 입은 가난한 지역사회 사람들에게 암호화폐를 투하하는 의향서를 체결했다.

6. 난민의 삶을 바꾸는 블록체인

블록체인 기반의 식별 시스템은 난민이 자신의 신원 확인 서류, 전문적인 기록 및 소유권 문서를 안전한 방식으로 언제 어디서나 접근할 수 있도록 저장해준다. 현재 전 세계 난민의 70%가 기본적인 신분증명서를 갖추지 못했다. 5세 미만의 난민 아동의 24%는 출생조차 제대로 등록되지 않았다. 결혼한 시리아 난민 중 50%는 결혼 서류를 가지고 있지 않다.

노르웨이 난민위원회Norwegian Refugee Council가 발표한 이 수치는 현재 세계적인 난민 위기의 주요 도전 과제 중 하나다. 수십만 명의 사람들이 신분증명서도 없고 자격이나 자산 소유에 대한 증거도 없다. 결과적으로 그들은 법적 보호와 국가의 기본적인 지원을 받을 수 없는 처지에 있다. 이로 인해 노동 시장에 접근할 수도 없어 경제력도 제대로 갖추지 못한다. 그들은 또한 고국으로 돌아갈 때도 엄청난 어려움에 직면한다.

수학 분야의 학사 학위를 갖추고 20년의 교육 경험을 쌓은 시리아인 교사를 상상해보라. 그는 어느 날 내전으로 인해 모든 문서를 남겨두고 집에서 도망쳐야 했다. 어떻게 하면 다른 나라에 정착해 교사로서 일할 수 있을까? 그가 시리아로 돌아가더라도 자신의 정체성은 물론 자격 및 경력, 재산 소유권을 어떻게 증명할 수 있을까?

디지털, 블록체인 기반 식별 시스템

전 세계적인 난민 위기 상황에서 디지털 블록체인 기반 정체성의 장점은 그 어느 때보다 분명해지고 있다. 신분증명서, 학력 및 자격 증명, 출생증명서 및 자산 소유권 문서는 모두 블록체인에 저장할 수 있고 세계 어디에서든 안전하게 사용할 수 있다. 이 디지털 신원은 시민권과 연결할 필요 없이 국가 정부와 독립적 권한을 가진다. 정부가 시민 기록을 쉽게 지울 수 없으므로 여기에 보호 계층을 추가해 난민임을 확인할 수 있으며, 그에 따라 보호와 지원을 받는 것이 가능하다. 하지만 이 시스템은 전 세계 정부가 디지털 정체성을 인정하는 데 동의해야 이루어질 수 있다.

디지털 신분증명서를 지니고 있으면, 다른 나라로 이주하는 인구가 일을 더 쉽게 찾을 수 있게 된다. 게다가 그들이 난민이라면 본국에 돌아왔을 때 해외에서 몇 년을 보냈는지, 그리고 그들이 망명하기 전에 그들이 소유한 자산이 무엇인지도 증명할 수 있다.

언뜻 보기에 개발도상국에서 블록체인 기술을 사용하는 것은 비현실적으로 들릴 수 있다. 그러나 기술에 대한 접근은 개발도상국에서도 생각보다 훨씬 빨리 확산되고 있다. 2018년에 시리아인의 76.5%가 인터넷에 접속했다. 블록체인 기술을 기반으로 디지털 식별 시스템을 구축하려는 진지한 시도가 이미 몇 차례 있었다.

● 세계식량계획 빌딩 블록

유엔의 세계식량계획World Food Programme, WFP은 2017년에 WEP 빌딩 블록WFP Building Blocks을 출범시켰다. 이를 시리아 내전을 피해 온 1만여 명의 난민이 묵고 있는 시리아 국경 근처의 요르단에 있는 아즈라크 난민 캠프에서 활용할 계획이다. 이곳의 난민들은 각자의 블록체인 지갑을 소유하고 있다. 지문을 비롯해 홍채 스캔, 사진, 건강 기록을 유엔의 생체인식 데이터베이스에 등록한다. 난민이 식료품을 사고 싶을 때 홍채 스캔 장치를 통해 유엔 온라인 데이터베이스에 검색하면, 지불할 능력이 없는 난민을 대신해 식료품 구입 비용이 WFP 원조 예산에서 차감된다. 그뿐만 아니라 출신 국가의 신원을 증명하기 어려운 난민의 경우 과거의 정보 기록도 가능해 신원 보장 및 의료 서비스와 같은 다양한 혜택도 받을 수 있다.

애초에 WFP 빌딩 블록은 거래 비용을 낮추는 것이 목적이었다. 전통적인 은행 시스템으로 인해 발생되는 송금 수수료를 줄이고자 한 것이다. 그러나 트랜잭션 기록과 디지털 신원 데이터베이스가 더해지면서 난민 지원이 가능해졌다. 이는 모두 허가된 버전의 이더리움 기반 프라이빗 블록체인에서 실행된다.

장기적으로 설립자들은 난민의 거래 이력, 정부 신분증, 그리고 금융 계좌로 접근 가능한 개인키가 들어 있는 디지털 지갑을 만들기를 희망한다. 그런 지갑이 있으면 난민들은 훨씬 더 쉽게 경제에 재진입할 수 있고 더 이상 난민 캠프에 배치될 필요도 없을지 모른다.

● 모니

한편 핀란드에서는 블록체인 창업 기업인 모니MONI가 핀란드 이민국Finnish Immigration Service과 협력하고 있다. 목표는 모든 난민에게 블록체인 기반 디지털 신원번호로 뒷받침되는 선불 마스터카드를 제공하는 것이다.

이 신원번호는 난민들이 은행 계좌를 개설하는 데 필요한 여권을 대신하고 마침내 정부로부터 직접 원조 자금을 받을 수 있게 한다. 사용자는 친구나 단체로부터 P2P 융자를 받을 수도 있다. 이런 식으로 그들은 미래에 금융기관에서 제도적 대출에 접근할 수 있는 신용 기록을 만들 수 있다.

● ID 2020

유엔과 다양한 비정부기구 및 엑센추어와 마이크로소프트 같은 민간 기업이 후원하는 글로벌 파트너십 ID2020은 개발 원조의 효율성을 높이기 위해 디지털 식별 시스템을 도입하는 것을 목표로 한다.

ID 2020의 전무이사인 다코타 그루너Dakota Gruener는 이 시스템의 필요성을 다음 세 가지로 보았다. 첫째, 가장 잘 보호되고 있는 중앙 데이터베이스보다 훨씬 안전할 것이다. 둘째, 이 시스템은 개인 기록을 국가 데이터베이스 외부에서 보관할 수 있게 하는데, 이런 기록은 강제 추방된 국민이 6,000만 명을 넘었고 무국적자가 1,000만 명에 이르는 전 세계 상황에 적합하다. 셋째, 현재 신뢰할 수 없거나 그럴 가능성이 있는 정부의 데이터에 개인 소유권을 맡기기보다는 자신의 손에 두어야 하기 때문이다.

WFP 빌딩 블록, 모니, ID 2020은 난민을 위한 블록체인 기술 활용의 첫 번째 단계다. 디지털 신원은 무국적 난민에게 삶을 재건하고 서비스에 접근하며, 처음부터 다시 시작할 필요 없이 경력을 살려 일할 방법을 제공해줄 것이다. 이것은 난민을 도울 뿐만 아니라, 난민을 받아들여 이런 기술을 적용해주는 국가들에도 도움이 된다.

7. 사회적 영향력을 행사하기 위한 블록체인의 도전 과제

　블록체인을 성공적으로 실행하는 조직은 비즈니스 모델에서 프로세스, 사용자 경험에 이르기까지 모든 과정에 긍정적인 영향을 줄 수 있다. 그뿐만 아니라 응용 프로그램과 관련된 문제가 발생했을 때 이를 해결하는 과정을 예측할 수도 있다.

　특히 사회적 영향력을 가진 조직의 경우 블록체인 기술을 사용해 더 많은 사람들을 돕고, 효과를 효율적으로 측정하며, 자금 조달의 마찰을 줄이고, 기존의 방법이 아닌 새로운 방법으로 사명을 완수하는 돌파구가 될 수 있다. 그러나 대부분의 새로운 기술이 그러했듯 블록체인 역시 이 모든 부분을 이뤄내기 위해서는 기술 성숙 단계로 들어서기 위한 많은 노력이 필요하다. 그 경로와 일정은 아직 많이 알려지지 않았다.

과연 블록체인은 사회단체에 적용하기 적절한 기술인 것일까? 다음을 통해 생각해보자.

● 블록체인을 사용하는 사회단체의 장점

1. 누구도 블록체인의 정보를 일방적으로 변경할 수 없다. 사용자 그룹이 정보를 공동으로 제어하며 모든 변경 사항은 기록된다.

2. 블록체인에서 사용자는 제품의 이동 경로를 통해 언제 어디서든 제품을 확인할 수 있다. 다만 이것은 많은 관계자와 거점을 포함하는 애플리케이션이 작동해야 한다.

3. 블록체인은 서로 다른 시스템을 연결한다. 예를 들어 서로 다른 기록 관리 시스템을 사용하는 두 병원이 논의를 거쳐 블록체인을 통해 정보 교환이 가능하다.

4. 블록체인은 신뢰할 수 있는 중개인을 대신한다. 가령 사회단체는 조직 간에 신뢰를 쌓고 기금을 교환하는 중개자 역할을 하며 오늘날 사회 발전에 영향력을 행사한다. 하지만 이 금융의 흐름에는 비용이 들기 때문에 효율성이 떨어진다. 이때 블록체인 기술을 사용하면 변경 불가능한 원장의 특징을 통해 보안을 확실히 보장할 수 있다. 따라서 지금껏 중개자 역할을 하는 데 사용한 비용을 줄이고 블록체인 자체만으로도 중개 역할을 수행할 수 있다.

● 블록체인을 사용하는 사회단체의 단점

1. 블록체인은 분산된 특성은 상당한 컴퓨팅 성능과 에너지 소비를 필요로 한다.

2. 지역사회가 프로세스를 제어한다면, 이는 블록체인 트랜잭션에 대한 규제가 될 수도 있다.

3. 네트워크에 참여한 모든 사람들이 선의로 행동하고 있음을 알려주는 평판 시스템이 아직 없다. 평판 시스템은 참가자가 긍정적 상호 작용을 통해 다른 사람들을 보증하도록 만들어져야 한다.

4. 블록체인은 국경 없는 기술이지만 그것이 사용되는 국가나 장소의 규칙에 따라 규제가 결정된다.

5. 기술 분야에서 가장 뛰어난 사람들 중 일부는 이러한 문제에 대한 해결책을 모색하고 있지만 그 방법은 다시 블록체인이 사회단체에 사용하는 것이 적합한가의 여부와 시기에 영향을 미친다.

이처럼 블록체인은 조직의 모든 부분에 영향을 미칠 수 있다. 장점을 최대화하고 단점을 최소화하기 위해서는 블록체인 도입을 고려할 때 다음과 같은 두 가지 질문을 던지고 해답을 찾아야 한다.

첫째, 우리는 정말로 블록체인이 필요한가? 현재의 덜 성숙한 기술로 문제를 해결해야 하는가?

뜨거운 신기술이 등장할 때마다 기업과 조직은 그것이 문제를 해결해줄 것이라는 유혹에 빠진다. 블록체인 기술이 알려지면서 수많은 응용 프로그램에 기술을 적용하면 기존 데이터베이스를 통해 더 쉽고 빠르게 기능을 수행할 것이라고 믿고 있다.

실제로 블록체인은 사회단체가 비즈니스 모델을 개편할 때 큰 도움을 준다. 중남미 지역의 경제 개발과 경제적 독립 달성을 목적으로 한 라틴 아메리카 경제 조직 SELA는 블록체인을 사용해 중앙 중개자 없이 자본 흐름을 추적하기 시작했다. 그러자 거래 비용이 절감되었고 그만큼을 지역 경제 성장에 추가로 분배했다. 자본의 유입과 흐름의 장애물을 블록체인이 제거해준 것이다.

하지만 때로 기술은 아무 문제도 해결하지 못한다. 유엔은 2020년까지 난민을 포함해 지구상에 있는 모든 사람에게 출생 등록을 포함한 합법적인 신분을 제공하려는 '유엔 2020 지속가능개발UN 2020 Sustainable Development'이라는 목표를 세웠다. 이를 위해서는 전 세계 어느 곳에서나 보편적으로 인정받을 수 있는 합법적 신분을 제공하는 과정을 모니터링할 수 있어야 한다. 이는 국가별 출생 지표뿐 아니라 세계적인 출생 등록 표기가 필요하다는 것을 뜻한다. 유엔은 블록체인이 이 문제를 해결해줄 잠재적 게임 체인저라고 판단했다. 하지만 식량, 물, 피난처가 없어 생존 자체가 시급한 사람들에게 블록체인은 별다른 도움을 주지 못하고 있다. 당장 직접적인 생존 문제가 해결되지 않는 한 블록체인 도입은 너무도 먼 이야기다.

둘째, 실제 사용자가 블록체인을 받아들일 준비를 마쳤는가?

기업과 조직은 블록체인이 자신의 응용 프로그램에 적용하기에 적합한 기술이라는 판단이 들어도 그것을 사용하는 사람들과 잠재고객이 그것을 받아들이기 위한 준비가 되었는지 확인해야 한다.

영국에 기반을 둔 자선 플랫폼인 앨리스Alice는 블록체인 기술을 활용해 기부금이 어디에 쓰이는지 투명하게 기록하며 암호화폐 기부로 거래 비용을 절감해 기부금액을 증가시킨다. 또한 스마트 계약으로 기부 목표를 단계별로 설정해 달성했을 경우에만 기부금을 받을 수 있도록 설계했다. 사회단체의 가장 큰 고민인 투명성 문제를 블록체인 기술로 접근해 해결한 것이다.

하지만 앨리스를 만든 라파엘 마제트Raphaël Mazet는 블록체인 기술을 사용함으로써 기부에 참가하는 사용자가 컴퓨터에 설치해야 할 소프트웨어가 너무 많다고 밝혔다. 이 때문에 블록체인을 기부에 사용하는 과정에 너무 많은 마찰이 일어난다. 즉 블록체인 기술을 사용함으로써 비영리 기관에서 고민해온 가장 고질적인 문제는 해결했을지 몰라도 새로운 문제가 나타난 셈이다.

블록체인을 활용해 투자를 받고 이를 다시 다양한 사업에 투자하는 액세스 벤처스Access Ventures의 CEO TJ 어부드TJ Abood 역시 난민과 같은 취약 계층을 대상으로 한 자선사업을 할 경우 블록체인 기술이 도움을 주는 한편 어려움을 가져다준다고 말했다. 중개자가 필요 없어 비용을 줄여 난민에게 더 많은 돈을 전해줄 수 있지만 그 돈을 받아야 하는 난민들은 블록체인 기술을 사용해 기부금을 받을 준비가 되어 있지 않다는 것이다. 블록체인 기술로 암호화폐를 받아 그것을 실제 생활에 사용할 수 있는 방식으로 교환해본 경험이 없는 난민들이 대부분이며, 이들에겐 너무도 어려운 일이다.

그러나 초기 블록체인 응용 프로그램이 잘 작동하면서 사회적 영향력을 전달하고 있는 사례도 있다. 블록체인 서비스 기업인 컨센시스는 비영리 환경단체인 세계자연기금과 함께 참치 어업의 노동력 착취와 불법 어업을 막는 데 중점을 둔 '미끼부터 접시까지from bait to plate' 프로젝트를 발표했다. 멸종 위기에 직면한 참치를 보호하기 위해 블록체인 기술을 이용해 참치의 포획 및 운송의 모든 경로를 추적하는 기술을 개발했다. 여기에는 참치가 잡히거나 가공되고 배분되는 모든 지역이 포함된다. 추적 과정에서 불법 어획이 확인되면 해당 지역의 법과 규정에 따라 조치를 취할 수 있다.

사회단체가 성공적으로 블록체인 기술을 도입하기 위해서는 비즈니스 모델에서 프로세스, 사용자 경험에 이르기까지 모든 것에 잠재적으로 긍정적인 영향을 미칠 것을 고려해야 할 뿐 아니라, 이로 인해 새롭게 발생할 문제까지 미리 내다보고 판단해야 한다. 이는 단순히 블록체인 기술 영역을 넘어 이를 적용한 응용 프로그램도 포함된다. 블록체인이 많은 분야에서 사회적 영향을 미칠 것으로 예측되는 만큼 아직은 초기 단계인 이 기술의 관심과 연구는 앞으로 더욱 확장할 것이다.

8. 경계가 허물어지는 블록체인 국가

디지털 기술이 발달하면서 '연결'에 의해 우리 삶이 더 좋아지고 아이디어와 정보가 국경보다 중요해질 새로운 글로벌 미래에 대한 희망이 있었다. 그러나 오늘날, 전쟁과 국경 분쟁이 그 어느 때보다 흔해졌으며 실향민은 전 세계적으로 6,850만 명에 이른다. 동시에 전 세계 40억 명의 사람들이 인터넷을 사용하며 전 세계 인구의 3분의 2가 휴대 전화를 사용한다. 30억 명의 사람들이 페이스북이나 트위터와 같은 소셜미디어를 매월 정기적으로 사용한다.

또 크고 작은 반란이 전 세계에서 일어났으며, 어떤 경우에는 정부를 무너뜨리고 현대 기술의 도움을 받아 사람들이 정치 체제보다 더 강력해질 수 있음을 증명했다. 이집트에서 시작되어 중동 전역으로 확산된 '아랍의 봄(2010~2014)', 월스트리트에서 벌어진 점령 운동

(2011~2012), 미국에서 벌어진 인권운동 '흑인의 삶도 중요하다Black Lives Matter(2015~2018),' 가장 최근의 이란 봉기(2017~2018) 등이 대표적이다.

어떤 사람들은 이러한 전개에서 해방의 새로운 가능성을 본다. 예를 들어 〈뉴욕 타임스NewYork Times〉의 어느 칼럼니스트는 2010년 아랍의 봄 반란에 관해 '한쪽에서는 정부의 도적들이 총알을 발사한다. 반대쪽에서는 젊은 시위대가 트윗을 쏘아 올리고 있다'고 표현했다.

거버먼트 네트워크The Government Network는 이러한 사건이 전통적인 정부와 기관을 전복시킬 세계적인 운동의 첫 단계라고 믿는 사람들이 창시한 블록체인 프로젝트다. 이 프로젝트는 분산화되고 개인의 자유에 초점을 맞춘 사회를 통치하는 새로운 방법을 개발하고자 한다. 블록체인 기술을 사용해 경제뿐 아니라 정치적으로 새로운 국경에 대응한다는 점에서 다른 블록체인 신생 업체와 차별점을 가진다. 탈중앙화된 자율 조직DAO을 통해 운영되며 누구나 이용할 수 있는 '디지털 정부 환경'에서 국경 없는 새로운 글로벌 정부 구조를 만드는 것을 목표로 한다.

거버먼트 네트워크 DAO의 첫 번째 특징은 '혁명 대신 경쟁'이다. 개인에 초점을 맞춘 자유 정치를 반영하는 것이다. 거버먼트 네트워크는 국가의 역할을 인수하려고 시도한 대부분의 기업과는 달리 기존 국가의 시스템과 경쟁하고자 한다. 거버먼트 네트워크는 시민이 현존하는 정부와 비교해 호의적으로 보일 대안적 거버넌스 솔루션을 제공할 것이다. 다시 말해 현재 개인이 속한 국가에서 얻을 수 있는 것보다 더 나은 정치적 경제적 환경을 제공해 시민을 확보할 계획이다.

두 번째 특징은 '법의 지배'다. DAO 국가는 국경 없는 국가를 만들기 위해 블록체인 기술을 어떻게 사용할까? 구현은 투명한 디앱을 통해 프로젝트가 보장할 수 있다고 믿는 일련의 핵심 원칙에 기반한 헌법 협약으로 시작한다. 법이라는 시스템하에 사람이 상호 작용하고 재산을 관리하는 계층적 구조 대신 코드로 지정된 프로토콜에 따라 서로 상호 작용하고 블록체인에 강제 적용된다. 원칙에는 다음과 같은 것들이 포함된다. 시민은 직접적으로 영향을 미치는 사안에 거부권을 행사한다. 정부의 입법부, 행정부, 사법부 사이에는 권력의 분리가 있다. 각 정부 부서는 강력한 시민 참여 메커니즘을 포함해야 한다. 법 앞에서 사람과 다른 단체 간에 모두 평등하다.

헌법 협약은 자유주의적 비전이 정립된 다양한 분야의 저명한 전문가, 사업가 및 인본주의자 그룹이 초안을 작성한다. 초안을 작성하는 후보자는 정부 네트워크의 첫 번째 시민이 지명한다. 헌법이 제정되면, 임시 정부가 최초의 민주 선거를 준비한다. 그리고 헌법은 누가 취임할 자격이 있는지 결정할 것이다.

DAO 국가의 중대한 부분은 중재 법원High Court of Governance, 스마트 계약 가이드라인 및 대법원과 유사한 기능을 하는 고등 법원을 포함하는 혁신적인 스마트 계약 사법 제도다. 법원은 DAO 국가 전체에 걸친 거버넌스 요구 사항을 공개해야 하며, 이는 혁신적인 거버넌스 솔루션 구현의 기반이 될 것이다. 그것은 DAO 거버넌스와 관련된 문제에 관해 시민들의 목소리를 전달한다.

거버먼트 네트워크는 독특한 블록체인 프로젝트다. 현 정부에 만족하지 못하는 시민, 국경 없는 사회를 믿는 이상주의자, 재정적, 사업적 또는 개인적으로 동기를 부여받은 시민들을 끌어들이는 새로운 초국적 국가 건설을 목표로 한다. 성공 여부는 아직 불분명하지만 새로운 기술에 기반한 거버넌스 솔루션을 개발하기 위한 흥미로운 실험실이 될 수 있다.

기타

1. 가치가 금은보석과 예술품에서 NFT로 이동한다

정규직이 사라지는 시대, 일자리를 찾아 세계를 이동해야 하며, 한 사람이 프리랜서로 서너 개의 직업을 갖게 되는 미래가 오고 있다. 이런 시대에 한곳에 정착해 사는 것의 의미가 사라지면서 '주택 무소유 시대' 다른 말로 노마드 시대가 올 것이다.

이동하며 사는 삶이 일상이 되면 사람들의 기호도 달라진다. 무소유 노마드 시대에는 자산으로서 가치가 있다고 모아왔던 금과 은, 그림, 조각 등을 보관하는 일이 번거로워진다. 따라서 들고 다닐 필요가 없는 디지털 소장품이 자산으로 새롭게 부상할 것이다. 여기에 착안한 제품들이 속속 등장하고 있다. 대표적인 사례로 블록체인 인공지능 전문가들에게 인기를 얻고 있는 '크립토키티Crypto Kitties'가 있다. 크립토키티는 디지털 고양이 육성 게임이다. 이더리움 ERC-721 기반의 분산앱으로, 2017년 11월에 출시되었으며, 출시 며칠 만에 거래량 폭주로 이더리움 네트워크가 마비되는 등 큰 인기를 끌었다. 크립토키티는 고양이를 수집하고 서로 다른 종을 교배해 얻은 새 고양이를 사고파는 게임이다. 고양이는 각각 고유 번호와 고유 속성이 있으며, 희귀할수록 비싼 값에 거래되는데 최고 17만 달러를 기록한 거래도 있었다고 한다. 디지털 수집품으로서 가치를 인정받은 것이다.

블록체인을 기반으로 하는 디지털 소장품은 금이나 은, 그림 등의 소장품보다 보관하기 쉽고 팔기도 쉬운 자산이다. 그리고 세계의 블록체인 전문가들은 이제 다양한 토큰이 대체불가토큰Digital Non Fungible Tokens, NFT이 되어 독창적이고 상호 교환이 불가능한 본체를 나타내는 암호화 디지털 자산으로 주목받을 것이라고 예측한다. 예를 들어 원화는 달러와 다르지만, 환율을 적용하면 교환이 가능하다. 하지만 새롭게 발견된 빈센트 반 고흐의 그림을 갖고 있다고 하자. 그 그림의 가치를 교환할 다른 것이 있을까? 소유주가 인정하지 않는 이상 보편적으로 적용할 가치 기준이 없다. 이것이 '대체불가'의 의미다.

암호화폐는 지금도 다른 암호화폐와 상호 교환할 수 있고 실물통화와도 교환 가능하다. 또한 암호화폐는 가치가 등락을 거듭하는 등 불안정하다. 하지만 NFT는 그 희소성으로 인해 갈수록 가치가 더해질 것이다. 특히 미래에는 많은 토큰들 중에서 기후변화, 환경오염, 태양광 발전, 기본소득 등 메가트렌드들이 대체불가토큰으로 등장할 것이다. NFT가 반드시 가져야 하는 또 다른 필수적인 특징은 '글로벌 유동성' '개방성 및 상호 운용성'을 제공하고 '검열에 저항하고 지속적'

이 될 수 있는 능력이다.

지금까지 판매된 가장 비싼 스포츠 기념품은 1920년 베이브 루스 Babe Ruth가 착용한 뉴욕 양키스 유니폼이다. 이 유니폼은 2012년에 약 441만 달러에 판매되었다고 한다. 베이브 루스의 업적과 희소성을 생각한다면, 그리고 물리적인 소유권을 생각한다면 수긍이 간다. 반면에 사람들이 디지털 수집품을 가치 있다고 생각하고 많은 돈을 지불할 거라고 쉽게 생각하기는 어렵다. 하지만 디지털 세상이 도래하면서 디지털 수집품은 점점 사람들의 소유욕 중심에 자리 잡을 것이다.

2. 인터넷의 넘치는 가짜를
블록체인의 NFT가 가린다

MIT 미디어랩의 존 클리핑거John Clippinger 박사는 대체불가토큰NFT 의 새로운 사용 사례를 게임에서 찾는다.

디센트럴랜드Decentraland는 가상 블록체인 기반의 세계를 구축하고 있다. 디센트럴랜드의 퍼블릭 블록체인은 랜드LAND라는 대체할 수 없는 토큰을 추적한다. 랜드 소유자는 디셀트럴랜드 내의 가상현실 부동산 지분을 소유한다. 이 블록체인은 희소성과 소유권을 보장하기 위해 NFT를 추적하는 기록의 원장 역할을 한다.

디센트럴랜드가 성공적인 게임 플랫폼으로 변한다면 랜드는 가치가 매우 높아진다. 긍정적이게도 2018년 11월에는 랜드의 지분이 20만 달러 이상 팔렸다. 다른 게임으로 앞서 소개한 크립토키티와 비니베이비Beanie Babies 등의 사례가 있다.

클리펑거 박사는 게임을 넘어선 NFT의 무한한 가능성을 이야기한다. 디지털 아트, 디지털 가상현실 및 증강현실 경험 등이 NFT를 실험 중이다. NFT의 약속은 디지털 희소성을 온라인으로 확립하는 것이다. 이전에는 인터넷으로 디지털 이미지, 음악, 텍스트를 쉽게 복사할 수 있었지만 NFT가 나오면 퍼블릭 블록체인을 원장으로 해 고유한 디지털 소유권을 허용할 수 있다. 이에 따라 사람들이 자산으로서 이런 토큰의 가치가 상승하기를 바라면서 NFT화하고 있다는 것이다.

초기 인터넷의 가장 소중한 혁신 중 하나는 개방성이었다. 누구든지 콘텐츠를 게시하고 접근할 수 있으며 누구든지 보고 퍼갈 수 있었다. 타인의 콘텐츠를 이용하는 데 필요한 사용 권한이 없었고 제한하거나 제지하기도 힘들었다. 개방성과 자유라는 바로 그 특성이 지금은 인터넷의 약점이 되었다. 가짜가 등장하고 사실, 내용, 이미지, 비디오, 심지어 정체성을 나타내는 ID까지 모든 것이 조작 가능해 아무것도 신뢰할 수 없게 되었다. 설상가상으로 페이스북, 구글, 아마존, 트위터 등에서 극단적인 홍보, 노이즈 마케팅 등 가짜 뉴스로 사람들의 관심을 끄는 것을 비즈니스 모델의 하나로 사용하고 있다. 이러한 플랫폼은 주제에 큰 관심이 없던 사람들을 끌어들이는 데는 유효하지만 그들의 자유를 침해하면서 댓글이나 관심을 끌어 콘텐츠의 볼륨을 높이는 데만 집중하는 단점이 드러났다. 더 많은 사람이 보면 무조건 더 좋다는 개념이었다. 이로 인해 더 많은 상품을 팔 수 있고, 더 나은 수익성이나 영향력으로 이어진다는 믿음 때문이었다.

하지만 미래에 새로운 기술이 적용되는 자율주행차, 스마트 시티시, 드론, 각종 인프라 및 군수품까지 IoT 세계에서는 네트워크의 진실성, 신뢰성 및 대기 시간이 매우 중요하다. 오늘날의 소셜 미디어보다 신뢰도가 낮다면 기술 혁명은 총체적 실패가 될 것이다. 첨단기술이 요구하는 엄격한 규칙은 블록체인 및 암호 자산 기술을 통해 실현될 것이다.

● 신원 인증 NFT

NFT는 기준에 따라 개인 또는 장치에 대해 신원을 확인할 수 있도록 하는 신원 인증 토큰을 발행하는 데 사용될 수 있다. 사람의 경우에는 일련의 사진, 비디오, 생체인식이 요구될 것이고 장치의 경우에는, 시드 식별자 및 등록 프로세스가 필요할 것이다. 여기에 응용 프로그램과 데이터 또는 메타 데이터를 생성하고 공유해야 하는 필요에 따라 추가 기준이 달라질 수 있다. 요점은 토큰이 개인이나 장치와 고유하게 연결된 소유권이라는 것이다. 응용 프로그램에 따라 토큰은 한 번, 임의 또는 연속적으로 사용될 수 있다.

● 평판 NFT

당신이 하는 일에 대한 오래된 격언은 평판을 측정하는 좋은 경험적 법칙이다. 장치의 경우 비교적 간단하다. 사양에 따라 가변적인 조건하에서 장기간에 걸쳐 행동하는 걸 분석하면 된다. 하지만 대상이 사람이라면 좀 어려운 문제다. 신뢰성, 반응성, 적성 및 신속성은 인간의 중요한 특성이지만 업무, 시민 참여, 가족 또는 우정과 같은 변수에 따라 다를 수 있다. 또 진실성, 정직성, 공감능력, 개방성, 적대감, 공격성과 같은 많은 기준들이 있어서 측정하기가 훨씬 어렵다.

그럼에도 우리는 여러 종류의 평판 속성에 대해 데이터를 수집해 점수를 계산하고 NFT를 발행하는 능력을 다양하고 가능성 있게 발전시키는 알고리즘을 상상해볼 수 있다. 그 바람직한 결과는 시민적이고 건설적인 논평을 얻는 것이고, 신원 인증 NFT와 평판 NFT의 결합은 접근 및 참여 자격을 부여하는 데 매우 유용할 것이다. 마찬가지로, 다른 포럼에 있는 개인의 퍼포먼스 또한 평판 점수에 포함된다. 따라서 인터넷에서 남을 비방하고 분열을 조장하는 메시지를 퍼뜨리는 사람은 수용력과 인센티브가 크게 감소될 것이다. 소셜 뉴스 사이트 레딧Reddit처럼 유료 및 자발적으로 참여한 중재자들의 비공식적인 프로토콜은 좀비Zombie 계정이 게시판의 규칙을 어기고 속임수와 거짓, 극단적인 견해를 올리는 것을 식별하는 데 효과적이라는 것이 입증되었다. 신원 인증 NFT를 사용하면 좀비 계정을 판매하기가 어려워지고, 평판 NFT는 나쁜 평가 점수를 줄여줄 것이다.

● 개인정보 NFT

데이터, 특히 위치데이터 및 개인 식별 정보의 공유는 자동차 공유 및 타깃 메시징과 같은 앱 서비스를 구현하는 데 필수이지만, 개인정보 보호의 이슈가 생길 수 있다. 개인정보를 침해하지 않으면서 사용자 및 서비스 제공자의 이익을 위해 그러한 데이터를 사용할 수 있을까?

많은 독특한 행동과 속성이 있을 수 있는 작은 크기의 표본은 신원 재확인을 막기가 매우 어렵다. 신원 인증 NFT만 사용해 개인을 식별할 수 없으며, 어떤 계산과 접근이 허용될 것인가에 제한이 있을 것이다. 그리고 접근에 대한 블록체인 기록이 있을 것이고, 데이터에 접근하는 모든 사람의 ID와 권한을 알 수 있기 때문에 서비스 약관에 명시된 손해가 발생하는 위반의 가능성은 매우 낮을 것으로 보인다. 개인정보 NFT와 관련해, 많은 분석 애플리케이션에 충분할 만한 메타데이터의 저장고가 될 수 있다. 데이터가 암호화되고 암호화된 데이터에만 프로세스가 허용된다는 추가적인 예측이 있다. 이것 역시 개인정보 보호의 또 다른 보호막을 제공한다.

● 허가 NFT

데이터는 확인되고 집계될 때 가장 가치가 있다. 대개의 경우 데이터는 다양한 소스 및 장치에서 수집되지만 수집만 된 채 두꺼운 벽 안에 남아 있어 충분히 활용되지 못한다. 이러한 격리는 공급자와 소유자가 기밀 데이터를 공유하지 못하게 하고, 데이터 소유자는 공급자로부터 필요한 사용 권한을 받지 못했기 때문이다. 전적으로 분산된 방식으로 사용, 기간, 폐기 및 기타 접근 매개 변수의 종류를 제어하는 권한에 대한 스마트 계약을 개발하면 이것이 쉬워진다. 이러한 권한은 특정 유형의 데이터 공유 또는 집계에 필요한 NFT 개인정보 제목을 통해서만 접근할 수 있는 데이터 저장고에 연결된다.

가짜 뉴스를 막아주는 NFT

유엔미래포럼과 〈뉴스1〉이 공동 주최한 2019년 한국미래포럼(5월 20일~21일)에 기조연설자로 방한한 브록 피어스Brock Pierce 비트코인 재단 회장은 "블록체인에 봄이 오고 있다"고 말했다. 신뢰가 깨지고 가짜가 점령한 인터넷을 대체할 기술이 블록체인이라는 것이다. NFT나 그 밖의 블록체인 기술로 인터넷상의 정보를 누가 처음 올렸으며, 사실 관계를 확인해 가짜 뉴스를 없앨 수 있다고 주장했다.

오늘날 인터넷의 수수께끼 중 하나는 ISPInternet Service Provider: 개인이나 기업에 인터넷 접속 서비스, 웹 사이트 구축 등을 제공하는 회사와 페이스북, 구글, 트위터 같은 플랫폼이 대부분 사이트에서 호스팅되는 콘텐츠에 대한 책임으로부터 면제된다는 것이다. 이런 점이 그들의 성장에 도움이 되었지만, 가짜 뉴스가 전 세계적으로 퍼지게 되었다.

1996년 새롭게 통과된 통신품위법Communication Decency Act은 통신 콘텐츠로서 인터넷의 성장을 장려하기 위해 만들어졌으며 콘텐츠의 본질에 대한 책임을 면제해준다. 페이스북, 트위터, 유튜브는 이 법의 보호하에 번창했으며 폭력, 아동 음란물 및 ISIS 테러 메시지 등의 콘텐츠를 삭제하거나 '검열'하는 것을 꺼렸다. 이들 플랫폼은 극우 성향의 음모론 사이트인 인포워스InFoWars와 그 운영자 앨릭스 존스Alex Jones의 경우처럼 '자유 언론'을 검열하는 입장에 서기를 원치 않았으며 공격적이고 폭력적인 연설을 막기 위해 최소한의 조치조차 하고 싶지 않다고 했다.

하지만 새로운 규정이나 '검열대'를 설치하지 않아도 되는 솔루션을 NFT로 제공할 수 있다. 개인정보 보호, 신원, 평판, 권한 기반 스마트 계약 및 NFT의 조합을 사용해 개인, 미디어, 평판 및 사용 권한에 대한 클레임 인증에 대한 상향식, 개방형, 분산형 접근이 가능하다. 플랫폼 회원이 가짜 뉴스, 인터넷에서 남을 비방하는 메시지 및 메시지 조작 등의 문제를 감지했을 경우 해당 회원이나 단체는 가치, 취향 및 선호도에 따라 다양한 정책을 구현해 자체 회원 네트워크를 구성할 수 있다. 단일 호스팅 기관에 의한 검열 대신 개인정보, 신원 및 권한을 기반으로 하는 다양한 접근 방법이 수용을 위해 경쟁하고 시간이 흐르면서 자체 규범과 기준을 수립한다. 따라서 플랫폼은 다양한 접근 방식을 제공할 수 있으며 성능 및 효율성에 대한 '메타 메트릭스'를 제공할 때 심판 역할을 수행할 수 있다.

과학적이고 직접적인 증거에 관계없이 신념을 고수하는 사람들이 항상 있기 때문에, 이런 방법이 인터넷에서 가짜 정보와 타인을 비방하는 메시지를 없애지는 못한다. 평평한 지구 학회Flat Earth Society: 지구가 평평하다고 주장하는 과학자들의 모임, 음모이론가 및 근본주의자와 같은 사람들은 사라지지 않겠지만, 그들의 메시지가 증폭되어 합법적인 사실 및 보고와 혼동되는 일을 막을 수 있는 것이다. 그리고 시간이 지남에 따라 경쟁과 심사를 통해 상의하달이 아닌 진정으로 민주적인 새로운 종류의 표준과 규범이 전개될 것이다.

NFT를 위한 실제 사례: 스위치 엑스 Swytch X

클리핑거 박사는 토큰커먼스재단의 공동 창립자인 동료와 함께 비화석연료 경제로의 세계적 이행을 장려하기 위해 지속 가능한 에너지 생산의 증거를 저장하는 공개 플랫폼을 제공하고자 했다. 이들의 초기 초점은 검증 가능하고 표준적인 형태의 신재생에너지 인증서REC의 개발이었다. 클리핑거 박사가 고객과 함께 일할 때, 고객들 중 많은 이들이 IoT로부터 받은 데이터를 지속적으로 확인할 수 있을 뿐만 아니라 다양한 기후 모델과 금융 모델을 실행하기 위해 해당 데이터를 집계하고 공유하고 싶어 한다는 사실을 발견했다. 여기에서 데이터의 출처와 신뢰성뿐만 아니라 개인정보 및 기밀성을 위반하지 않고 데이터를 공유하는 방법에 대한 우려가 발생했지만, ERC-721 타이틀을 통해 데이터가 검증되고 소유권을 증명할 수 있다면, 이 문제를 해결할 수 있음을 발견했다.

결국 스위치토큰의 스마트 계약, 데이터 저장고 및 NFT를 통해 이러한 모든 요구를 대규모로 수용할 수 있었다. 스위치토큰은 아직 시작 단계에 있지만 이더리움 테스트넷에서는 대량 생산으로 NFT의 가장 큰 발전기 중 하나가 되었다. 스위치토큰은 2,500개가 넘는 지역에서 다양한 에너지 관련 업체들과 파트너십을 맺고 있다.

뉴욕주에서는 모든 새 건물에 에너지 생산, 사용, 절약, 탄소 저감 등의 공정을 인증해주는 블록체인 시스템이 들어가도록 제도화했다. 전 세계에서 이 기술은 현재 스위치만이 보유하고 있다.

다기능 NFT 프로토콜을 향해

클리핑거 박사는 NFT와 관련된 인프라와 다양한 계약을 지원하는 스마트 계약을 개발하기 위한 초기 단계에 있다고 밝혔다. 프로토콜이나 스마트 계약이 어떻게 기능해야 하는지를 결정하는 데는 지나치게 규범적이거나 너무 제한적이지 않아야 한다. 예를 들어, 평판 측정기준 및 프로세스를 정의하는 방법에 대한 진정하고 지속적인 혁신이 있어야 하며, 많은 제약 조건은 다양한 응용 분야의 요구 사항에서 비롯된다. 예를 들어 건강관리 및 금융 규제는 신원, 사용 권한 프로세스, 계약에 대한 주요 제약을 설정한다.

인터넷의 무죄의 시대는 끝났다. 인터넷의 뛰어난 개방성과 대체성은 이제 단점이 되었다. 우발적인 혁신을 통해 크립토키티, ERC 721, ERC 1155 Non-Fableible Token의 상속인과 적절한 스마트 계약 및 데이터 저장고를 결합하면 인터넷상의 만연한 위장과 불신에 대한 해결책을 얻을 수 있다. 인터넷의 최고 전통을 유지하면서도 아래로의 검열을 강요하지 않으며 제삼자에게 의존하지 않는 상향식, 분산형, 느슨하게 결합된 새로운 접근 방식이다. 오히려 이것은 정체성, 평판, 개인정보 보호 및 권한 NFT를 제공하기 위한 개방된 복수의 경쟁적 접근 방식을 사람들이 스스로 결정할 수 있게 해준다.

3. 우주 분야의 블록체인 도입

비트코인 세미나에 참여해본 적이 있다면 다음과 같은 질문을 접해봤을 것이다.

"전력망이 다운되거나, 전자기 펄스가 컴퓨터 시스템을 지워버리거나, 지상파 관련 비상사태가 발생하면 어떻게 될까?"

오픈 소스와 상업용 비트코인 기술을 담당하는 비트코인 개발 회사인 블록스트림Blockstream 역시 이 질문을 받았다. 그들은 질문을 해결하기 위해 지속적으로 노력해왔다. 블록스트림은 2017년 8월에 최초의 비트코인 위성을 발사했으며, 최근에는 다섯 번째 비트코인 위성을 추가해 전 세계에 적용하고 있다.

비트코인 위성이란 무엇인가? 이들은 무료로 전 세계 비트코인 블록체인을 지속적으로 중계하는 위성이다. 적절한 위성 장비를 사용해 비트코인 트랜잭션을 세계 어느 곳에서나 전송할 수 있으며, 적절한 장비를 통해 어디서든 전체 노드가 작동할 수 있게 해준다. 비트코인 위성은 지상파의 비상사태에 대비한 계획을 뛰어넘는 기능을 한다. 이들은 실제 비트코인 네트워크의 이데올로기적 목표를 달성하는데 중요한 구성 요소다.

비트코인은 검열에 저항하는 화폐로 존재한다. 하지만 노드 간에 거래하려면 인터넷을 통해 트랜잭션을 중계해야 한다. 인터넷 접속은 불행하게도 분산되어 있지 않으며 언제나 이용할 수 있는 것도 아니다. 이것은 인터넷 서비스 공급자가 특정 개인의 비트코인에 대한 접근을 방해할 수 있으며, 인터넷 인프라가 없는 지역에 거주하는 개인은 비트코인에 접근할 수 없다는 것을 의미한다.

위성은 비트코인 네트워크에서 대형 ISP에 대한 의존도를 줄이는 유일한 방법 중 하나다. 또한 위성을 장치 네트워크에 직접 연결하는 메시 네트워크에 접속해 ISP에서보다 강력하고 독립적인 비트코인 네트워크를 만들 수 있다. 또한 위성은 비용을 절감하고 네트워크 안정성을 향상시킬 수 있다.

비트코인을 포함한 블록체인 네트워크는 시스템과 네트워크를 구성하는 방법에 대한 근본적인 재정립의 성격을 띤다. 목표는 모든 당사자가 인류 전체가 사용하는 공통 네트워크에 간섭이나 조작할 수 없도록 하는 것이다. 이것이 블록체인 및 암호화 본연의 목표인데, 위성 노드를 포함시키면 비트코인 블록체인은 그 목표에 한결 더 가까워진다.

실험은 아직 시작 단계로 결론과는 거리가 멀지만, 위성 중계 노드를 분산형 네트워크에 포함시키는 것은 새롭고 중요한 도구다. 이것은 20세기 우리의 기술개발을 이끌었던 사고방식을 초월한 새로운 형태의 사고방식을 대표한다. 기술 개발은 이제 현대 기술 대국을 건설한 것과는 다른 정신에 의해 인도되고 있다. 새로운 변화를 지켜보는 것은 매혹적인 경험이 될 것이다.

여러 면에서 비트코인 등 분산형 네트워크의 개발은 현대 기술 기업의 중앙 집권화에 의해 예고되었다. 기술 개발의 역사는 초기 개발 중에 중앙 집권화되었다가 그 기술의 통합 과정에서 분산화되었다. 대형 산업 기술 주체들이 투입한 기술은 비트코인과 암호기술의 발판을 마련했고, 이러한 신기술들은 우리의 현 체계에서 불가피한 분권화를 도입하고 있다.

밤하늘로 쏘아 올린 인공위성이 인류 최초의 분산형 디지털 화폐 데이터를 스트리밍하는 것을 볼 때, 우리는 진정으로 새로운 것을 감상하게 될 것이다. 어떤 결과, 또는 가격에 상관없이 이전에 시도된 적 없는 무언가가 펼쳐지는 것을 지켜보는 것은 놀라운 일이다. 돌아보면, 비트코인을 위한 작은 한 걸음이 인류를 위한 거대한 도약이다.

4. 블록체인은 군대의 미래 기술이다

블록체인 인공지능 기술이 사이버 보안에 관한 토론에서 크게 주목받으며, 전 세계의 군대가 관심을 보이고 있다. 보안 통신은 블록체인이 군사 응용 프로그램에서 어떻게 잠재력을 발휘하는지 보여주는 좋은 사례다.

유닛 간 통신을 안전하게 주고받는 기능은 군대, 특히 전쟁 시기에 가장 기본적인 요구사항 중 하나다. 그리고 사이버 보안은 군대의 또다른 주요 역할이다. 블록체인의 분산화된 원장, 스마트 계약 및 관련 기술은 또한 군사 분야의 기존 문제를 해결할 수 있는 기회를 제공한다. 블록체인을 활용한 군사 응용 프로그램을 알아보자.

군용 무인 항공기

구글은 최근 미 국방부가 운영하는 프로젝트 메이븐Project Maven에 대한 참여 논란으로 헤드라인을 장식했다. 이 프로젝트는 인공지능 및 머신러닝 기술을 이용해 군대가 무인 항공기를 신속하게 분석하도록 돕는 것을 목표로 한다. 구글의 직원들이 이 프로젝트의 중단 탄원을 한 탓에 이 계약은 갱신되지 않고 2019년에 종료한다.

논쟁은 제쳐두고, 무인 항공기 기술과 함께 인공지능과 블록체인의 융합은 블록체인 군용 애플리케이션에 엄청난 가능성을 창출한다. 영상을 실시간으로 분석하고 보고하는 것 외에도 인공지능은 자율 드론무인항공기을 구동할 수 있는데, 인간의 개입이나 통제 없이 완전히 독립적으로 비행할 수 있다.

블록체인은 인공지능은 구동 드론이 수집한 데이터를 불변으로 실시간 기록할 수 있다. 또한 무인 항공기가 취한 비행 결정 및 조치도 기록된다. 분산된 네트워크의 일부로 작동하는 각각의 무인 항공기가 나중에 파괴되거나 해체되더라도 수집한 내용은 블록체인에 그대로 남아 있다.

블록체인 전함

전함은 다양한 군 장비를 갖추고 있다. 엄청난 화력의 총포들뿐 아니라 미사일 발사기, 어뢰 발사기, 대공포 등이 있다. 적의 공격에 직면하면 이 모든 무기는 완벽하게 작동해야 한다. 이것은 무기 제어 시스템과 통합된 감각 기술에 의존한다. 미국, 일본, 스페인을 비롯한 많은 국가의 해군 함정이 이를 수행하기 위한 하나의 시스템인 이지스 전투 시스템Aegis Combat System에 의존한다. 이 시스템이 해군에 적용된 세월이 장장 50년에 달한다.

이지스는 매우 정교한 군사 기술이다. 복잡한 시스템 레이더와 강력한 컴퓨터를 사용해 2초 간격으로 의사결정을 내린다. 무기 배치를 제어하고 외부 위협에 대한 초당 대응 방식으로 발사 시기와 방향을 결정한다. 그러나 중앙 집중식 시스템에는 결정적인 약점이 있다. 이지스를 쓰러뜨리면 배 전체를 쓰러뜨릴 수 있다.

분산형 무기 제어 시스템

블록체인을 사용하면 여러 노드에 컴퓨팅 성능을 분산시킬 수 있다. 분권화는 이지스와 같은 시스템에 전력을 공급할 때 분명한 장점을 가지므로 블록체인이 전함 제어 시스템의 미래라고 예측할 수 있다. 모든 노드가 동일한 데이터 세트에서 작동하는지 확인하는 블록체인 기능을 활용해 시스템이 무기 제어를 조정할 수 있다.

록히드마틴Lockheed Martin은 이지스 전투 시스템을 제조하는 방위업체다. 2017년에 이 회사는 블록체인 전문 업체 가드타임 페더럴

Guardtime Federal과 제휴해 국방부, 미국 정보기관, 기타 미국 정부 부처 및 이들 미국 정부기관을 지원하는 산업계의 사이버 보안 및 관련 요구 사항을 독점 지원했다. 이 파트너십으로 록히드마틴은 공급망 리스크 관리, 소프트웨어 개발 및 시스템 엔지니어링 프로세스에 블록체인을 통합할 수 있었다. 이 회사는 분산 원장 기술을 구현한 최초의 미국 방위산업체다. 이러한 빠른 개발 및 채택 속도로 '블록체인 전함'이 곧 블록체인 군용 애플리케이션 중 하나가 될 수 있다.

적층 가공

적층 가공Additive Manufacturing, AM은 우리에게는 3D 인쇄로 잘 알려진 기술의 군사 용어다. 미군은 AM 방식을 사용해 무기와 차량을 위한 시제품과 부품을 제작한다. 2018년 미 해군은 단 4주 만에 전체 잠수정을 3D로 인쇄했다.

그러나 AM이 제조 공급망 전체에 널리 보급되지 않은 이유 중 하나는 '디지털 스레드digital thread'가 없기 때문이다. 디지털 스레드란 '설계부터 사후 서비스까지 제품의 전체 수명 주기에 걸쳐 이어지는 데이터의 흐름'으로, 2016년 〈딜로이트Deloitte〉지는 이 기술에 관해 설명했다. 디지털 스레드가 세 가지 핵심 구성 요소인 고정 데이터 저장 및 참조 기능, 설계가 올바르게 작동하지 않거나 개선이 필요한지 식별하는 수단, 생산 프로세스에서 앞으로 나아갈 수 있는 확장성으로 구성되며, 각 선행 단계에서 수집한 데이터를 사용해 프로세스를 개선하는 방법을 소개한 것이다.

미 해군은 블록체인이 AM 프로세스에 가져올 수 있는 잠재력을 이미 보았다. 2017년 이래 AM 사업의 각 단계에서 블록체인을 통합하기 위해 노력해왔다. 이러한 방식으로 분산 네트워크를 사용하면 디지털 스레드의 요구 사항을 충족시킬 수 있다. 이론적으로 무제한의 안전한 데이터 저장소를 제공받을 수 있기 때문이다. 또한 네트워크의 노드에 전체 AM 프로세스 데이터를 공유할 수 있다.

블록체인은 또한 미래에 AM을 일반적인 제조 공급 체인에 광범위하게 적용할 수 있는 원동력이 될 수 있다.

지금까지 설명한 블록체인 군사 응용 프로그램은 군사 작전이 향후 몇 년 동안 취할 수 있는 방향에 대해 통찰력을 제공한다. 블록체인이 가치를 창출할 수 있는 다른 영역이 나타날 수 있다. 일부는 민간인에게 공개되지 않을 수도 있다. 블록체인의 채택은 여러 분야에 걸쳐 견인력을 얻고 있다.

5. 블록체인은 음악 산업을
투명하고 공정하게 바꾼다

블록체인은 다양한 산업 분야에서 적용 가능한 탁월한 구조를 갖추고 있다. 중개인, 지나치게 중앙 집중적인 산업 관련 프로세스, 투명성 제고를 통해 신뢰를 형성하는 프로세스, 디지털 자산의 흐름 및 기록 거래 촉진을 통한 신뢰 구축 프로세스에 유용하다. 음악 비즈니스를 살펴보면 아티스트들이 겪게 되는 몇 가지 어려움을 볼 수 있다.

음악 산업은 중앙 집중적이고 여러 사람이 개입되는 특성으로 인해 주로 다음과 같은 문제가 자주 발생한다.

• 금융의 비상식적 분배

• 디지털 기록의 불법 복제

• 부적절한 권한 관리

- 복잡한 로열티 관리
- 아티스트 지불 지연

특히 금융과 관련한 심각한 문제는 그것이 일종의 노예화라는 점이다. 가수 프린스Prince는 2015년에 가수들에게 음반 제작 관련 계약을 맺지 말 것을 권고하면서 이를 노예계약으로 지목했다. 대부분의 아티스트들은 사전에 돈을 지불하지 않고 음반 녹음을 함으로써 이를 통해 생계를 유지하며 음반사를 위해 계속 일하고 있다. 음반사가 적이라는 의미는 아니다. 거기다 그들이 이런 계약을 맺지 않았더라면 성공하지 못했을 수많은 아티스트가 있다.

블록체인의 혁신은 아티스트의 자산 양도를 분산시키는 데 활용될 수 있다. 위험 요소를 여러 파트너에게 분배하고 로열티 역시 함께 분배하는 것이다. 또한 사업을 분산시키는 것은 팬들과 애호가들에게 아티스트가 어떻게 자금을 조달하는지 공개하게 함으로써 이 민주주의는 새로운 재능의 공개를 활성화할 것이다.

로열티 할당

블록체인이 이 비즈니스에 적합한지 시험하는 또 다른 방법은 로열티의 배당이다. 대부분의 노래는 로열티를 받아야 하는 당사자가 여럿 있다. 작사가, 제작자 및 관리자가 보수를 받지 못하는 다양한 사례가 있는데, 인기와 명성을 얻기 전에 함께 작업한 사람은 특히 그렇다.

블록체인의 스마트 계약은 로열티에 대한 자동 결제 권한을 부여한다. 또 아티스트가 각 프로젝트를 토큰화할 수 있다면 로열티 관련 토큰은 모든 참여자에게 배포될 수 있다. 이것은 마찬가지로 자금 조달의 분산화를 장려할 수 있다. 광범위한 디지털 권리 데이터베이스가 있어야 하지만 블록체인 데이터는 불변성을 갖고 있으므로 신뢰할 수 있다.

불법 복제 방지

불법 복제는 카세트테이프 시절 아티스트들에게는 음악 산업의 발전을 저해하고 당연한 권리를 훼손하는 커다란 장애물이었다. 오늘날 음악의 디지털화는 이런 문제가 통제 불능에 빠지게 만들었다. 여기에 블록체인 기술을 적용하면 승인되지 않은 배포를 막을 수 있다. 만약 블록체인에 트랙을 인코딩할 수 있다면 노래가 만들어질 때마다 고유한 기록이 생성되어 콘텐츠의 불법 복제를 방지할 것이다.

영국의 가수 겸 작곡가 이모젠 힙Imogen Heap은 음악 비즈니스에 블록체인 기술을 적용했다. 마이실리아Mycelia라는 블록체인 솔루션을 개발한 것이다. 아티스트의 노고가 인정받고 적절한 대가를 지급받는 비즈니스를 목표로 하는 음악 제작자를 위한 연구 작업 공동체다.

블록체인 기반 클라우드 스토리지 플랫폼을 사용하면 정확한 기록을 여러 부분으로 나누어 분산 방식으로 저장할 수 있어 저작권 문제를 해결하는 데 유용하다. 이것은 소비자들의 요청에 따라 재조립될 수 있을 뿐만 아니라, 가장 복잡한 권리의 문제 역시 해결해준다. 블록체인의 계약을 통해 작사가, 작곡가, 제작자, 배급자 및 가수 등의 로열티 관리 및 할당이 효과적으로 수행될 수 있다.

3부

블록체인에서
찾는 새로운 기회

BLOCKCHAIN

기업 시스템 분야

1. 블록체인, 기업에서 길을 찾다

— 앤디 리안 —

블록체인은 눈에 보이는 모든 것이며 우리의 미래를 가장 잘 나타내는 기술이다. 이것이 전 세계가 블록체인을 연구하는 이유다. MIT와 시카고 대학교의 교수들은 블록체인 연구에 앞장섰으며, 월스트리트뿐만 아니라 각국 정부가 많은 투자와 인력을 들여 응용 분야를 연구하고 있다.

초기 가상화폐에 기반한 블록체인 1.0의 시대, 스마트 계약 및 디지털 자산 위주의 블록체인 2.0 시대를 지나 2030년에는 블록체인 3.0 시대로 접어들 것이다. 실용화가 핵심인 블록체인 3.0 시대에 대해 이더리움 공동 설립자이자 컨센시스 설립자인 조지프 루빈Joseph Lubin은 웹 3.0에 비교하기도 했다. 웹 2.0 시대인 현재는 구글, 페이스북 등 거대 기업이 플랫폼을 장악한 시대다. 그들은 개인정보를 가져가며 이용자는 수동적인 위치에만 머물러 있다. 하지만 블록체인을 바탕으로 한 웹 3.0 시대에는 탈중앙화된 플랫폼에서 토큰 발행 등을 통해 이용자 모두가 적극적으로 참여할 수 있고 보상도 받을 수 있다. 이는 분산화된 협업 플랫폼으로, 새로운 신뢰 시스템이라고도 할 수 있다.

블록체인 3.0 시대

블록체인의 기본 기술 향상과 혁신으로 인해 블록체인 3.0은 1.0 시대의 제한된 거래 문제와 2.0 시대의 응용 환경 한계를 해결할 것이다. 블록체인 3.0은 거래 처리량이 크고 속도가 빠르다. 거래 시간 및 처리량은 더 이상 기존 블록체인 기술의 블록 크기 및 증가율에 의해 제한받지 않으며 대규모로 응용될 것이다. 블록체인 3.0은 확장성이 뛰어나고 가치 있는 인터넷이 핵심이다. 금융업에서 거래를 기록할 수 있을 뿐만 아니라 코드 형태로 표현할 수 있는 거의 모든 가치를 기록할 수 있다. 따라서 블록체인 기술의 발전과 함께 응용환경 역시 사회의 전 영역으로 확대될 것이다.

일부 학자들은 블록체인 3.0이 4단계의 변화를 겪을 것이라고 예측한다. 블록체인은 과도한 관심의 중심에 있어 대중은 그것이 몰고 올 변화를 심각하게 여기지 않는다. 그러나 디지털 장부 기술의 핵심을 관찰하면 비즈니스에서 신뢰에 관한 엄청난 변화 가능성을 읽을 수 있다. 다만 지금은 초기 단계로 블록체인을 실제로 기업에 적용하기 위해서는 많은 문제를 먼저 해결해야 한다.

SAP, IBM, 오라클Oracle, 마이크로소프트, 아마존과 같은 기업은 고객 서비스의 일환으로 일정 수준의 블록체인 기술을 제공하고 있다. 시장조사 기업인 주피터 리서치Jupiter Research가 2017년 7월 영국의 400대 기업을 대상으로 한 연구에서 60%의 기업이 '블록체인 기술 채택을 적극적으로 검토하고 있거나 진행 중'이라고 응답했다.

수년간 블록체인에 대한 관심은 계속 증가했지만 기업 환경은 여전히 블록체인 시스템을 적용하지 않은 채 굴러가고 있다. 일부 기업과 오픈 소스 커뮤니티들은 이를 오히려 기회로 삼고 있다. 하지만 아직 많은 문제가 남아 있다. 블록체인 3.0이 해결해야 할 문제이자 4단계 변화를 살펴보자.

블록체인 기술 채택 문제

블록체인은 다양한 적용 사례가 있음에도 여전히 암호화폐와 동일하게 생각하는 사람들이 많다. 글로벌 클라우드 및 빅데이터 전문기업 피보탈Pivotal에서 클라우드 파운드리Cloud Foundry의 책임을 맡고 있는 조슈아 맥켄티Joshua McKenty는 나사NASA에서 일할 때 오픈스택Open Stack을 개발했다. 오픈스택은 클라우드 컴퓨팅 플랫폼을 개발하고 관리할 수 있는 오픈 소스 소프트웨어 기반의 클라우드 운영 체제다. 그는 비트코인과 블록체인을 1990년대 말의 P2P 기술인 냅스터Napster와 비슷하다고 말한다. 냅스터는 개인이 컴퓨터에 가지고 있는 음악 파일을 인터넷을 통해 쉽게 공유할 수 있게 해주는 P2P 프로그램이다. 냅스터는 디지털 음원의 가능성을 보여주었지만 법과 규제를 어긴 불법적인 P2P 기술이다. 이로 인해 저작권 침해 문제가 일어나고 음악 산업이 큰 타격을 입었다. 결과적으로 냅스터는 음원 업체들과 마찰을 빚으며 시장에서 사라지고 말았다. 이후 냅스터는 블록체인을 기업에 적용하는 것을 방해하는 요소가 되었다.

냅스터와 같은 불법 P2P 때문에 블록체인 기술에 관해 이야기하는 것이 금기시되었다. 따라서 긍정적인 토론이 이루어지지 못했다. 이는 비트코인과 블록체인의 관계와 유사하다. 비트코인이 폭등과 폭락을 반복하면서 암호화폐에 대한 신뢰도가 떨어졌고 그 영향력으로 블록체인의 유용성을 회복하는 데 시간이 더 걸리게 된다는 것이 맥켄티의 주장이다. 최근 컨설팅 기업 딜로이트의 연구소에서 7개국 1,000명을 대상으로 조사한 결과 이러한 인식은 사실인 것으로 밝혀졌다. 사람들은 블록체인을 단지 돈을 투기하는 데이터베이스로 알고 있으며 금융 서비스만을 위한 프로그램으로 인식했다. 수백만 명의 개인정보를 비식별화한 뒤 활용하는 전문 업체 휴-머니티Hu-manity.co의 CEO 리치 에트와루Richie Etwaru는 이를 신뢰의 문제라고 보았다.

새로운 기술의 변동성

블록체인은 본래 디지털 화폐인 비트코인의 소유권을 추적하기 위한 시스템으로 만들어졌다. 그리고 여전히 그 목적을 위해 사용되고 있다. 그러나 신뢰할 수 있고 위조 및 변경이 불가능한 기록은 특정 가치를 추적하고 약속대로 규칙을 시행하는 데 매우 유용한 자원이다. 포엣Po.et은 전 세계 디지털 미디어 자산의 소유권을 기록하고 추적하도록 설계해 콘텐츠 소유권을 강화한다. 트러스트체인TrustChain 이니셔티브는 IBM의 블록체인 클라우드 서비스를 활용해 소비자가 온라인 플랫폼에 접속해 금이나 다이아몬드 목걸이, 팔찌, 반지 등의 채굴에서 가공, 판매까지의 모든 경로를 검증할 수 있도록 한다.

탈라Talla의 CEO 롭 메이Rob May는 봇체인BotChain이라고 하는 블록체인을 출시해 로봇의 진위를 추적하고 있다. 인공지능이나 로봇이 진짜인지 증명하며, 다른 공급 업체와의 보안도 비교할 수 있다. 그는 우수한 사용 사례가 기술의 성패를 결정하지만, 안타깝게도 오늘날 많은 기업이 블록체인의 장점을 제대로 이해하지 못한다고 말했다. 블록체인의 특장점을 불변성, 신뢰성, 토큰화 가능성으로 규정하는 그는 현재 기업이 진정한 블록체인의 비즈니스 기회를 놓치고 있으며 블록체인이 당장 활약하기 힘든 분야에 블록체인 기술을 적용하고 있다고 덧붙였다. 가령 기업은 스마트 계약에 블록체인 기술을 이용하려고 하지만 아직은 준비가 되지 않은 상황이다. 그리고 불변성과 신뢰성, 토큰화 가능성이 필요 없는 기업의 경우 블록체인 기술 이외의 다른 접근 방법을 고려해야 할 것이라고 말했다.

신원 확인 기술

신원 확인은 블록체인 네트워크의 핵심이다. 이름, 나이, 생년월일, 주소, 연락처, 쇼핑 목록 등 다양한 정보가 이미 디지털 세상에서 공유되면서 매우 널리 분산되어 있기 때문이다. 그런데 우리의 정보가 사용된 데이터베이스는 일관성이 전혀 없다. 이사로 인해 새로 바뀐 주소를 디지털 세상에서 업데이트하기 위해서는 각각의 데이터베이스에 접속해 일일이 변경해야 한다. 하지만 일관성 있으며 다른 사람이 함부로 조작할 수 없는 블록체인에 우리의 신원 정보를 등록한다면 이런 수고는 할 필요가 없다. 다만 현실의 육체와 블록체인 속 개인키의 연결성에 있어 확실한 보안성과 투명성을 증명해내야 한다. 어떻게 조작 없이 나를 증명할 수 있는가라는 다소 철학적인 문제를 해결할 수 있다면 블록체인의 가능성은 더욱 커질 것이다.

기업의 블록체인 기술 채택

　기업은 블록체인 기술을 천천히 채택하고 있다. 탈라의 롭 메이는 블록체인 기술에는 아직 많은 문제가 산적해 있지만 그럼에도 스마트 기업을 위한 커다란 기회라고 말했다. 금융기업 아메리칸 익스프레스American Express는 2017년 11월에 암호화폐 리플과 브라질의 산탄데르Santander은행과 블록체인 파트너십 체결을 발표했다. 아메리칸 익스프레스는 블록체인이 자사의 금융 서비스를 효과적으로 업그레이드시킬 것이라고 말했다. 네트워크 서비스 기업 시스코 시스템즈Cisco Sysems는 2018년 특허청에 IoT 연계 디바이스 통제 블록체인 플랫폼 특허를 출원했다. 보잉Boeing은 최근 특허청에 블록체인 기술을 기반으로 한 비행 중 GSP지상 위치 추적 백업 시스템 특허를 출원했다. 이는 해커가 항공기 운항에 관련된 GPS를 조작할 수 없도록 블록체인을 통해 항공기 운항 GPS의 불변성과 투명성을 보장하는 기술이다.

　블록체인 기술도 다른 새로운 기술과 마찬가지로 사용할 수 있는 도구와 인접 기술이 많을수록 더 빠르게 확장될 것이다. 블록체인 기술은 아직 초기 단계에 있으며, 기술이 더 발전하기 위해서는 더욱더 많은 인프라가 필요하다. 그렇게 되면 블록체인 기술을 선택한 기업은 다시 미래를 위한 변화를 겪으며 진화할 것이다.

2. 대기업 시대에서 커뮤니티의 시대로

— 앤디 리안 —

　지난 100년간 기업은 사회 기반을 다지는 중심 역할을 해왔다. 기업은 사회적 생산력과 부를 창조하며 자본시장을 활용한다. 그 결과 일부 대기업은 자본으로 대규모 자원을 좌우했으며 기업의 선택에 따라 사회적으로 큰 파장이 일어나기도 했다. 그 결과 최근 기업의 거버넌스 모델은 이윤 극대화를 목적으로 하면서 수많은 문제를 낳았다. 공정한 보상, 인권 존중, 투명한 거래, 정직한 판매 활동, 공공 문제 해결, 사회 발전 등에는 무관심한 채 비윤리적으로 이익만을 좇은 것이다.

　이러한 문제는 인터넷이 발전하면서 커뮤니티 경제community economy라는 새로운 현상으로 나타났고 점차 발전했다. 이는 인터넷을 기반으로 하는 새로운 인간관계이며, 공동의 가치관을 통해 무작위 상호교류로 시너지를 내며 단체의 창조력과 생산력을 자극하는 경제 시스템이다. 블록체인 기술은 탈중앙화, 평등성, 투명성의 특징을 가지고 있는데 이는 커뮤니티 경제와 매우 흡사하다. 블록체인 기술이 발전하고 활용되면서, 특히 일종의 보상 체제인 토큰이 사용되기 시작하면서 커뮤니티 경제를 새로운 형태의 자가 조직 경제로 탈바꿈시킬 것으로 보인다. 이런 신형 경제 시스템은 더욱 스마트하고 효율성이 높을 것이며 시너지 효과도 더욱 뚜렷하게 나타날 것으로 보인다. 나아가 일부 기업을 대체할 가능성도 있다.

역사적 관점에서 볼 때 기업과 커뮤니티 경제는 시대 발전의 산물이다. 기업 중심의 현대 경제는 산업혁명 시대의 산물이며, 기업은 수출 모델에 치우친 구조로 직원을 채용하고 훈련시킨다. 반면 커뮤니티는 문화적인 속성을 보유하고 있어 고유의 귀속감을 느끼게 하고, 소비력과 협동력이 강하며 교류와 참여로 자신의 가치를 인정받는다. 관계적 측면에서 보면 소비자와 생산자는 경제활동에서 가장 중요한 역할을 한다. 하지만 기업 중심 시스템은 생산자를 주체로, 소비자를 객체로 여긴다. 즉 기업과 직원, 그리고 소비자 사이에는 큰 격차가 존재한다. 하지만 커뮤니티 경제에서는 생산자, 참여자, 소비자의 역할이 겹친다. 커뮤니티 경제의 이윤 추구 모델은 전자상거래 방식으로 이루어진다. 다만 현재의 기술로 이를 실현하는 경우는 극소수이며 경제적 효율은 한정적이다.

현재 기업은 여전히 사회에서 창조자로서 중요한 역할을 한다. 하지만 주주 이익 극대화, 기업 이익 극대화라는 목표는 모든 주주와 이해관계자 및 사회 이익을 두루 돌보지 못한다. 현재의 기업 시스템은 주주권부터 소비자와의 협력, 자기 감독 및 자금 조달 방식까지 수많은 문제를 만들었다. 그리고 인터넷의 빠른 발전으로 인터넷 대기업이 탄생하며 독점 현상은 더욱 광범위해졌다. 중소기업은 이런 상황을 타개할 수 있는 발언권조차 없는 것이 현실이다. 이는 사회의 지속적인 가치 혁신을 불가능하게 한다.

커뮤니티 경제는 개방적인 사회 조직 모델로서 시대의 다양한 수요를 충족시킬 수 있다. 위키백과를 예로 들어보면, 중앙의 통제 및 전통적 오더 체제가 아닌 전 세계 모든 사람들의 힘을 모아 온라인 무료 지식 저장고를 형성시켰다. 위키백과는 비영리 조직으로 모든 수익은 커뮤니티를 통해 기부한다. 위키백과는 자금 조달부터 가치 창출까지의 모든 과정을 커뮤니티 경제로 완성한 것이다. 커뮤니티 경제는 사회화 분업의 혁신이며 공동의 이념을 인정하는 것을 기반으로 다양하고 복합적인 시너지 효과를 창출한다. 이런 특징은 더 넓은 범위에서 신속하고 효율적이며 심도 깊은 협력을 가능하게 한다. 하지만 커뮤니티 경제는 가치 창출에 따른 지원 시스템이 형성되기 어렵다. 이 부분의 개선이 필요하다.

즐거움이 만든 새로운 시장

블록체인 기술은 커뮤니티 경제에서 신뢰를 구축하는 데 큰 역할을 할 것이다. 특히 지원 시스템으로 블록체인 기술을 기반으로 하는 토큰 시스템을 적용하면 커뮤니티 경제에 변화를 줄 수 있을 것이다. 전통적인 기업 거버넌스에서 주주는 기업의 모든 사항에 대한 관리 및 결정권을 포함한 최고 권력을 가지고 있다. 그에 반해 직원과 소비자는 권한이 없으며 수동적인 위치에 있다. 하지만 토큰이 나타나면서 생산자, 참여자, 소비자가 통일될 수 있는 환경이 만들어졌다.

예를 들어 2013년 12월에 선보인 도지코인Dogecoin은 인터넷 밈인 시바견을 로고로 사용하는 암호화폐다. 처음에는 비트코인 열풍을 풍자하기 위해 만들어졌으나 인터넷에서 팁과 기부 시스템으로 사용되고 있다. 중국의 도지코인 커뮤니티는 해당 코인 애호가들이 함께 구축해 사이트를 개설하고 집행위원회와 감독 위원회 정책 결정 위원회까지 설립해 중국에서 정식 발행되었다. 그뿐 아니라 전 세계 도지코인 커뮤니티와 협력해 기부 행사를 진행했으며 현재까지 여러 국가의 기구 및 개인을 도왔다. 중국의 도지코인은 자체적으로 운행하는 커뮤니티로서 기업의 구조가 없고 고용 관계 또한 없으며 분업으로 도지코인의 추진과 발행에 힘을 보탰다. 이것이야말로 미래 조직의 형태다.

블록체인이 큰 역할을 하지 못할 것이라 판단하는 목소리도 있다. 그러나 마차가 자동차로 대체되고 전등이 밤을 밝혀줄 것이라 상상도 못 했던 것처럼 열린 마음으로 블록체인의 발전을 주목한다면 더 많은 기회를 확보할 수 있다. 블록체인이 산업의 혁신을 불러일으킬 것이라는 기대는 아직 꿈에 불과하다. 하지만 그 꿈은 곧 이루어질 것이다.

3. 인사관리의 A to Z

2019년 블록체인은 열 살이 되었다. 그리고 계속해서 성장하는 중이다. 글로벌 시장조사기관 스타티스타Statista의 조사에 따르면 2020년까지 대기업의 50% 이상이 블록체인 기반 기술을 채택할 것으로 예측된다. 블록체인 기술에 대한 투자는 2021년까지 23억 달러에 이를 것이다. 이는 2017년의 3억 3,550만 달러와 비교하면 엄청난 규모다.

많은 기업이 블록체인 기술을 채택하고 있는데 특히 HRhuman resources: 인적 자원 부문이 양팔을 활짝 열고 받아들이고 있다. 블록체인은 금융 거래뿐 아니라 사실상 모든 가치를 기록하도록 프로그래밍할 수 있는 디지털 원장이다. 그중에서도 HR 프로세스에 블록체인 기술을 통합할 수 있는 기회는 무궁무진하다. 특히 채용과 인재 확보에 관해서는 더욱 그렇다. 블록체인 역량을 최대한 활용하면서 HR의 수행 및 관리 방식을 변화시킬 수 있는 방법을 검토해보자.

채용 프로세스 간소화

일반적인 채용은 지원서를 접수받고 면접을 본 뒤 연봉을 협상하는 것으로 진행된다. 그러나 채용 과정의 핵심은 지원자가 제공한 정보를 검증하는 것이다. 이는 대개 이전 고용주의 추천을 확인하거나 지원자의 경력이나 자격증 같은 정보를 확인함으로써 이루어진다.

블록체인 검증 시스템을 구축하면 고용주는 지원자의 이력을 구체화한 정교한 HR 원장을 만들 수 있다. 이 시스템은 궁극적으로 지원자가 조직에 적합한지 여부를 결정할 수 있는 교육, 업무 이력, 성과, 기타 여러 데이터를 검증하는 데 도움을 준다. 이 과정은 더욱 투명해질 것이며 그에 따라 조직에서 목표에 가장 적합한 인력 풀을 구축할 수 있게 될 것이다.

그 결과 전통적인 방식의 이력서는 과거가 된다. 블록체인 기술은 링크드인LinkedIn 같은 기존의 이력서 및 경력 네트워킹 웹사이트를 쓸모없게 만들 가능성을 가졌다. 회사는 궁극적으로 개인의 '디지털 프로필' 또는 '디지털 발자국'으로 가득 찬 데이터베이스를 갖게 된다. 고용주와 채용 담당자는 지원자의 디지털 발자국에 대해 더 많은 것을 알기 위해 퍼블릭 블록체인을 끌어올 수 있다. 블록체인은 지원자가 과거에 일했던 회사에서 승진했거나 이직한 이유 등의 지표를 저장할 수도 있다.

급여 지급 효율성 향상

블록체인 기술은 특히 해외에서 급여를 지급하는 조직에 유용한 도구다. 이 경우 급여 지급 과정의 많은 영역을 제삼자 조직에 아웃소 싱하는 경향을 보인다. 해외 급여 지급은 여러 은행과 제삼자가 참여 하는 것은 물론 환율 변동에 따른 긴 절차를 거쳐야 한다. 그런데 블 록체인의 분산된 보안 원장을 채택하면 정보를 더 효율적으로 검증해 중개인 없이도 해외로 급여를 지급할 수 있다. 블록체인 솔루션은 고 용주의 입장에서는 제삼자와 여러 은행에 지급해야 할 수수료를 줄 일 수 있고, 직원의 입장에서는 급여가 들어오기까지 대기해야 하는 시간을 줄일 수 있다. 양쪽 모두 윈-윈할 수 있는 시스템인 것이다.

내부의 HR 데이터 보안

블록체인의 가장 큰 장점 중 하나는 탁월한 보안성이다. 우리는 신 용카드 정보나 웹사이트의 아이디와 비밀번호 같은 데이터가 외부로 유출되는 끔찍한 이야기를 직접 경험하거나 전해 들었다. 우리와 달 리 HR 부서는 기업 내부로 유출되는 데이터를 걱정한다. 만일 블록체인의 보안 조치를 활용한다면 이 문제를 해결할 수 있다.

지금까지 블록체인이 기업 내에서 HR 부서를 어떻게 변화시킬 수 있는지에 대해 알아보았다. 인사관리 시스템을 더욱 효율적이고 안전하게 활용할 수 있는 가능성은 무궁무진하다.

4. 보안 관리의 A to Z

전 세계 다양한 기업의 리더들이 블록체인 기술을 활용하는 방법을 조사할 때 보안성은 주요 관심사다. 그들은 암호화, 불변성, 분산화와 같은 블록체인에 내재된 다양한 보안 이점을 알고 있다. 그러나 다음과 같은 질문이 남는다. 기술적으로 블록체인에 접근하는 가장 좋은 방법은 무엇일까? 블록체인 고유의 보안 속성을 고려할 때 블록체인을 공격하는 사람들은 어떻게 기술을 위태롭게 만들까?

기업 또는 각 조직의 리더는 최고의 보안을 유지하기 위해 블록체인이라는 기술적 맥락에서 다음의 세 가지 사항을 고려해야 한다.

첫째, 보안은 기술적 문제가 아니라 리더십의 문제다.

오늘날 대부분의 조직은 사이버 보안을 리더십의 핵심 규범으로 인정하지 않는다. 보안 저널리스트 브라이언 크렙스Brian Krebs의 비공식적인 조사를 예로 들어보겠다. 시장 가치 기준 세계 100대 기업의 웹 페이지를 조사한 그의 연구에 따르면, 5%만이 사이버 보안 책임자를 표기한 것으로 나타났다. 이 결과는 대부분의 기업이 사이버 보안을 비즈니스의 핵심 구성 요소로 여기지 않는다는 것을 생생하게 보여 준다.

또한 최근 발표된 의료 보안에 관한 2년간의 연구 결과 중 하나는 '의료 시설의 의사 결정권자들이 보안 관행을 거의 이해하지 못하거나 통제하지 못한다'는 구조적 결함이었다. 이러한 사례는 보안업계 종사자 대부분이 이미 알고 있는 사실을 다시 한번 강조한다. 기업과 조직의 리더는 보안을 단지 기술적 문제로 생각한다는 것이다. 하지만 기업의 보안은 리더십의 문제다. 최근 보안상의 불명예스러운 사건으로 기업의 CEO 및 CIO가 해고되는 일이 발생했다. 미국 정부의 인사관리처Office of Personnel Management 국장과 소니픽처스 엔터테인먼트 Sony Pictures Entertainment의 공동 의장은 보안상 문제를 겪은 후 사임했다. 이는 기업과 조직이 보안을 리더십 문제로 여기기 시작했다는 움직임이다.

그동안 조직의 리더들은 실제로 웹사이트나 서버가 공격당하는 문제가 일어나기 전까지는 사이버 보안을 그들의 직무라고 여기지 않았다. 그러나 사이버 보안은 리더가 가져야 할 책임감의 꼭대기에 해당한다. 조직의 리더가 보안에 관한 책임감을 갖기 위해서는 무엇을 해야 할까?

먼저 조직의 리더에게 보안을 지휘하고 필요한 경우 대책을 세울 권한을 부여한다. 이때 리더는 보안 요구가 조직의 기능적 요구사항과 충돌할 경우 조직의 보안 요구를 효과적으로 옹호할 수 있어야 한다.

다음으로 리더는 보안 책임자와 상호 작용할 때 문제가 발생하지 않도록 보안 원칙을 숙지해야 한다. 이것은 궁극적으로 리더가 책임 지고 있는 도메인을 지키는 데 효과적이다.

둘째, 보안 공격은 공격자의 실력뿐 아니라 개발자의 오류이기도 하다.

우리는 수도 없이 많은 결정을 내리며 살아간다. 여러 명의 의견을 하나로 모아야 할 때 가장 흔히 사용하는 것이 과반수 제도다. 과반 수 이상이 찬성했다고 해서 그 결과가 늘 옳은 것은 아니지만 결정을 해야 하는 상황에서 과반수는 막대한 영향력을 가진다. 과반수는 때 때로 악용되기도 하는데 블록체인을 해킹하는 '51% 공격'도 그중 하 나다.

블록체인은 한번 기록한 정보는 절대로 수정할 수 없고 여러 거래 에 참가한 사람들이 모두 원장을 가지고 있기 때문에 조작도 불가능 하다. 하지만 블록체인을 기반으로 한 암호화폐가 해킹을 당하면서 보안성에 의심을 갖게 되었다. 보안에 있어서만은 완벽한 것처럼 알려 진 블록체인은 어떻게 해킹을 당한 걸까?

이는 누군가가 악의적으로 잘못된 거래를 블록에 기록하며 그것을 계속해서 연결해 나가면서 문제가 된 것이다. 이때 블록체인을 해킹 하려는 이가 잘못된 정보를 기록하려 할 때 과반수의 해시파워를 가 지면 기록에 성공한다. 기술자들은 과반수의 동의를 얻는 51% 공격은 불가능할 것이라 여겼다. 이를 위해서는 상상 이상의 엄청난 장비가 필요하기 때문이다. 하지만 악의적 공격으로 블록체인의 제어권을 손에 쥐는 '51% 공격'이 최근 현실화되었다. 이는 블록체인 기반에서만 가능한 새롭고 낯선 공격이다.

우리가 뉴스에서 전해 듣는 보안 공격은 주로 잘못된 목적을 가지고 숙련된 기술을 바탕으로 시스템의 취약성을 공격한 것이다. 어느 정도는 사실이지만 이는 전체 공격의 일부일 뿐이다. 조직의 리더는 가장 일반적인 보안 공격은 효과적인 보안 대책을 충분히 이해하지 못한 데서 비롯된다는 사실을 깨달아야 한다.

OWASP Open Web Application Security Project: 공개 웹 애플리케이션 보안 프로젝트는 전 세계 보안 전문가들이 보안 취약점을 진단할 수 있는 기준과 표준을 세우고 웹 애플리케이션 관련 문서를 배포해 가장 치명적인 보안 취약점 툴을 개발하는 오픈 소스 커뮤니티다. OWASP가 발표한 웹 애플리케이션 취약점 중에서 빈도가 가장 많이 발생하고 보안상 영향을 줄 수 있는 취약점 상위 10개는 보안 설정 오류, 인증 실패, 주입 공격 등 가장 일반적으로 발생하는 문제를 포함한다. 이들은 이미 수년 전부터 널리 알려지고 문서화된 문제다. 그럼에도 이들 문제는 계속해서 전 세계 기업의 보안 시스템을 공격하며 괴롭히고 있다. 이런 문제를 해결하기 위해 조직의 리더는 무엇을 해야 할까?

먼저 개발자에게 보안 교육을 해야 한다. 기업이 시스템 개발자에게 원하는 것은 데프 콘DEF CON 같은 세계 최대 보안 컨퍼런스(해커들은 해킹 월드컵이라고 부른다)에서 승리하는 것이 아니다. 그저 회사를 지키기 위한 보안의 핵심 원칙, 특히 블록체인의 핵심 애플리케이션에 적용한 암호화 기술을 이해하는 것이다. 그래야 문제가 발생해도 원칙에 따른 솔루션을 제시할 수 있다.

그리고 보안에 관한 리더의 사고방식을 바꿔야 한다. 알려지지 않은 것을 걱정할 게 아니라, 대부분의 공격이 개발자의 일반적인 실수를 악용하려고 한다는 점에서 보안을 정의한다. 그래야 리더는 기존 기술에 대해 통제력을 행사할 수 있고 문제가 발생했을 때에 대비한 해결책을 준비할 수 있다.

셋째, 공격자는 블록체인 자체를 손상시키기보다는 블록체인을 활용하는 기술을 악용한다.

물론 블록체인 자체를 손상시키려고 시도할 수도 있다. 하지만 대부분의 공격자는 블록체인 배포를 손상시키려 한다. 앞서 언급했듯이 공격자는 개발자의 오류에 따른 취약점이 시스템 전체의 설계 및 실행에 투입될 수 있음을 알고 있다. 또한 공격자는 조직의 리더와 마찬가지로 비용을 분석한다. 즉 무언가를 공격하는 데 필요한 노력과 그 결과로 발생할 수 있는 이익을 고려하는 것이다. 적은 투자로 최고의 잠재적 수익을 얻을 수 있는 방식의 공격을 추구하는 것이다.

이러한 상황을 고려할 때, 공격자는 개발자가 실수로 배포 오류를 범할 확률이 블록체인 자체에서 오류가 발생할 확률보다 높으므로 실수를 찾아 공격하는 경향이 있다. 예를 들어 창고를 관리하는 사람이 최근 창고 절도를 당했다고 하자. 그는 곧바로 창고 자물쇠를 크고 값비싼 것으로 교체했다. 블록체인이 얼마나 잘 구축되었는지가 중요하듯 창고의 잠금장치가 얼마나 튼튼한가는 중요한 부분이기 때문에 이는 좋은 결정이었다. 하지만 도둑은 새로 바뀐 튼튼한 자물쇠에도 아랑곳하지 않았다. 대신 그들은 허술해 보이는 걸쇠를 문에서 떼어 냈다. 창고 주인이 선택한 자물쇠는 튼튼했기에 그 선택은 나쁘지 않았지만, 주변의 시스템 구축이 문제가 되어 보안이 침해당한 것이다.

리더는 이런 문제를 해결하기 위해 무엇을 할 수 있을까?

먼저 잠재적인 적들이 누구인지 이해하기 위해 위협 모델을 구축하라. 왜 그들이 당신의 시스템에 침투하는 데 관심이 있는지, 그들이 어떤 기술을 보유하고 있는지, 또 어떤 유형의 자원을 보유하고 있는지 파악할 필요가 있다.

그리고 조직에 필요한 보안 인재를 확보하라. 보안 전문가로서 당신의 사명을 수행하는 데 도움을 줄 전문가가 필요하다.

마지막으로 독립적인 제삼자인 보안 전문가와 협력하라. 당신 자신이나 사내 인재의 재능과 상관없이 조직에 존재할 수 있는 정치적 편견이 없고 독립적인 관점을 지닌 전문가가 필요하다.

효과적인 보안 리더십을 갖추는 것은 결코 쉽지 않은 일이다. 하지만 달성할 수 있는 목표다. 블록체인 기술이 기존 시스템과 다르고 지금까지의 방식을 바꿀 만큼 혁명적이라고 해도 완전히 새로운 보안 패러다임이 필요한 것은 아니기 때문이다. 리더로서 보안 문제를 조직을 이끄는 핵심 요소로 인정한다면 근본적인 문제를 해결하는 실행 계획을 세울 수 있다.

5. 가장 중요한 데이터는
밖에 보관해야 한다

블록체인은 이제 막 발전하기 시작한 기술임에도 여러 산업에서 가능성을 보여주고 있다. 제조업 및 배송업계에는 제품의 위치를 지속적으로 파악할 수 있게 해주고, 많은 사람들이 은행 없이 해외 송금을 하거나 국가 간 결제를 할 수 있게 도우며 음악에 적절한 로열티가 지불되도록 한다. 물론 암호화폐가 실행되는 플랫폼으로 사용되기도 한다.

블록체인은 의심할 여지 없이 소비자와 기업의 운영 방식을 변화시키고 있다. 하지만 그 자체만으로도 비즈니스에서 차별성을 갖는 데이터 스토리지 기능이 있다. 오늘날 기업은 스토리지를 사내 데이터 센터에 구축하거나 클라우드에 만든다. 데이터 스토리지 용량을 늘리기 위해 이를 구입하는 것은 IT 직원에게 익숙한 작업이다. 그러나 대부분의 데이터 센터나 서버실로 운영되는 스토리지는 사용되지 않은 스토리지 용량을 가지고 있다. 이는 기업 또는 업계의 특성과 같은 다양한 원인에 따라 스토리지 사용에 변동이 발생하기 때문이다. 가상화 및 스토리지 기능 향상으로 데이터 센터 서버의 효율성은 크게 향상했지만 여전히 낭비되는 여유 용량은 존재한다. 블록체인을 도입하면 안전한 분산형 스토리지를 구축할 수 있고, 초과 용량으로는 수익을 창출할 수 있다.

이 개념을 이해하기 위해서는 에너지 그리드가 어떻게 작동하는지 생각해야 한다. 전력회사는 전기의 수요와 공급을 맞추기 위해 전기를 끊임없이 사고판다. 전력 수요가 많을 때는 열심히 생산하고 수요가 적을 때는 초과 생산한 전기를 최대한 활용하는 것이다. 처음에는 몇몇 전력 유통 센터가 이러한 방식으로 활용했지만 현재는 많은 지역과 국가에 이런 방식으로 전력을 사고파는 공급 업체가 있다. 전력이 이러한 방식으로 유통된다는 것은 최종 사용자가 사용하는 에너지가 어디서 오는지 알지 못한다는 뜻이기도 하다. 사용자는 단지 밤에 불이 들어오고 그것이 최대한 저렴하기를 원할 뿐이다.

분산형 스토리지 모델

블록체인이 적용되는 커뮤니티 스토리지 그리드는 스토리지 공급자와 소비자 모두가 접근할 수 있다. 즉 초과 용량을 가진 조직은 용량이 더 필요한 조직에 저장소 공급자 역할을 할 수 있다. 이렇게 초과 용량을 공급하던 업체가 필요에 따라 용량을 회수해야 할 경우 블록체인을 통해 원활하게 전환해 데이터를 가장 적합한 위치로 이전할수 있다. 이는 규정 및 정책, 성능 요구사항 및 서비스 수준 계약과 같은 규칙을 기반으로 한다. 다시 말해 이 분산형 스토리지 모델은 많은 기업이 같은 비용으로 스토리지를 구매할 수 있게 해준다.

많은 기업이 이미 아마존 웹서비스AWS나 마이크로소프트 애저 Microsoft Azure와 같은 대용량 퍼블릭 클라우드 서비스를 이용해 스토리지의 요구 사항을 충족시키므로 이는 새로운 개념이 아니다. 일부 관리형 클라우드 공급자의 작업 능력과 비용을 고려하면 과연 블록체인의 분산형 스토리지 모델이 새삼 필요한지 궁금증이 생긴다. 그러나 대역폭과 대기 시간, 그리고 실제로 서비스 속도를 포함하는 클라우드에는 몇 가지 제한 사항이 있다. 대역폭과 대기 시간이 중요하지 않은 경우에는 대용량 퍼블릭 클라우드가 유용하지만 클라우드 서비스 공급자가 해커 등 악의적 공격자나 정전과 같은 요소에 확실하게 대비되어 있지 않다는 사실을 기억해야 한다. 이런 문제가 단 한 번만 발생해도 치명적인 피해를 입는다.

그러나 분산 스토리지 모델에서는 대역폭과 대기 시간이 그다지 문제가 되지 않는다. 기업은 인프라를 소유하면서도 명확한 제어와 스토리지 투자에 대한 전례 없는 수익으로 훨씬 효율적으로 운영할 수 있다.

스토리지의 필수 조건

스토리지 시장에서 성공하기 위해서는 세 가지 요건을 충족해야 한다.

첫 번째는 분배 문제다. P2P 콘텐츠 분배를 사용하는 다중 노드 환경에서 이 고성능 분산 모델을 구현할 수 있다. 실제로 중앙 배포 허브에 대한 스트레스를 덜어주는 마이크로소프트와 같은 조직에서는 이미 이 분배 방법을 사용하고 있다. 파일이나 개체를 표준 또는 적응형 파일 크기의 적당한 덩어리로 만들어 분배를 더욱 가속화할 수 있다.

두 번째 요건은 스토리지를 아웃소싱하는 모든 비즈니스에 필수적이다. 여기에는 기밀성, 가용성 및 무결성이 포함된다. 기밀성은 암호화 및 데이터 보호를 포함한 기술로 달성할 수 있다. 효과적인 키 관리(보안정책에 의해 암호키를 생성, 등록, 인증, 등록 취소, 분배, 설치, 보관, 폐기, 파괴를 감독하는 것)를 통해 데이터 구성 요소를 해킹과 같은 악성 활동으로부터 보호한다. 가용성은 24시간 연중무휴로 데이터에 접근할 수 있도록 하는 것이다. 노드가 오프라인 상태가 되거나 스토리지 공급자가 용량을 회수할 때도 접근할 수 있는 상태로 유지하는 것이 중요하다. 이를 위해 모든 데이터가 여러 위치에 중복 저장되도록 해야 한다. 또 진실성은 분배, 저장 및 수신을 포함해 모든 단계에서 데이터 간섭을 방지하는 것을 의미한다. 이는 체크섬checksun: 중복 검사의 한 형태로, 데이터의 정확성을 검사하기 위한 용도로 사용되는 합계과 강력한 사용자 계정 컨트롤user account control, UAC: 시스템에 영향을 줄 수 있는 프로그램이 실행될 때마다 일단

중지시키고 실행 여부를 재확인함으로써 보안을 높이는 기술 커뮤니티 스토리지 그리드에서 공유되는 해시 테이블을 활용해 시행할 수 있다.

마지막 세 번째 요건은 시장이다. 스토리지 유통이 성공적으로 이루어지려면 마켓 플레이스가 모든 판매 및 구매 용량을 추적해야 한다. 또한 모든 거래는 불변해야 한다. 즉 모든 지불을 효과적으로 관리할 수 있으며, 공급자와 소비자 모두 교환 대상을 파악하고 상호 이익이 되는 방식을 이해할 수 있다는 의미다.

블록체인은 의심할 여지 없는 분산 모델이며 시장 자체가 보안과 확실한 운영을 보장한다. 블록체인 기술은 완벽한 투명성을 가지며 데이터 분할 및 그리드 전반의 분배로 모든 작업이 기록되도록 한다. 체인은 원장의 외부에서 아무것도 발생하지 않도록 해 사각지대를 효과적으로 제거해 불변성을 만든다. 블록체인은 또한 회수된 스토리지가 해당 데이터를 다른 곳으로 복사할 수 있도록 함으로써 가용성 향상을 지원한다. 마지막으로 블록체인은 데이터, 데이터 소유자 및 스토리지 제공 업체 간에 계약이 존재한다는 증거를 제공한다. 이러한 거래에 대한 분명한 증거를 제공함으로써 블록체인은 전체 시스템에서보다 큰 자신감과 편리함을 창출하고 비즈니스에서 교환을 수동으로 추적할 필요를 없애준다.

데이터 스토리지 시장은 상용화된 클라우드 등장 이후의 자연스러운 다음 단계다. 그러나 이를 성공적으로 이끌어가려면 사고방식의 변화가 필요하다. 데이터가 가장 가치 있는 자산이라는 것은 이해하지만, 이런 자산을 신뢰할 수 있도록 중앙에 저장해야 한다는 가정에서 벗어나야 한다. 그런 의미에서 블록체인의 분산형 스토리지는 새로운 패러다임을 제시할 것이다.

데이터 스토리지 마켓 플레이스 모델

- Filecoin(https://filecoin.io/): 세계 곳곳의 데이터 센터 및 하드 디스크 드라이브에 사용되지 않은 많은 양의 스토리지 플랫폼 제공
- memority(https://memority.io/)블록체인에서의 데이터 저장 혁명
- datum(https://datum.org/?locale=ko) : 블록체인 데이터 저장 및 수익 창출
- storj(https://storj.io/): 저렴하고 사용하기 쉽고 개인 보안성이 뛰어난 분산 클라우드 개체 저장소

공급망 분야

1. 블록체인이 물류 산업에 미치는 영향

암호화폐에서 시작된 블록체인이 금융 거래에 적용된 사례는 수없이 많다. 비트코인의 성공을 토대로 생겨난 암호화폐 종류 역시 급증했다. 암호화폐 응용 프로그램은 금융 거래를 넘어 엔터테인먼트 분야에서 다양하게 개발되었고 지금은 여러 산업 영역에 걸쳐 있다. 그중에서도 물류, 즉 공급망 관리 분야의 블록체인을 살펴보자.

블록체인 기술의 투명성, 불변성, 공유 원장이라는 특징은 물류 산업에서 큰 기회를 갖는다. 제품의 원산지부터 물류 창고를 거쳐 소비자에게 이동하는 모든 과정을 추적할 수 있기 때문이다. 제품 공급망 어느 단계의 담당자라도 확인이 가능하다. 특히 식품의 경우 신선도 보장을 위한 온도, 습도, 제조일자 등을 철저하게 관리할 수 있다.

일반적으로 공급자(원산지)는 제품에 관한 정보를 기록한다. 이는 누구라도 확인할 수 있다. 하지만 위탁 공급을 할 경우에는 정보 기록이 어렵다. 이럴 때 모든 이해관계자는 제품의 저장 및 보관, 운송 과정을 어떻게 모니터링하며 관련 규정을 잘 지키고 있는지 감독할 수 있을까? 해답은 블록체인에 있다.

블록체인을 사용하면 공급자, 운송 업체, 고객, 관리자 등의 모든 이해관계자가 동일한 네트워크의 일부가 된다. IoT의 조합으로 온도 및 기타 매개 변수를 추적하는 센서를 사용한 데이터는 블록체인 네트워크에 추가되는 블록에 지속적으로 기록된다. 기본적인 소프트웨어의 도움만 있다면 모든 이해관계자가 데이터에 접근할 수 있다. 빠른 데이터 확인은 데이터 분석을 위한 작업 속도에도 도움을 준다. 블록체인을 물류 공급망에 적용하면 모든 공급 과정의 투명성을 보장하고 과거의 비효율적인 데이터 공유 방식을 개선할 수 있다. 주문부터 소비자의 구매가 완료되기까지를 추적해 개선할 부분을 빠르게 분석하는 것도 가능하며 이 과정이 반복될수록 오류나 부정행위도 감소할 것이다.

블록체인 네트워크를 기반으로 하는 대부분의 금융 거래는 비트코인 또는 이더리움 네트워크 같은 암호화 블록체인 기술에 의존한다. 가장 대표적인 것이 ICO 및 암호화폐 거래소다. 하지만 물류 및 공급망은 금융 거래를 추적하는 것이 목표가 아니다. 따라서 가장 이상적인 기술은 블록체인 프레임워크인 하이퍼렛저 패브릭hyperledger fabric이다. 하이퍼렛저 패브릭은 산업 간 블록체인 기술을 발전시키기 위해 만든 오픈 소스 글로벌 협업으로, 리눅스 재단이 주관한다. 금융, IoT,

공급망, 제조 및 기술 분야의 선두주자들이 참여하고 있다. 사용자 인터페이스는 사용자와 블록체인의 상호 작용 기능을 제공하는 웹 또는 모바일 애플리케이션이다.

공급망에서 블록체인 기술을 사용할 경우 기대할 수 있는 또 다른 기능은 주문, 영수증, 발송 통지 및 기타 무역과 관련한 문서 추적 기능이다. 모든 과정이 기록되기 때문에 관련 문서를 쉽게 찾을 수 있다. 그리고 제조 공정, 조립, 인도에 관한 정보를 공유할 수 있다. 이를 바탕으로 공급 업체는 제품의 품질 유지와 관리를 할 수 있으며 그에 대한 규정을 지키고 있는지 확인하는 것도 가능하다.

2. 제조업이 블록체인에서
도움을 얻는 6가지 방법

한때 개발자의 눈을 반짝이게 했던 신기술 블록체인은 이제 서서히 일상생활에 스며들고 있다. IT 분야의 리서치 기업 가트너에 따르면 2030년까지 금융 서비스를 비롯해 식음료, 유통, 제품 테스트, 광업 및 에너지에 이르는 산업 전반에 걸친 블록체인 기술의 부가가치가 3조 1,600억 달러에 달할 것이라고 한다. 모든 산업을 의미한다. 블록체인 수혜자 중에서도 특히 제조업이 얻게 될 블록체인의 이점은 더 자세히 살펴볼 가치가 있다.

더욱 스마트한 계약과 고객 관계

제조 과정에서 블록체인을 활용하면 복잡한 공급망의 파트너 관계에서 더 빠르고 안전하며 법적 구속력을 가진 방식으로 합의를 도출할 수 있다. 스마트 계약은 블록체인 기술의 중심이자 바탕으로, 공유 원장의 항목과 함께 제공되는 암호화된 논리의 묶음이다. 얼핏 복잡하게 들리지만 그렇게 복잡한 것은 아니다. 합법적으로 비즈니스 계약을 맺는 프로세스에 자동화 기술을 훌륭하게 결합한 결과물이다. 계약 당사자 모두가 계약 절차와 재정 조건에 합의하면 그 내용을 암호화해서 블록체인에 기록한다. 그리고 계약서가 담긴 비즈니스 운영이 즉시 시작되도록 신호를 보낸다.

스마트폰의 콜백 URL, API 또는 지오펜스 자동 알림 같은 것의 확장된 형태라고 보면 된다. 두 소프트웨어 프로세스(또는 비즈니스 파트너)에 대한 데이터를 수집하고 정보 또는 제품 간 자동 교환을 촉진하는 원리다. 이는 복잡한 과정을 단순하게 바꿔주어 시간과 금전적 효율성을 가져다주는 신뢰할 수 있는 도구다.

리콜 비용 감소

리콜은 높은 비용이 발생한다. 〈포브스〉에 따르면 리콜 발생 시 제품을 회수하는 비용은 평균 800만 달러에 달한다고 한다. 블록체인은 식품이나 의약품에서 오염이 발견되거나 전자제품의 설계상 결함이나 잘못된 구성 요소가 발견될 경우 영향을 받은 당사자의 수를 줄이는 데 도움을 준다. 또한 안전 적합성 규정 및 추적 요건에 민감한 모든 사업체에 반드시 필요한 추적 기능을 크게 향상시켜 결함 있는 재료나 유통기한이 지난 재료를 찾아 분리해준다.

데이터 이동 및 보호

제조업의 공급망에는 수많은 재료와 제품이 이동하고 있다. 블록체인에 기록된 내용은 변경되지 않는다는 특징은 설계자, 엔지니어, 고객, 공급 업체, 관리자 및 의사결정자 등 모두가 최신 기록을 확인할 수 있도록 돕는다. 경우에 따라서는 지적재산권과 영업 비밀까지 보호할 수 있다.

만일 제품 교환과 같은 기존 데이터의 수정 요청이 들어올 경우 이러한 모든 내용도 공공 장부를 구성하는 체인에 블록으로 기록되어 모든 참여자에게 공유된다. 그 결과 모든 사람이 볼 수 있되 아무도 조작할 수 없는 데이터 환경이 만들어진다. 또한 블록체인은 개별 노드와 P2P 데이터 처리에 의존하는 분산화라는 특징 덕분에 시스템 가동이 중단되거나 예상하지 못한 데이터 손실 문제에도 탄력적으로 대응할 수 있다.

위조 방지 및 재료 원산지 추적

블록체인은 제품 리콜에 신속하게 대응할 뿐 아니라 리스크 회피 산업에 위조품이 진입하지 못하도록 막아주는 역할을 한다. 이 기능은 최근 전자제품 제조 업체의 큰 관심을 받고 있다. 제조사는 블록체인을 사용해 재료의 윤리적 구매가 이루어졌으며, 제품이 합법적으로 생산되었음을 인증할 수 있다. 이는 고객 만족과 지속 가능성을 가져다준다.

IBM과 제휴한 덴마크화물 운송 업체 머스크Maersk는 화물 추적 업무에 하이퍼렛저 패브릭을 적용했다. 이를 통해 여러 국가의 세관 절차를 통과해 바다를 가로지르고 국경을 넘어 이동하는 수백, 수천 개의 컨테이너 및 화물의 모든 공급망 기록이 절대로 변하지 않을 때 무엇이 가능한지를 보여주고자 한다.

제조업의 안전 및 품질 가이드라인이 얼마나 엄격한지를 생각해보면 제품의 전체 여정을 눈으로 볼 수 있고, 제품의 상태가 바뀔 때마다 신뢰할 수 있는 기록을 보유하고 확인할 수 있다는 것은 무시할 수 없는 장점이다.

자산 연결 및 보안 유지

IoT와 블록체인 결합의 장점은 분명하다. 블록체인은 산업 시설이 해당 네트워크에서 IoT로 연결된 기기를 즉시 식별하고 필요에 따라 사용 권한을 변경한 다음 원활하고 안전하게 통신할 수 있는 방법을 제공한다. 산업 환경에 중요한 기계 및 장비는 블록체인을 사용해 완벽한 유지 관리 기록을 작성한다.

또한 복잡한 기계를 임대하는 회사와 그러한 장비를 제공하는 회사는 임대 계약에서 블록체인을 사용해 리스 및 임대 제품이 현장에서 사용되는 방식과 효과, 사용 시간 및 장소 등에 관한 데이터를 교환할 수 있다.

기업과 고객의 데이터 교환

마지막으로 블록체인을 사용해 클라이언트가 데이터를 수집하고 배포하는 작업을 쉽게 수행할 수 있다. 일부 전자제품 제조 기업은 소비자가 구매한 제품에서 익명의 데이터를 수집한다. 그것을 활용해 더 나은 제품과 서비스를 제공하기 위함이다. 이런 기능을 블록체인에서 사용하면 군중 기반의 사용자 데이터 공유 포털이나 거래소를 만들 수 있다. 이 경우 제품을 구매한 소비자는 제품 사용 정보를 제조 업체에 제공하거나 판매할 수 있다. 기업은 이곳에 등록된 데이터를 R&D 프로세스에 통합할 수 있다.

3. 분쟁 광물 문제 해결

　광물 산업에서 탄탈럼Tantalum, 주석Tin, 텅스텐Tungsten, 금Gold은 이니셜을 따서 '3TG'라고 불린다. 3TG는 스마트폰부터 제트기에 이르는 첨단 제품에 사용되는 매우 중요한 광물이다. 문제는 3TG가 분쟁 광물이라는 사실이다. 분쟁 광물이란 정치적으로 불안정한 지역이나 국가에서 주로 산출되는 광물을 말한다. 3TG가 워낙 광범위하게 사용되다 보니 수요가 많다. 그런데 광산에서 채취해 그것을 가공하는 공장에 이르는 길을 따라가다 보면 그 이익이 폭력적인 민병대, 범죄자, 심지어 테러리스트에게까지 흘러 들어가는 것을 알 수 있다. 인권단체는 6,000억 달러 규모의 3TG 산업에서 기업이 원재료의 출처를 더욱 잘 단속해야 한다며 압박을 가한다.

나쁜 광물 사용 금지

　블록체인 기업 마인스파이더Minespider의 CEO 네이선 윌리엄스Nathan Williams는 블록체인이 이 문제를 해결해줄 열쇠라고 말한다. 그는 광산에서 제련소로 이동한 뒤 전 세계의 공장으로 흩어지는 금속의 출하를 추적할 기술을 개발했다. 저장된 정보 데이터를 수정하거나 삭제할 수 없는 블록체인은 새로운 항목을 무한으로 추가할 수 있다. 윌리엄스는 이 기술을 사용해 금괴, 주석, 탄탈럼, 텅스텐을 실은 트럭에 QR코드 라벨을 부착할 수 있는 파일을 만들었다. 이 기술은 궁극적으로 제조업자들에게 그들이 사용할 금속이 전쟁으로 파괴된 콩고민주공화국의 반란군이 소유한 광산이 아니라 상대적으로 평화로운 국가인 페루의 광산에서 온 것임을 증명하는 증거가 된다. 마인드스파이더는 폭스바겐 AG와 함께 자동차에 쓰이는 광물 공급을 추적하는 프로그램을 시험 운영하고 있다.

　신생 업체부터 대기업에 이르기까지 전 세계 수십 개의 기업이 3TG 금속 및 기타 원자재를 추적하는 데 블록체인을 사용하고 있다. 콜탄은 심장박동기, 컴퓨터 하드 드라이브, 휴대전화에 사용되는 천연자원으로 전 세계 생산품의 80%가 콩고민주공화국에서 채굴된다. 콩고에서 규모가 가장 큰 비순즈Bisunzu 광산은 분쟁 광물 추적 시스템인 ITSCI와의 계약을 종료했다. ITSCI는 종이로 된 문서를 바탕으로 운영하기 때문이다. 이 방식으로는 광물을 제대로 추적할 수 없다. 비순즈 광산은 블록체인 기반의 시스템으로 이전했다.

돌멩이에서 다이아몬드까지

세계에서 가장 가치 있는 암석의 공급망을 정리하기 위한 노력 또한 진행되고 있다. 175억 달러 규모의 전 세계 다이아몬드 생산을 장악하고 있는 드비어스 그룹De Beers Group은 광산에서 소비자의 손가락에 끼워지는 약혼반지까지 다이아몬드의 모든 여정을 따라갈 수 있는 블록체인 기반의 플랫폼 트레이서Tracr를 선보였다. 2015년 보츠와나에서 세계에서 두 번째로 큰 다이아몬드를 발견한 캐나다의 다이아몬드 채굴 기업 루카라 다이아몬드Lucara Diamond는 온라인 시장을 구축해 불투명한 사업 영역에 남아 있는 다이아몬드 산업의 투명성을 높이고자 했다. 영국의 스타트업 에버렛저Everledger는 석재의 기원, 크기, 색상 및 인증서, 사진 및 커팅 장면 비디오 데이터를 저장하는 또 다른 블록체인 시스템을 이용해 광물이 보석이 되기 위해 거쳐 간 모든 곳을 추적한다. 이 회사는 현재 200만 개 이상의 다이아몬드 파일을 보유하고 있다.

스웨덴의 애널리스트 올라 소더마르크Ola Sodermark는 지속 가능성이 점차 중요해져 가는 시대에 다이아몬드의 기원을 증명할 수 있다는 것은 점점 더 가치 있는 일이 될 것이라고 말했다.

광물 자원의 지속 가능성

　광물 산업에서 블록체인 시스템을 효과적으로 사용할 수 있음을 입증하기 위해서는 추가 테스트가 필요하다. 기존의 광업 회사는 내부 시스템을 사용하기 위해 외부 고문을 고용하거나 직원을 교육해야 했다. 그리고 시스템을 사용하는 인력을 지속적으로 모니터링했다. 그들이 기록하는 광산 데이터가 정확한지 확신할 수 없기 때문이다. 이 문제는 QR 코드와 같은 고유 식별자를 광물 팔레트 부착하고 블록체인에 모든 데이터를 기록하는 것으로 해결했다. 생성된 데이터는 원산지, 중량, 순도뿐만 아니라 금속을 취급한 사람들의 사진 및 서명을 포함해 선적에 대한 세부 정보를 보여준다. 구매자는 광산의 과거 산출물에 대해 정보를 교차 점검할 수 있고 최종 소비자에게도 세부 정보를 제공할 수 있다. 특히나 광물은 합성물과 동위원소 추적을 통해 더 신뢰할 수 있게 된다.

　마인드스파이더는 금을 캐는 광부에게 전자 형태로 돈을 지불해 암거래 시장을 가로막는 블록체인 공급 구매 센터를 설립하기 위해 서부 아프리카의 두 나라와 협상 중이다. 이 협상이 완료되면 또 다른 문제를 해결하는 데도 도움이 될 것이다. 금은 대규모 광산에서 채굴되기도 하지만 개인이 소량으로 채굴하는 금속이다. 다수의 채굴자가 생산한 금을 합쳐 구매자에게 전달한다. 그러므로 모든 금이 어디에서 유래하는지 정확하게 파악하는 것이 불가능했다. 그런데 개인이 채굴한 금에 전자 형태로 가격을 지불하면 어느 광산에서 채굴한 것인지, 출처를 파악할 수 있고 가치의 투명성도 높아진다. 이는 광부들이 더 나은 조건에서 근로하는 '지속 가능한 광산'에서 나오는 금속이라는 확신을 주는 데 도움이 될 것이다.

우리가 가지고 있는 휴대전화 한 대에 들어간 광물의 모든 출처를 추적하는 것은 매우 어려운 일이다. 하지만 애플이나 구글 등 휴대전화 제조 업체가 블록체인 시스템이 지원하는 국가의 광물을 샀다는 것을 확인할 수 있다면 소비자인 우리도 그 출처를 알 수 있다. 이로써 분쟁 광물 사용을 줄일 수 있다.

4. 공정무역의 기준이 되다

블록체인으로 광물을 추적하는 것은 그로 인한 수익이 테러리스트 등 범죄자에게 흘러드는 것을 막을 뿐만 아니라, 이런 광물을 채굴하는 데 노예처럼 동원되는 노동자들의 처우를 개선하는 데도 유용하다. 우리는 하루에 한 번은 반드시 코발트Cobalt가 들어 있는 물건을 사용할 가능성이 높다. 코발트는 휴대전화와 노트북의 배터리에 들어가는 필수 금속이다. 그리고 코발트는 노예 노동으로 채굴될 가능성이 높은 광물 중 하나다.

전 세계에서 채굴되는 코발트의 약 3분의 2는 콩고민주공화국에서 나온다. 중앙아프리카 국가는 노예 노동을 포함한 인권 유린의 악명 높은 역사를 가지고 있다. 현재 코발트가 노예 노동으로 채굴되는지를 파악하는 일은 거의 불가능하다. 참치부터 커피에 이르기까지 다른 많은 상품도 마찬가지다. 하지만 일부 기업은 비트코인 기술인 블록체인에서 글로벌 공급망을 검증하는 해법을 찾고 있다.

공급망 속 현대 노예제도

공급 사슬이 점점 복잡해지면서 상품이 윤리적으로 생산되고 있는지 확인하는 것도 점점 더 어려워진다. 코발트의 경우 무수한 광산에서 채취한 것을 구매해 섞은 다음 중간 상인에게 전달된다. 이는 배터리 제조사가 코발트의 출처를 추적하는 것이 불가능에 가깝다는 것을 의미한다.

콩고민주공화국에 수많은 코발트를 채굴 광산이 존재하는 만큼 작업 환경도 매우 다양하다. 어떤 광부는 보수가 좋고 안전한 환경에서 일한다. 그러나 자칫하면 목숨을 잃을 수도 있는 환경에서 터무니없이 적은 보수를 받고 일하는 광부도 있다. 콩고민주공화국에서 생산하는 코발트의 약 20%는 안전 관리수칙도 없는 위험한 작업장에서 채취한 것이다. 이들 광산에서 일하는 노동자는 약 11만~15만 명이나 된다.

가난한 광부들에게 코발트 채취는 위험하면서도 매력적인 일이다. 코발트 광산에서 일한다는 것은 안전이 보장되지 않는 작은 구멍으로 내려가 코발트를 찾고 캐낸다는 뜻이다. 광산 시설의 공사가 부실해 무너지거나 환기 시스템이 고장 나면 이들은 모두 목숨을 잃는다.

하지만 운이 좋아 살아남는다면 돈을 벌 수 있다.

최근 전기 차동차의 판매량이 증가하면서 코발트 수요도 함께 증가했다. 이제 코발트 광산 노동자들은 더 많은 코발트를 채굴하기 위해 열악한 작업 환경으로 몸을 던진다.

콩고의 코발트 산업 중 노예 노동의 비율을 정확히 알기는 어렵다. 그러나 워싱턴에 본부를 둔 자유노예단체United States of the Frees의 2013년 조사 결과, 3곳의 광산 커뮤니티에서 인터뷰한 931명 중 866명이 노예 노동자라는 사실을 확인했다. 이 보고서는 강제 노동과 광산에서 일하는 대신 빚을 갚는 방식을 포함한 7가지 노예 노동 유형을 확인했다. 또한 네 명의 노예 노동자 중 한 명은 18세 미만이었다. 유니세프의 2014년 보고서는 콩고민주공화국 남부의 광산에서만 4만 명의 아이들이 일하고 있으며 대부분이 코발트를 파내는 일을 하고 있다고 발표했다.

블록체인의 약속

이것은 단지 코발트에 국한된 이야기가 아니다. 구리에서 코코아까지 모든 것이 마찬가지다. 제품이 어디에서, 어떤 과정을 거쳐 만들어졌는지 알기 어렵다. 그렇다면 공급망이 노예 노동으로 오염되지 않도록 우리가 할 수 있는 일은 무엇일까?

기업이 블록체인 기술을 실험하는 이유가 여기에 있다. 블록체인 기술을 사용하면 원산지에서 최종 사용자까지 검증되고 위조 및 변조가 불가능한 공급망 기록을 작성할 수 있다.

세계자연기금이 소프트웨어 기업인 컨센시스, 트라시블TraSeable과 협력해 참치의 포획, 운송의 모든 경로를 추적하는 '미끼부터 접시까지' 프로젝트는 최종 소비자로 하여금 포장에 있는 코드를 스캔해 자신이 구매한 참치가 언제, 어디서 잡혔고 어떤 가공을 했는지 확인하게 해준다.

세계 최대 광산기업 BHP는 이 기술을 사용해 구리 공급 과정을 확인하고자 한다. 현재 블록체인은 면, 패션, 커피 및 유기농 제품을 추적에도 사용되고 있다. 포드 자동차는 IBM, 중국의 화유 코발트Huayou Cobalt, LG화학 등과 협력해 노트북과 전기 자동차를 움직이는 핵심인 리튬 이온 배터리에 사용되는 광물 중 하나인 코발트를 블록체인으로 추적해 윤리적으로 공급되는 것을 확인했다.

아직 남은 도전 과제

블록체인이 기술의 전망이 밝은 것은 사실이지만, 노예 노동 문제를 좀 더 효율적으로 해소하려면 그보다 먼저 몇 가지 문제를 해결해야 한다.

첫째, 모든 블록체인에서 가장 중요한 원리는 '합의 프로토콜'이다. 노동력의 윤리성과 타당성을 확보하기 위한 블록체인 기술을 사용할 경우 기록할 데이터의 대상자가 모든 노동자인지, 과반수인지, 선택된 소수 또는 무작위로 선택된 노동자인지 여부를 결정한다. 윤리적 노동력을 공급하는가에 중점을 둔 블록체인에서는 근로자가 근로 조건을 입증할 수 있어야 한다. 하지만 소외당하거나 억압받는 근로자에게 접근할 수 있다는 보장이 없다.

둘째, 블록체인을 유지하기 위한 윤리적 노동력의 기준을 세우는 것이 중요하다. 각각의 블록체인마다 윤리적이라고 판단하는 표준 노동력의 기준은 다르다. 만일 특정 블록체인이 노동의 윤리적 기준을 상대적으로 낮게 세운다면 보편적으로는 노동력 착취로 여겨지지만 그 블록체인 안에서는 윤리적으로 문제가 없는 노동으로 판단될 수도 있다.

셋째, 우리는 항상 블록과 그 물질적 실체 사이의 연관성에 의문을 제기해야 한다. 노동력을 착취해 만든 제품임에도 블록체인에 문제가 없다고 기록할 방법을 찾는다면 수익률은 크게 상승할 것이다. 사람마다 블록체인 데이터의 무결성을 신뢰하는 기준이 다르다. 이는 블록체인의 데이터가 부정확하거나 엉터리일 수도 있음을 뜻한다.

넷째, 블록체인은 '디지털 격차'를 야기할 수 있다. 기술 경험이 있는 대형 공급자는 이 기술을 사용하는 데 어려움이 없지만 소규모 공급자는 제외될 수 있다. 블록체인은 시장에 진입하는 소규모 공급자의 장벽이 되는 것을 경계할 필요가 있다.

블록체인은 이론적으로 상품이 어디서 왔는지에 대한 통찰력을 제공한다. 그러나 그 자체만으로는 복잡한 사회 문제를 해결할 수 없다. '가치 없는 데이터를 넣으면 가치 없는 결과가 나온다'라는 말이 있다. 이는 블록체인에도 적용된다. 인간이 책임 체계를 약화시키고자 한다면 그렇게 할 방법을 찾을 것이다. 따라서 거래 기록만으로는 윤리적 책임을 다할 수 없다. 하지만 현대의 노예 노동을 구성하는 무수한 요소들을 파악하고 점차 문제를 해결하는 유용한 도구가 될 수는 있다.

5. 블록체인은
소매 공급망 관리를 혁신한다

블록체인은 일종의 거래 기록 장부이면서도 결제 분야에 아직 제대로 자리 잡지 못했다. 여기에는 몇 가지 이유가 있다. 첫째, 대부분 전문용어로 이루어진 블록체인 기술을 이해하는 사람이 거의 없다. 둘째, 신기술에 대한 회의론으로, 수십 년의 확고한 관행을 뒤집을 것이라고 약속하는 도구는 언제나 판매가 어렵다. 셋째, 블록체인 자체가 오랫동안 이미지 문제를 안고 있는 암호화폐 시장과 밀접하게 관련되어 있다는 두려움이다.

그럼에도 소매 시장에서 블록체인을 분석한 최근 보고서는 큰 의미를 시사한다. 연구에 따르면 소매 업계에서 블록체인 애플리케이션의 가치는 2018년에 8,000만 달러에서 2023년 23억 달러까지 상승할 것이라고 전망한다. 5년간 30배 가까이 증가한다는 것이다. 블록체인 기술의 진정한 가치 제안을 살펴보면 전혀 놀라운 일은 아니다.

소매 업계는 블록체인이 제공하는 가치와 기술에 관한 다양한 애플리케이션에 눈을 돌리고 있다. 블록체인 기술은 오류 발견에서 고객 거래 데이터 관리에 이르는 모든 작업을 지원한다. 블록체인 도구를 사용하면 소매업자와 은행은 즉시 오류 없는 지불을 처리할 수 있다. 블록체인 기술이 소매 부문의 공급망 관리에 혁신을 가져올 수 있는 방법을 살펴보자.

첫째, 블록체인 시스템을 배포하면 추적 기능을 사용할 수 있다. 판매자는 원산지에서 판매 진열대까지의 여정에서 각 제품에 대한 데이터 경로를 따라갈 수 있다. 블록체인은 제품이 어디에 있는지, 어디서 왔는지 항상 알 수 있기 때문에 안전과 규정 준수를 보장한다. 예를 들어 한 공급 업체가 납품한 제품에 결함이 있는 경우 수천 개의 문제없는 제품을 시장에서 회수하는 대신 블록체인을 통해 결함 있는 제품만 회수할 수 있다.

또한 블록체인 시스템은 위조품이 시장에 영향을 미치지 못하게 막을 수 있다. 전문화되거나 한정 수량 생산 제품은 재판매 시장에 나오더라도 쉽게 알 수 있다. 이를 통해 상표권 침해를 방지하고 브랜드 평판을 보호할 수 있다.

블록체인은 매장 재고를 합리화하고 위치별로 상품을 추적할 수도 있다. 소매 업체는 부족한 품목, 재주문 품목 및 배송 중인 품목에 대한 최신 정보를 얻을 수 있다. 이런 정보들은 진열대에서 판매되지 못하고 반품되는 양을 극적으로 줄일 수 있다.

더 좋은 점은 블록체인을 사용하면 품절을 최소화할 수 있다. 품절은 소매업계에 연간 1조 달러의 손해를 끼친다. 상점은 재고를 관리할 수 있는 블록체인을 통해 더욱 효율적으로 재고를 추적할 수 있다.

누가 이미 블록체인을 사용하고 있을까?

일부 소매 업체는 이미 새로운 기술에서 기회를 얻었다. 월마트와 IBM은 2018년 초 블록체인 기반 '식품 추적 이니셔티브Food Traceability Initiative'로 제휴했다. 이 시스템은 소매 업체가 식품 품목의 원산지를 거의 즉각적으로 식별할 수 있게 해준다. 공급망에 제조 과정에서 인신매매 및 노예 노동 등 노동력 착취가 없음을 보장하는 다른 항목도 추적할 수 있다.

블록체인 기술에 대한 월마트의 결정은 시장의 흐름을 바꿀 게임 체인저가 될 것이다. 그동안 식품 안전 문제가 발생할 때 원산지를 기준으로 식품의 제조 과정을 추적하는 일이 매우 어려웠다. 2018년 11월에 미국과 캐나다에서 일어난 로메인 상추의 대장균 사건을 떠올려 보자. 사실 대장균에 오염된 상추는 극히 일부로 식료품점과 레스토랑의 상추 대부분은 문제가 없었다. 그럼에도 대장균이 검출된 로메인 상추를 납품한 기업은 전국에 걸쳐 수백만 파운드의 로메인 상추를 버려야 했다. 그리고 뉴스를 접한 소비자는 잎이 많은 채소에 대한 두려움을 갖게 되었다. 몇 주간의 조사 끝에 미국 식품의약국FDA은

캘리포니아주 전역으로 번진 사건의 출처를 확인하고 뒤늦게 격리할 수 있었다.

만일 사건이 일어난 당시에 공급 업체가 블록체인 시스템을 사용하고 있었다면 상황은 달라졌을 것이다. 그리고 지금 월마트에서 판매하는 제품에서 대장균이 검출되는 사건이 발생한다면 제조 및 공급 과정에서 영향을 받는 제품을 즉시 식별해 재고에서 제거하고 대장균에 영향을 받지 않는 품목은 선반에 진열해 안심하고 판매할 수 있었을 것이다.

공급을 넘어 결제로 확장하는 블록체인

현재 블록체인 기술을 응용한 프로그램이 확장되면 점점 더 많은 기업이 혜택을 얻을 것이다. 공급망 관리뿐 아니라 지불 관리도 마찬가지다. 결국 금융권은 기존의 자동 결제 프레임워크와 비교했을 때 훨씬 효율적인 블록체인을 부정하지 못하고 받아들일 것이다. 물론 그때까지 상당한 선행 투자가 필요하겠지만 새로운 지불 시스템을 위한 기반 시설을 마련한다면 신속하게 그 대가를 얻게 될 것이다.

6. 완전한 쇼핑 시스템의 탄생

바쁜 하루를 살고 있는 현대인에게 과거와 같이 제품을 직접 보고 구입하는 문화는 점점 사라지고 있다. 스마트폰의 앱을 이용하면 간편 결제를 통해 제품이 집 앞까지 배송되는 편리한 시대다. 이러한 전자상거래 시장에도 블록체인 바람이 불고 있다.

지난 몇 년간 전자상거래 이용은 기하급수적으로 증가했다. 블록체인 기술은 모든 유형의 금융 거래에서 선두주자로 빠르게 자리매김하고 있다. 전자상거래는 금융 결제를 지속적으로 처리하므로 블록체인 솔루션을 사용하면 전자상거래를 통해 문제가 발생할 때 그 지점을 찾아 해결할 수 있다. 그리고 디지털 자산이 저장되는 공유 원장인 블록체인은 전자상거래를 이용하는 소비자에게 완전한 쇼핑 경험을 제공한다. 특정 제품을 검색부터 선택, 결제, 판매 후 고객 만족도까지 추적할 수 있기 때문이다.

전자상거래에 이용할 수 있는 블록체인 플랫폼은 크게 네 가지다.

비트코인은 블록체인 개발 응용 프로그램이 설계한 암호화폐다. 이 것이 첫 번째 플랫폼이다. 전 세계적으로 통용되는 최초의 암호화폐로 시장을 선도하는 전자상거래 업체가 받아들이고 있다. 비트코인과 같은 암호화폐를 이용함으로써 소비자가 사용할 수 있는 모든 수준의 결제 옵션을 열어준다.

두 번째 플랫폼인 이더리움은 비트코인과 크게 다르지 않은 암호화폐다. 이더리움 네트워크의 단점은 그것이 널리 받아들여지지 않는다는 점이다. 그러나 이더리움 네트워크는 다른 형태의 암호화를 수용할 수 있다. 덕분에 이더리움은 스마트 계약에 사용되는 주요 플랫폼이기도 하다.

세 번째로 맞춤형 블록체인 플랫폼을 갖춘 전자상거래 기업도 있다. 많은 전자상거래 업체는 수익성 측면에서 맞춤 설계된 플랫폼이 비용 효율성이 뛰어나다는 사실을 깨닫고 있다. IBM은 암호화폐는 없지만 전자상거래의 대형 블록체인에 적합한 매우 견고하고 강력한 플랫폼을 보유하고 있다.

경쟁사 관리, 해커의 위협, 시스템 보안, 일상적인 소비자의 요구 등은 모든 소매 업체가 매일 직면해야 하는 문제다. 이를 처리하는 가장 쉽고 간단한 방법은 블록체인 기술이다. 비용 절감은 공급 업체 및 전자상거래에서 가장 현실적인 문제다. 블록체인에서 자신의 회사가 외부 파트너와 공유 원장을 사용하면 데이터 보안을 지키는 동시에 비용을 절감할 수 있다. 이것이 네 번째 플랫폼 방식이다.

온라인 판매가 증가하고 독자적인 경제 생태계의 일부가 되면서 블록체인 기술 솔루션은 전자상거래가 고객에게 봉사할 수 있는 다양한 방법을 제공한다. 블록체인은 매장, 제품 공급자, 콘텐츠 제작자 간에 정보를 공유하기 때문에 수많은 제품 설명을 쉽게 만든다. 또 스마트 계약은 공급 업체에서 재고를 효과적으로 관리할 수 있게 해준다. 제품의 구매가 이루어지면 이 정보가 공급 업체로 전달돼 공급 업체는 제품을 보낼 시기를 알 수 있다. 이 과정은 또한 재고가 너무 많아지는 것을 방지해준다.

블록체인 기술로 전자상거래 비용을 낮추고 더욱 원활하게 운영할 수 있다. 또한 고객을 보호하기 위해 크게 향상된 보안 시스템과 수수료 없이 안전하게 결제하는 시스템을 제공한다. 암호화폐를 지불 수단으로 사용하면 전자상거래에서 지불 취소를 걱정할 필요가 없다는 장점도 있다. 블록체인은 중앙 시스템이 없으며 구매를 감시하거나 데이터를 수집하지 않는다. 자동화를 통해 처리 속도 역시 빠르다. 국경을 초월한 금융 거래에서 지불을 완료하는 데는 평균 3~5일이 소요되지만 암호화폐로 동일한 제품을 구매할 경우에는 몇 초밖에 안 걸린다. 이것은 암호화폐가 어떤 환율의 영향도 받지 않는 획일적인 가치 기준을 갖고 있기 때문이다. 궁극적으로 블록체인 기술인 블록체인 개발 앱은 전자상거래 소매상에게 도움이 될 뿐만 아니라 소비자에게도 비용적인 효율성을 제공한다.

금융 분야

1. 블록체인과 빅데이터가 금융의 미래를 바꾼다

빅데이터는 지난 수년간 폭풍처럼 밀려와 모든 업계에 영향을 주며 비즈니스 세계를 사로잡았다. 블록체인과 빅데이터가 협업하면 금융의 미래에 어떤 결과를 가져올까?

기존의 금융 거래는 복잡한 프로세스를 거치면서 생기는 위험으로 인해 많은 비용이 든다. 그러나 블록체인을 사용하면 트랜잭션 처리 시간 단축, 비용 절감 및 사기 탐지와 같은 이점을 얻을 수 있다. 빅데이터를 분석하는 기술인 애널리틱스 프로세스를 블록체인과 결합하면 완벽한 분석을 위해 구조화된 값인 보안 데이터가 추가된다. 이로써 은행은 금융 거래에서 오류 및 사기가 발생한 뒤에야 기록을 분석하는 기존의 대응 방식 대신 실시간으로 위험한 거래를 식별하면서 사고를 방지한다.

디지털 세계에서의 가치 교환, 즉 전자상거래를 하기 위해서는 거래 당사자 사이에 신뢰가 있어야 한다. 이를 위해 신뢰할 수 있는 제삼자가 중앙 원장의 역할을 해왔다. 블록체인은 모든 디지털 트랜잭션이 중앙 원장 없이 컴퓨터 네트워크를 통해 검증하는 분산된 원장 역할을 함으로써 데이터를 위조할 수 없도록 한다. 따라서 제삼자가 없어도 당사자 간 거래가 가능하다. 덕분에 제삼자에게 수수료를 지급할 필요가 없어 거래 비용이 절감되는 등 핀테크 산업에서 유용하게 쓰인다.

이 외에도 블록체인이 금융 부문을 어떻게 변화시키며 사용자에게 만족스러운 경험을 제시하는지를 보여주는 몇 가지 사례가 있다.

● 보험 회사의 클레임 처리

보험사는 보험금 부정 청구, 보험금 책정을 위한 데이터 오류, 보험금 지급의 수동 프로세스, 사용자를 고립시키는 정책 등 고객 만족을 방해하는 몇 가지 문제를 가지고 있다. 이런 보험에 블록체인의 스마트 계약 기술을 적용한 정책을 만들면 보험금 청구에 대한 투명한 검증, 보험금 지급 추적 등 완벽한 서비스를 제공할 수 있다. 보험금의 자동 지급뿐 아니라 각각의 프로세스에서 위험 모델링을 개선하고, 보험사와 사용자 사이의 장벽을 무너뜨리며, 보험료 산정과 청구 과정을 블록체인 기술로 처리해 부당 청구를 줄여준다.

◉ 해외 송금

해외로 돈을 송금하는 과정에서 직면하는 가장 큰 문제 중 하나는 시간이 오래 걸린다는 것이다. 글로벌 결제 시스템이 복잡해서 작업 속도가 느리기 때문이다. 이로 인해 많은 비용과 수수료가 발생하며 자금 추적이 어려워 오류가 발생하기 쉽다. 해외 송금을 통한 돈세탁이 가능한 이유도 여기에 있다. 해외 송금과 블록체인의 협업이 필요한 상황이다.

스페인의 산탄데르 은행은 2015년 보고서를 통해 블록체인 기술을 활용할 경우 은행이 얻을 수 있는 이익에 관한 사례를 발표했다. 기존의 금융 시스템을 블록체인으로 전환할 경우 은행 비용 190억 달러를 절약할 수 있다는 것이다. 산탄데르는 결제 응용 프로그램에 블록체인을 도입한 최초의 은행이 되었고, 이 은행을 이용하는 고객은 24시간 내내 전 세계로 돈을 송금할 수 있게 되었다. 송금한 돈은 다음 날부터 바로 결제가 가능하다.

◉ 공급망 및 무역 금융

자동화된 스마트 계약과 블록체인은 공급망 및 무역 금융의 비즈니스 프로세스가 작동하는 방식을 바꿀 수 있다. 상호 밀접하게 연결되어 움직이는 공급망은 전 세계의 여러 당사자와 관련한 분배가 이루어지기 때문에 매우 복잡하다. 이 과정에서 은행이나 중개인과 같은 신뢰할 수 있는 제삼자가 없다면 문제가 생긴다. 블록체인을 사용하면 은행 같은 중간 상인과 수수료 없이 스마트 계약을 사용해 모든 상품이나 돈을 자동으로 보낼 수 있다. 이로써 탄탄한 배분 네트워크를 구축할 수 있고 거래 비용을 줄이고 제품의 출처를 보장해 신뢰를 쌓을 수 있다.

● KYC 규정 준수

대부분의 금융기관은 그들이 속한 지역 및 국가에서 고객을 보호하기 위해 요구하는 규칙을 지켜야 할 책임이 있다. 금융기업은 KYC Know Your Client: 고객정보 파악를 통해 고객의 상황에 맞춰 금융 서비스를 제공하고자 한다. 이를테면 고객이 직접 지점을 방문해 수표를 처리하길 원치 않는다는 사실을 깨닫고 원거리 수표 입금 앱을 개발하거나, 여권과 운전면허증을 들고 지점까지 방문하기 어려운 고객을 위해 상담자를 파견하기도 한다. 이는 핵심 요구사항이지만 업무 수행을 위한 자동화된 고객 식별 시스템이 없어 이 과정에서 많은 시간이 소요된다. 블록체인은 외부 기관과 은행 간의 문서 교환이 중단되지 않도록 디지털 단일 ID 정보를 제공해 전체 프로세스를 쉽게 유지할 수 있도록 해준다.

은행을 비롯한 금융업계에서는 이미 모든 트랜잭션을 추적하기 위해 빅데이터 분석 솔루션에서 블록체인 기술을 사용하고 있다. 빅데이터와 블록체인의 성공적인 결합은 실시간 분석을 가능하게 하고 금융 서비스 산업의 사기 탐지 및 위험 평가의 문제를 해결해주는 엄청난 잠재력을 보유하고 있다.

2. 블록체인은
어떻게 송금 시장을 바꿀까?

    고대 제국에서 처음 시작된 은행은 돈을 빌리는 사람과 빌려주는 사람 사이에서 신뢰할 수 있는 중개자 역할을 제공하기 위해 설립되었다. 현대의 은행은 합법적인 상거래를 위한 제도적 장치로 변했지만 기본적인 운영 취지는 변하지 않았다.

    전통적인 은행과 금융기관은 지불과 송금을 원활하게 하는 데 중요한 역할을 담당해왔다. 송금 시장은 우리가 생각하는 것 이상으로 방대하다. 세계은행에 따르면 중·저소득 국가들의 송금액은 2년 연속 감소했지만 2017년에 8.5% 증가하면서 4,660억 달러를 기록했다. 고소득 국가의 송금을 포함한 글로벌 송금액은 2017년 6,130억 달러를 기록해 2016년의 5,730억 달러보다 7% 증가했다.

    세계 최대 송금 결제 네트워크 기업인 웨스턴유니언Western Union과 같은 기업은 은행 같은 전통적인 금융기관을 대신해 국경을 넘는 송금을 오랫동안 지배해왔다. 송금은 선진국보다는 후진국에서 필요로 하는 금융 서비스이기 때문이다. 이는 2017년 GDP 대비 송금 비중이 높은 상위 다섯 개 국가가 키르기스스탄(35%), 통가(33%), 타지키스탄(31%), 아이티(29%), 네팔(29%)이라는 사실을 살펴보면 알 수 있다.

그런데 개발도상국에는 은행 계좌에 접근할 수 없는 사람들이 많다. 그들은 송금 서비스에 특화된 비금융기관인 환전사업자Money Transfer Operators를 이용해야만 한다. 이러한 상황에서 많은 사람들과 기업이 부패 없고 포괄적인 금융 시스템을 위한 혁명적인 해결책을 요구해왔다.

금융기관의 역사에는 수많은 부패 문제가 존재해왔다. 정부는 금융기관의 설립을 인가하는 권한을 가지고 있다. 이렇게 정부와 금융기관은 복잡하게 얽혀 있어 부패 문제가 발생하면 경제를 위협한다. 부패 방지를 위한 규제 기관과 규제 프레임워크가 존재하지만 은행의 지배구조가 나라마다 달라 감시자 역할을 제대로 하지 못한다. 은행이 돈세탁과 같은 불법 활동을 하고 부정부패에 앞장서거나 사이버 해킹과 같은 사건이 발생하면서 이제 더 이상 은행 시스템을 완벽하게 신뢰할 수 없음을 깨닫기 시작했다.

암호화폐 및 블록체인 지지자들은 이 기술을 활용해 은행 및 송금 부문의 환경을 변화시킬 수 있는 기회를 강조했다. 최근 가장 뜨거웠던 금융 스캔들 중 하나는 1MDB 사건이다. 말레이시아의 나지브 나라크Najib Razak 전 총리가 2009년 국영투자기업 1MDB를 세우고 이 회사를 통해 수조 원의 국비를 비자금으로 빼돌린 사건이다. 이 같은 부패 스캔들은 블록체인 기술을 사용해 막을 수 있었다. 블록체인은 은폐와 부패에 대한 해결책을 제시해주기 때문이다. 그렇다면 블록체인은 어떻게 송금 과정을 변화시키고 부패를 근절할 수 있을까?

송금 업계를 혼란에 빠지게 하는 방법

최근까지만 해도 해외로 송금하는 방법은 한 은행 계좌에서 다른 계좌로 돈을 이동하거나 전용 회선 서비스를 이용하는 단 두 가지뿐이었다. 하지만 모두 상대적으로 보안성이 취약하며 비효율적이다. 그리고 지금 해외 송금 시장은 근본적인 변화를 겪고 있다. 블록체인은 높은 수수료, 느린 거래 속도 및 중개자의 존재 등을 포함해 지불 시스템 내에서 발생하는 문제를 혁신하고 해결할 수 있는 가장 큰 잠재력을 지니고 있다.

경쟁이 치열해지면서 수년간 거래 비용이 약간 감소했지만 유선 서비스의 거래 수수료와 환율로 인한 수수료는 여전히 청구되며, 이는 송금하는 국가와 받는 국가에 따라 크게 다르다. 블록체인은 중개인과 관련된 간접비를 제거하므로 수수료를 절감해 더 경제적인 송금 서비스를 제공한다.

전통적인 금융 서비스의 수수료는 7.4%다. 블록체인은 이 수수료를 3% 미만으로 줄일 수 있다. 전통적인 은행 업무 및 전신 송금을 이용하면 송금이 마무리되기까지 며칠이 걸릴 수 있으며 모든 단계에서 수수료가 부과된다. 만일 은행이 송금 과정에서 생략될 수 있다면 해외 송금 비용은 더욱 감소할 것이다.

아직 초기 단계지만 글로벌 뱅킹 시스템에 블록체인을 도입함으로써 이익을 얻을 수 있다. 부패 방지 기능을 통해 수십억 달러를 절약할 수 있을 뿐 아니라 시스템에 대한 책임 규정을 효과적으로 도입해 불법 행위를 강력하게 규제할 수 있다. 그 결과 더 많은 사람들이 더욱 쉽게 금융 시스템을 접할 기회를 얻을 것이다.

3. 스타트업의
완전히 새로운 투자 방식

2017년 많은 블록체인 스타트업이 백서를 들고 나와 ICO를 통해 벤처 캐피털 기업 및 일반 투자자로부터 자금을 모집하고자 했다. 하지만 결과는 참담했다. 벤처 캐피털 기업이 블록체인 스타트업에 투자를 꺼리는 데는 네 가지 이유가 있었다. 첫째, 투자하기에는 암호화폐를 충분히 이해하지 못했다. 둘째, 블록체인 및 암호화폐에 대한 규정이 명확하지 않다. 셋째, 시장은 아직까지도 충분히 크지 않다. 마지막 이유는 블록체인의 성공한 선례가 극히 적다는 것이다. 그리고 있다고 하더라도 해외의 사례가 국내에도 그대로 적용된다는 보장이 없다는 것이다. 블록체인 프로젝트 중 많은 부분이 분산화라는 아이디어를 제품의 핵심 이데올로기로 사용했다. 이는 모든 사람에게 매우 새로운 개념이다. 너무 새로워서 오히려 기금을 모으기 어려웠다.

하지만 상황이 달라지고 있다. 벤처 캐피털 기업들은 2017년 11월, 암호화폐 붐이 일어난 뒤 암호화폐 시장을 훨씬 더 많이 이해하기 시작했다. 그리고 이더리움 블록체인상에서 유통되는 토큰 표준 사양인 ERC-20이 세상에 등장하면서 토큰이 다양하게 생성되기 시작했다. ERC-20은 토큰을 만드는 방법과 그에 따르는 기능을 표준화함으로써 중요한 이정표가 되었다. ERC-20의 등장 이후 코드 작성 방법을 아는 사람이라면 누구라도 쉽게 토큰을 만들 수 있다. 2018년 11월을 기준으로 14만 2,200개 이상의 ERC-20 토큰 계약이 생성되었다.

ICO란 무엇인가?

ICO는 Initial Coin Offering의 약자로 말 그대로 암호화폐 공개를 뜻한다. 블록체인 기업이 자금을 조달하는 초기 방식이자 가장 대표적인 방식이다. ICO는 블록체인 기반 서비스를 구축하려는 기업과 개발자가 자사의 서비스에서 이용할 수 있는 토큰이나 코인을 투자자에게 발행해 투자금을 확보하는 방식이다. 투자자는 이더리움, 비트코인 등 주요 가상화폐를 통해서만 이들이 발행한 토큰과 코인을 구매할 수 있다. 기업 및 개발자는 토큰과 코인 판매 수익을 투자금으로 사용한다. 즉 대표적인 크라우드 펀딩 서비스 킥스타터Kickstarter처럼 크라우드 펀딩의 형태로 자금을 조달하지만, 그것을 돌려주는 방식이 법정화폐가 아닌 비트코인이나 이더리움 같은 암호화폐다.

전통적인 의미에서 자금 조달은 주식, 채권 또는 일종의 전환사채 등을 발행하는 방식을 취했다. 이 경우 주식이나 채권은 어떤 식으로든 지배의 형태를 띤 '권리'로 연결된다. 반면 비트코인이나 이더리움에는 어떤 권리나 지배권도 없다. ICO 투자로 비트코인을 얻었더라도 그에 대한 권리나 잠재적인 통제력은 갖지 못한다는 것이다. 그러나 권리가 없다고 해서 자금 모집의 규칙을 따를 필요가 없음을 의미하지는 않는다. 싱가포르통화청의 2014년 3월 발표에 따르면 모든 암호화폐에는 KYC 및 자금세탁 방지AML, 테러자금 조달 금지CFT 조치가 적용된다. 그러므로 ICO를 실행할 때 투자자에 대한 점검과 검증을 수행해야 한다.

STO란 무엇인가?

STO는 Securitized Token Offering의 약자로 증권형 토큰으로 불린다. STO가 발생되면 회사의 권리 또는 잠재적 지배력의 일부를 판매하게 된다. 그 외에도 특정 효용성을 추가할 수 있지만 권리, 청구권, 잠재적 지배력이 있는 한 증권 및 선물과 유사하다. 따라서 어느 국가에서 STO를 하더라도 그 국가의 증권 및 선물에 관한 법률을 준수해야 한다.

STO는 ICO를 통해 투자자들이 받은 암호화폐의 가치가 폭락하면서 ICO 시장이 얼어붙자 그 대안으로 등장했다. ICO가 블록체인 기업들이 자신들이 발행하는 토큰, 즉 암호화폐의 일부를 분배한 것인 반면에 STO는 블록체인 기업이 수익의 일부를 분배하는 방식이다.

다만 앞서 이야기한 것처럼 각 국가의 선물거래법을 준수하기 위해서는 다양한 절차를 밟는 등 복잡해지고 비용이 많이 든다. STO를 발행한 기업이 가장 고민해야 할 부분은 비용 측면에서 이것이 일반 기업의 거래소 상장과 다른 점이 있는가 하는 점이다. 그럼에도 STO의 생존 가능성은 여전히 연구되고 있다.

STO의 인기는 실제로 발급 비용이 어떻게 낮아질 수 있는지에 달려 있다. 현재 비용은 주식공개상장IPO과 비슷할 정도로 높다. 게다가 STO는 금융 중개자가 제거되면서 발행인이 발행 프로세스를 직접 수행해야 한다는 문제도 발생한다.

TSO란 무엇인가?

TSO는 새로운 것은 아니지만 이 업계에서는 새로운 이야기가 되었다. TSO는 Tokenized Security Offering의 약자로 토큰화된 담보 서비스를 의미한다. 토큰화는 기본적으로 기존 담보의 정의에 속하지 않을 수 있는 '모든 것'의 디지털화다. TSO는 담보 특성, 즉 STO를 가진 토큰을 만들기보다는 '사물'을 토큰화한다. 간단히 말해 자산의 저장 및 관리가 토큰에 의해 디지털 방식으로 표현되는 것이다. 자산의 소유권을 관리하는 방식이 바뀌는 것이라고 여기면 이해하기 쉽다.

이 서비스의 규제에 관해서는 아직 더 많은 논의가 필요하다. 그러나 TSO의 미래는 낙관적이다. 공간의 진보 측면에서 볼 때 TSO는 주류 금융으로는 담보할 수 없는 자산, 특히 캄보디아나 미얀마 같은 신흥 시장 및 아프리카에 증권화할 수 없는 많은 자산이 존재하기 때문이다.

TSO가 어떻게 기능하는지를 설명하기 위해 미화 10만 달러 상당의 자산을 예로 들어보자. 소유자가 급하게 2만 달러를 필요로 하는 경우 이 자산을 담보로 자금을 융통하는 데는 많은 시간과 과정이 필요하다. 이때 TSO를 통해 자산을 10만 개의 토큰으로 변환하고 이를 스마트 계약을 지원하는 플랫폼으로 발행할 수 있다. 이렇게 하면 토큰을 자유롭게 교환할 수 있다. 소나 돼지 같은 유동성이 적은 가축에도 이를 적용할 수 있다.

STO와 마찬가지로 TSO 역시 증권과 같은 기능을 하지만 STO와 달리 권리와 청구권이 없다. TSO는 자금 조달이나 확장을 원하는 기업에 좋은 방법이다. 또 현재 많은 사람들이 부동산 거래 및 금융 거래를 하고 있다. 자산이 토큰화되면 플랫폼에서 기본 자산을 거래할 수 있으므로 발행자가 유동성을 확보할 수 있다. 투자자와 상인에게 이것은 거래할 수 있는 상품의 범위를 확장해준다.

종합해보면 ICO는 여전히 활동 중이며, STO는 ICO를 대체하지 않았다. 이들은 서로 다른 방식과 의도를 지닌 투자 시스템이다. 이들이 투자 시장의 미래를 어떻게 바꿀지 궁금하지 않은가.

4. 블록체인이 가져다주는
부동산의 미래

비트코인으로 매각된 부동산 보고서가 꾸준히 증가하고 있다. 비트코인으로 키프로스에 있는 해변형 콘도를 구입할 수 있으며, 2017년 12월 마이애미에서 처음으로 비트코인으로만 부동산 매입이 이루어졌다.

부동산은 역사가 매우 오래된 산업이다. 시대가 변하면서 부동산 매매의 플랫폼 역시 다양하게 등장했지만, 비즈니스 관행은 여전히 시대에 뒤떨어져 있다. 부동산 거래의 복잡한 과정으로 인해 2017년 미국에서 거래된 주택의 51%가 온라인으로 이루어졌음에도, 대부분의 주택 구매자와 판매자는 대리인의 도움을 받아 거래를 완료했다. 오늘날 수많은 온라인 결제가 존재하지만 부동산에 관한 부분에서는 규제 등 다양한 장애물 때문에 옛 방식이 더 선호된다. 이러한 관행은 블록체인 벤처기업에 의해 바뀔 수 있다. 문제는 규제 당국과 기존 업체가 이러한 혼란을 반길지 아니면 막기 위해 노력할지 여부다.

수많은 벤처기업이 블록체인 혁명에 동참하고 있다. 분산앱을 만드는 미국의 블록체인 기업 컨센시스는 부드러운 접근 방식으로 블록체인의 발전에 전념하고 있다. 많은 벤처기업들이 기존의 규정을 회피하려 하거나 현상유지를 하려고 하지만 컨센시스는 혁신과 규제 간에 조화를 이루는 것을 목표로 한다.

컨센시스에서 운영하는 부동산 플랫폼 메리디오Meridio는 부동산 분야의 신흥 비즈니스 모델이다. 메리디오는 국내외 투자자들의 부동산 투자를 유도하고 관련 수수료를 줄이며 전통적으로 비유동성 시장에 더 많은 유동성을 제공하는 것을 목표로 하고 있다.

블록체인 기술을 적용한 부동산 시장은 다음과 같이 변한다. 법률계약 지원 플랫폼인 오픈로OpenLaw를 활용해 블록체인 계약을 할 수 있다. 오픈로는 스마트 계약이 적용된 프로그램으로, 계약 조건을 설정한 뒤 버튼을 누르면 이더리움에 전송돼 계약 조항이 이행된다. 집을 사려는 사람이 스마트 계약을 통해 돈을 보내면 집의 가치를 담은 토큰을 받게 되는 방식이다.

다만 메리디오는 현재 단계에서 많은 측면이 블록체인의 이상에 반하는 것처럼 보인다. 알파 데모에서 부동산 소유주의 이름은 잠재 투자자에게 공개되고 거래는 익명으로 이루어지지 않고 개인들 사이에서 이루어지며, 토큰을 주고받기 위해서는 메리디오가 각 지갑 주소를 확인하고 화이트리스트에 넣어야 한다. 이것은 기술이 아직 개선되고 발전하는 단계에 있기 때문이다. 미래의 모델은 투자자 사이에 익명성을 제공하며, 공인되지 않은 투자자에게 투자를 개방할 계획이므로 진입 장벽을 더욱 낮출 수 있다.

메리디오는 현재의 규제 기준으로 볼 때 이 플랫폼이 중앙 집권화와 분권화 사이에서 균형을 이루어야 한다고 주장한다. 투자자들은 자신들의 소유권이 법적으로 방어 가능하다는 확신이 필요하며, 정부 기관은 투명성과 재산 소유권에 대한 완전한 공개를 주장하기 때문이다. 두바이 규제 당국은 블록체인의 혁신에 열의를 보이고 있지만, 다른 나라에서는 그 과정이 오래 걸릴 수 있다. 메리디오 프로젝트는 전 세계적으로 투자자들의 부동산 소유 장벽을 낮추는 것을 목표로 하고 있으며, 전 세계의 메리디오 팀과 당국의 신중한 협력을 필요로 한다. 블록체인 기술이 부동산 업계의 모든 문제를 해결하는 솔루션은 아니지만 단일 자산 투자를 더 쉽게 하고 전 세계적으로 접근할 수 있도록 하는 촉매제가 될 수 있다.

부동산 거래가 불안정한 이유

부동산 부문의 블록체인 기업은 이미 2년 이상 존재해왔으며, 이 기술은 가까운 미래에 훨씬 더 널리 보급될 것이다. 블록체인 기술을 부동산업에 적용하면 많은 거래 과정, 특히 자금 거래와 관련된 과정을 자동화할 수 있다. 블록체인은 이 과정을 모니터링할 수 있으며,

제삼자가 제어해서는 안 된다. 블록체인은 모든 정보를 올바른 순서로 기록하며 나중에 변경할 수 없다. 또한 부동산에 있는 블록체인의 보안은 높은 수준으로 확보되어 있기 때문에 악의적인 요인이 이 체인을 해킹한다는 것은 현실성 없는 이야기다.

미국 거주자 중 60% 이상이 부동산 매매를 통해 수익을 창출하고자 한다는 점은 주목할 가치가 있다. 동시에 72%의 주민은 부동산 매매 중개 거래가 안전하지 않다는 것을 알고 있으며, 전체 과정이 매우 복잡해 이를 개선하고 단순화하기를 원한다.

부동산 거래가 불안정한 데는 몇 가지 이유가 있다.

첫째는 사기 위험이다. 종이 형태와 디지털 버전으로 작성된 일반적인 계약은 악의를 가진 세력에 의해 위조될 수 있다.

둘째는 많은 서류 작업이다. 부동산 중개인은 서류 작업에 많은 시간을 소비해야 하는데, 이것이 고객 손실로 이어질 수 있다.

셋째는 부담스러운 가격이다. 부동산은 대규모 투자가 필요하며 목돈이 없는 개인에게는 도전할 수 없는 분야다.

넷째는 너무 많은 중개인이다. 부동산 거래 과정에 중개인이 한 명 이상인 경우가 있다. 중개인이 많을수록 위조의 위험이 높아질 뿐만 아니라 모든 중개인에게 지불해야 하는 추가 수수료가 필요하다.

다섯째는 부정확한 정보다. 비용을 지불하더라도 모든 부동산 정보를 얻는 것이 다소 어렵다. 정보가 종종 불완전하거나 부정확할 수 있다. 부정직한 부동산 중개인이 잘못된 정보를 제공할 수도 있다.

그렇다면 과연 블록체인이 부동산 거래에 어떤 이점을 가져다주며 왜 부동산 소프트웨어에 통합되어야 할까?

부동산 검색 간소화

미국에는 전국의 부동산 중개업자들이 다양한 매물정보를 한데 모아 공유하는 '종합부동산 매물정보체계Multiple Listing System, MLS'라는 부동산 정보 사이트가 있다. 이 서비스를 통해 부동산 중개인은 부동산의 특성 및 매매가, 임대료 등의 정보를 검색할 수 있다. 이 서비스를 이용하려면 조건에 따라 추가 요금을 지불해야 한다. 하지만 이곳의 서비스가 항상 최신 정보라는 보장은 없다. 심지어 정보를 올리고 내리는 부동산 중개인이 정보를 편리하게 변경할 수 있기 때문에 정보가 조작되기도 한다.

블록체인의 통합이 이 프로세스에 혁명을 일으킬 것이다. P2P 네트워크를 통해 모든 부동산 데이터를 교환할 수 있으며, 누구에게나 공개되는 블록체인의 특성으로 인해 모든 사람이 무료로 데이터에 접근할 수 있으므로 비용 절감으로 이어질 것이다. 비용 효율성은 부동산 부문뿐만 아니라 블록체인의 가장 큰 장점 중 하나라고 간주된다.

법적 문제 해결

집을 사고팔 때는 관련법을 모두 통과해야 한다. 계약서를 비롯한 모든 서류를 조사해 영업이나 임대가 끝난 후에 가능한 문제와 오해를 피할 수 있는 숙련된 변호사를 고용해야 한다. 그런데 조사 결과는 종이 형태로 저장되며 관련 당사자는 이 문서를 변경하고 위조할 수 있다. 이 외에도 추가 검증 프로세스에는 소수의 전문가가 참여하는데, 이로 인해 검사 가격이 높아진다. 블록체인 응용 프로그램은 특별한 플랫폼에 이러한 문서를 디지털로 저장한다. 블록체인의 데이터는 변경될 수 없으며 모든 서류 작업이 자동으로 구현되므로 부정확성과 조작이 불가능하다.

중개인 불필요 & 투명한 트랜잭션

부동산 판매 또는 임대에 관련된 기존의 과정에는 다수의 전문가가 포함되기 때문에 서비스 비용이 상당히 높다. 블록체인은 많은 과정이 자동화되고 인적 자원을 필요로 하지 않으므로 중개인의 서비스는 필요 없다. 스마트 계약을 통해 부동산 중개인과 소유주가 모든 의무를 이행하는지 모니터링할 수 있다. 한 가지 의무라도 이행되지 않으면 계약은 성립되지 않고 계약금도 지불되지 않는다.

모든 트랜잭션 기록은 블록체인 노드에 분산되어 저장되기 때문에 투명하고 불변한다. 이런 특징은 사기를 불가능하게 한다.

유동성 있는 투자

부동산은 가치가 떨어지고 평가절하될 수 있기 때문에 그동안 비유동적인 것으로 간주되어 왔다. 하지만 블록체인으로 모든 투자는 투명하게 기록되고 스마트 계약은 서류 작업이 전혀 없어 유동적으로 변한다. 또한 투자자들의 거래는 더 안정되고 편해진다.

블록체인 기술은 부동산뿐 아니라 모든 분야를 개선할 수 있는 마술 지팡이다. 필요한 것은 블록체인 서비스를 웹 또는 모바일 앱에 통합할 수 있는 숙련된 소프트웨어의 개발이다.

에너지 분야

1. 에너지 시장의 분산화

토머스 에디슨Thomas Edison은 1882년 런던에 홀본 바이덕트Holborn Viaduct 발전소를 열고 세계 최초로 석탄을 이용해 전기를 생산했다. 이날 이후 전기는 대규모의 중앙 집중식 발전기로부터 기업이나 가정에 이르기까지 한 방향으로 흐르고 있다. 하나의 중심Hub에서 일괄적으로 분류작업을 거친 뒤 각각의 목적지Spoke로 보내는 허브 앤드 스포크Hub and Spoke 시스템은 오랜 시간 전기 공급에 가장 적합한 방식이었다. 대도시는 많은 전력을 소비했으며, 강력하고 집중화된 단일 전기공급자에 투자하는 것이 훨씬 저렴했기 때문이다. 에디슨이 시작한 중앙 집중식 시스템은 경제적이고 효과적이며 편리했다. 그러나 기술이 발달하면서 상황이 변했다. 새로운 분산 시스템이 에너지 분야에 혁명을 일으키기 시작했다.

왜 지금은 분산된 시스템일까?

오늘날 기후변화와 그 영향에 관한 미국 정부 보고서는 옥상 태양광 패널, 풍력 터빈, 에너지 보관 배터리 같은 신재생에너지 기술에 대한 중요성을 강조한다. 전기 중심에서 다양한 에너지로의 분산은 지금껏 에너지를 사용해온 소비자가 생산자가 될 수 있는 환경을 만들었다. 생산자 겸 소비자인 프로슈머prosumer들은 신재생에너지 기술을 사용해 에너지를 자급자족하며, 사용하고 남은 에너지는 판매할 수도 있다. 이 새로운 모델은 경제적 이슈를 불러일으켰다. 프로슈머의 등장이 과연 기존의 에너지 가격에 어떻게 영향을 줄지, 그리고 프로슈머가 중앙 집중식 네트워크 없이 어떻게 에너지를 분배할 수 있을지 하는 점이다.

프로슈머의 에너지 분배는 P2P 거래 방식으로 이루어진다. 개인 생산자가 자신이 생성한 에너지를 다른 소비자에게 판매하는 것이다. 집을 빌려주는 에어비앤비나 차를 빌려주는 튜로Turo, 돈을 빌려주는 렌딩클럽Lending Club과 마찬가지로 개인이 생산한 에너지를 판매한다. 그러나 이 분산화된 P2P 에너지 모델에는 문제가 있다. 에너지를 관리하고 안전한 거래 시스템을 제공하며 모든 기록을 저장할 수 있어야 하기 때문이다. 그 해답이 블록체인이다. 블록체인의 강점은 에너지 거래자 간에 스마트 계약을 추진하고 위변조 위험이 낮은 거래 데이터 저장으로 투명성을 부여할 수 있다는 점이다.

파워렛저Power Ledger, 위파워WePower, LO3 에너지LO3 Energy와 같은 회

사는 이미 블록 섹터를 사용해 에너지 산업에 변화를 일으키고 있다. 이들 회사는 전 세계에서 기존의 광역적 전력시스템으로부터 독립해 소규모 지역에서 전력을 자급자족할 수 있는 시스템인 마이크로 그리드Microgrid와 전기 자동차 충전, 그리고 P2P 거래용 응용 프로그램 등 블록체인을 사용한 프로젝트를 시작했다. 이 솔루션은 분산형 에너지 업계에서 발생하는 새로운 계약과 거래 및 데이터 관리 문제를 해결하는 데 도움이 될 것이다.

기존의 것과 새로운 것

이 에너지 혁명의 한가운데서도 전통적인 전기공급자는 사라지지 않는다. 사실 일부는 에너지 분권화에 참여하기를 열망하고 있다. 도쿄전력은 최근 분권화된 전력 브로커를 끌어들이고 산업 쇠퇴를 역전시키기 위해 블록체인으로 거래하는 태양광 및 저장장치를 도입했다.

에너지 연구 애널리스트인 조너선 드빌리에Jonathan de Villier는 블록체인은 에너지 시스템의 다양한 이해관계자 사이에서 인센티브를 조정하는 플랫폼을 지원할 수 있는 유일한 기술이라고 말했다. 그렇기 때문에 에너지 분권화는 블록체인을 중심으로 이루어져야 한다.

블록체인을 통해 분산된 에너지 시스템에 참여하는 소비자는 비용을 절감할 수 있다. 또한 거래 네트워크가 투명성을 높이고 에너지 부문 전반에서 더 효율적인 가격을 책정하도록 유도한다. 이러한 신기술은 재생 가능 에너지에 대한 수요를 가속화해 궁극적으로는 모든 사람들의 전력 비용을 줄여줄 것이다. 이는 블록체인 기술을 통한 선순환 구조 덕분이다.

2. 미래 도시 스마트 시티와 블록체인

스마트 시티는 첨단기술을 이용해 도시 생활의 다양한 문제를 해결하고 시민들이 편리하고 쾌적한 삶을 살 수 있는 환경을 제공하는 미래의 도시다. 이 똑똑한 도시에서 가장 중요한 요소는 시민이다. 스마트 시티가 발전하기 위해서는 도시 생활에 관한 데이터를 수집하고 움직임을 추적하고 지식을 공유해야 한다. 이러한 자원 공유를 위해서는 시민들의 참여가 필요하다. 즉 스마트 시티로 가는 중요한 첫걸음은 시민이 이런 흐름에 참여하도록 장려하는 방법을 알아내는 것이다.

블록체인을 스마트 시티에 도입하면 시민들이 데이터를 공유하는 데 앞장서는 동기 부여가 가능해진다. 완벽한 익명성이 보장되는 상황에서 자발적으로 데이터를 제공하고 그만큼의 인센티브를 암호화폐로 받는 것이다. 이 외에도 스마트 시티를 운영하기 위해 많은 데이터가 공유되고 그 데이터가 많이 쌓였을 때 얻게 되는 공공서비스 역시 블록체인에 따른 인센티브라고 할 수 있다. 이처럼 블록체인 시스템에서 인센티브를 통합해 시민 참여를 유도함으로써 블록체인은 시민과 정부 사이에 신뢰할 수 있는 연결고리 역할을 하게 된다.

블록체인을 기반으로 한 스마트 시티가 구축되면 에너지의 재분배를 통해 새로운 인센티브를 얻을 수 있다. 이는 단순히 에너지 분야를 넘어 식품이나 휴대전화의 데이터를 재분배함으로써 인센티브를 받아 새로운 방식으로 생활을 꾸려나갈 수 있는 기회로 연결된다.

에너지 재분배와 인센티브

에너지 분야는 블록체인 및 인센티브가 가장 잘 보급된 상황을 볼 수 있는 곳이다. 2017~2018년 사이 미국에서 블록체인 기술을 도입한 에너지 신생 기업들은 3억 달러를 투자받았다. 그런데 에너지와 블록체인 기술을 어떤 방식으로 통합하느냐에 따라 투자 방식이 달랐다. 토큰과 크라우드 펀딩을 활용해 재생에너지 프로젝트를 시작한 기업이 있는가 하면 소비자가 재생에너지를 통해 인센티브를 얻는 구조에 초점을 맞춘 기업도 있다. 가령 재생에너지를 생산하는 태양광 패널에 IoT 장치를 부착해 이를 소비자 가정에 설치해 에너지 소비를 추적하는 것이다. 이 장치는 인공지능 기능으로 사용 후 남은 여분의 에너지를 측정한 다음 블록체인으로 구동되는 P2P 커뮤니티에서 자동으로 교환할 방법을 찾는다. 소비자가 자급자족한 후 남은 에너지를 필요한 곳으로 보내면서 에너지 생산성을 재분배하는 것이다. 그 결과 소비자는 재생에너지 크레디트Renewable energy credit 거래로 수익을 창출할 수 있다.

에너지 재분배 방식은 저마다 다르지만 핵심은 블록체인이 만들어낸 에너지 솔루션은 모두 동일한 DNA를 가지고 있다는 것이다. 그것이 투자를 통한 것이든, 가정용 기기를 가상 커뮤니티에 배치한 것이든 그 과정에 참여하는 시민에게 인센티브를 지급한다는 데 있다.

블록체인은 또한 부패와 투명성 결여를 퇴치하는 데 도움이 되는 공공 거래 원장과 스마트 계약을 통해 안전한 거래 공간을 만든다. 이는 정부가 함께 준수하고 협력해야 할 필요가 있을 때마다 제시된다. 기후변화협약에 따른 온실가스 감축 목표에 관한 협약을 채택한 '교토 의정서'와 최근 '파리 기후변화협정'에서 독일과 브라질의 의견 차이는 저마다 다른 목표를 가진 기관이 함께 일하는 것이 얼마나 어려운지를 보여준다. 독일은 온실가스 배출량을 줄이는 개도국들과 기후변화 피해국에 지원할 녹색기후기금을 늘리기로 했다. 반면 브라질은 탄소배출 감축량 산정과 관련해 파리협정을 탈퇴하고 아마존 보호를 완화하겠다고 선언했다. 이런 의견 차이가 생길 경우 책임, 보상, 비용 등을 국가가 책임지는 것이 아니라 도시, 지역 사회 또는 개인과 같은 소규모 조직에 배치하면 문제 해결을 위한 프로세스가 더욱 빠르게 진행된다. 블록체인을 통해 여기에 동참할 수 있다.

식량 생산 추적 및 투명성

여러 도시가 식량 낭비로 매년 수백만 달러에서 최대 4,000억 달러의 손해를 보고 있다. 블록체인을 활용하는 스마트 시티의 식품 시스템은 식품을 추적해 버려지기 전에 가장 필요한 곳으로 재배포할 수 있다. 세계자연기금은 최근 QR코드를 이용해 식탁 위의 해산물이 어디서 왔는지, 그리고 그것이 지속 가능하게 생산되는지 추적하는 플랫폼인 오픈SC OpenSC를 출시했다. 사용자는 코드를 스캔하기만 하면 정확한 어업과 공급망을 따라 이동하는 과정 등 자세한 내용을 확인할 수 있다. 이 기술은 해산물을 넘어 닭고기, 감귤 등 다양한 식품으로 확대될 수 있다.

우리가 먹는 음식이 어디서 오는지를 알게 되면 공급자와 소비자 사이에 신뢰가 형성된다. 블록체인에서 식량 생산을 추적함으로써 얻어지는 투명성의 수준에 따라 생산자들 또한 소비자에 대한 지식을 축적해 식품의 효율적인 유통과 소비자의 관행을 직접 증가시킬 수 있다. 이 지식은 또한 소비자(또는 그들의 IoT 기기)와 공유될 수 있어, 에너지 분야에서 이미 개발되고 있는 개념인 여분의 자원을 가장 필요한 곳에 재분배할 수 있다.

개인정보, 공유 항목 선택의 부여

의사소통 방식에 블록체인을 적용하면 시민의 분권화와 참여를 유도하는 엄청난 잠재력을 발휘한다. 스마트폰은 항상 우리와 함께 이동하며, 우리가 어디에 있었는지, 무엇을 먹고, 무엇을 보고, 누구와 연결하는지 데이터를 수집하는 장치로 기능한다. 그러나 이 모든 데이터는 일부 기술 대기업이 수익을 창출하고 목적을 달성하는 데 이용하고 있다.

대만의 휴대전화 제조업체 HTC의 분산화 기술 최고 책임자인 필첸Phil Chen은 사람들이 자신의 디지털 데이터를 직접 소유하지 않고 있다고 말한다. 스마트폰이나 인터넷을 사용하면서 만들어진 행동 데이터, 결제 데이터, 검색 데이터 등 모든 것을 소수의 회사가 소유하고 있다는 것이다. 그런데 블록체인 휴대전화가 출시되고 사용자가 데이터로 수익을 창출할 수 있게 해주는 블록체인 소셜 플랫폼의 등장하면서 시민은 블록체인을 통해 데이터를 주고받으며 제어하는 현실과 마주하게 되었다.

블록체인 기반의 데이터 교환 기술을 제공하는 데이터지갑DataWallet은 개인에게 데이터를 관리할 수 있는 지갑을 제공한다. 이들은 ICO에서 사람들이 각자 자신의 데이터를 하나의 통합된 프로파일에 저장할 수 있으며, 이 데이터에 관심을 보이는 회사와 공유해 수익을 창출할 수 있다고 공약했다. 지갑에 저장한 데이터는 기존의 시장조사 기업이 진행하는 데이터 캡처 방식보다 훨씬 풍부한 데이터를 제공할 수 있으며, 사용자의 행동 패턴을 분석해 취향을 파악하고 적절한 서비스를 추천해준다. 예를 들면 사용자의 운전 성향을 정리해 운전자에게 유리한 조항을 포함해 보험 계약을 할 수 있게 해준다. 이 밖에도 맞춤형 대출 제안과 채용 정보 제공 등의 효과도 얻을 수 있다. 또한 사용자는 자신의 데이터에 대해 완전한 주도권을 가지게 되며 개발자와 데이터 소비자들이 고품질의 데이터를 얻을 수 있는 시장에 접근할 수 있게 해준다. 이러한 스마트 시티의 가능성은 아직 유효하다.

스마트 시티를 작동하는 핵심, 블록체인

우리는 진정한 협력 경제로 나아가고 있다. 블록체인 기술은 하향식 계층적 조직 모델을 분산된 상향식 협력 시스템으로 대체할 수 있는 프레임워크를 제공한다. 따라서 블록체인은 기능적인 스마트 도시를 구축하기 위한 핵심이다.

인센티브는 암호화폐, 토큰, 신용도와 같이 다양한 형태로 제공되거나 지위를 인정하는 방식으로 주어지기도 한다. 미래 플랫폼이 선택하는 인센티브는 새로운 시스템을 어떻게 다루어야 하는지를 가늠하는 데 얼마나 많은 시간을 투자해야 하는지와 같이 참가자의 비용과 편익을 고려해야 한다.

3. 아프리카의 에너지 빈곤 해결

아프리카는 전 세계에서 가장 가난한 대륙이며, 정치적으로도 가장 불안한 지역이다. 하지만 천연자원은 매우 풍부한 곳이다. 값비싼 금속 자원도 많이 보유하고 있지만, 그들이 가진 최대의 자원은 바로 태양이다. 태양이 가장 많이 내리쬐는 아프리카에 태양광을 이용한 다양한 시설이 들어설 것으로 예상되는 2030년 이후에 아프리카는 크게 부상할 것이다.

아프리카에서는 전기 수요가 공급을 크게 웃돈다. 나이지리아의 현재 에너지 수요는 약 18만 메가와트다. 그런데 무려 17만 3,000메가와트가 부족하다. 대부분의 사하라 이남 아프리카 국가들이 이와 유사한 처지에 놓여 있다. 르완다 인구의 70% 이상이 거주하는 농촌 지역은 그곳 인구의 18%만이 전기를 이용할 수 있다. 수많은 가구와 공공건물이 아직도 정부가 지원하는 전력망과 연결되어 있지 않다. 도시는 전력망과 연결되어 있지만 온종일 전기를 공급받지는 못한다. 르완다 정부는 2024년까지 전 지역의 원활한 전기 공급을 목표로 세웠다.

문제는 현재의 전력 공급 시스템은 전력을 생산하고 분배하는 비용이 높다는 것이다. 2015년 유엔 총회가 채택한 지속가능발전목표의 일곱 번째 조항은 2030년까지 신뢰할 수 있고 지속 가능한 에너지 접근성을 보장하는 것이다. 이를 달성하기 위해 지역 공동체에서 생산하는 재생에너지에 관한 세계적인 합의를 이끌고 있다.

몇몇 아프리카 국가에서 신재생에너지는 개발 전략 및 투자의 대상이었다. 아프리카개발은행AfDB, 해외 민간투자공사, 세계은행은 태양광 및 풍력에너지에 막대한 투자와 지원을 했다. 아프리카의 농촌 지역에 전기를 공급하는 가장 쉽고 저렴한 방법이 태양광 에너지와 풍력에너지 같은 분산된 에너지원이기 때문이다. 국가 전력망에 연결되지 않은 공동체에 대규모 플랜트를 건설함으로써 증가하는 전력 수요를 충족시키는 동시에 정부의 부담을 덜어주고 있다.

토고, 나이지리아, 콩고민주공화국은 이에 관한 정책과 규제 체계를 세우는 중이다. 2025년까지 아프리카 대륙 전역의 에너지에 대한 보편적인 접근을 달성하려는 야심 찬 계획하에 아프리카개발은행은 2025년까지 적어도 160기가와트를 생산할 잠재력을 실현할 수 있도록 자본을 동원하고 있다.

전문가들은 이는 긍정적인 일이지만, 아프리카에서 녹색에너지는 시장 침투력이 낮다고 말한다. 먼저 지역 사회가 가전, 장비, 관개시설 등을 갖추고 전기를 공급받을 준비를 해야 하기 때문이다. 투자를 통해 지역 사회에서 자체 생산한 에너지가 삶을 개선시키는 데 사용되지 못한다면 분산된 에너지의 확장은 의미 없다.

에너지 접근을 넘어 에너지 프로슈머로

분산된 에너지로의 접근을 가속화하는 혁신을 이루기 위해서는 블록체인을 이용한 마이크로 그리드로 기존의 중앙 집중식 에너지 공급에 의존하지 않을 방법을 우선적으로 개발해야 한다. 에너지 공급 중개자를 제거한 블록체인 프로토콜에서 에너지 소비, 신용 이력을 기록할 수 있는 감시 가능한 암호화 원장을 만들어 에너지 거래를 제공하는 것이다. 이를 통해 소비자의 에너지 요구량과 소비량을 더 효율적으로 관리할 수 있다.

비영리 단체인 에너지웹재단Energy Web Foundation, EWF은 분산, 민주화, 탈탄소화 및 탄력적 에너지 시스템으로의 전환을 가속화한다는 목표를 가지고 있다. 이들은 2017년 에너지 분야의 규제, 운영 및 시장 요구에 맞춰 특별히 설계된 오픈 소스, 확장 가능한 블록체인 플랫폼인 공유 디지털 인프라를 구축을 시작했다.

EWF의 첫 번째 활용 사례인 에너지웹 오리진EW Origin은 태양광 발전의 모든 스마트 미터가 통신할 수 있는 마켓 플레이스를 만든다. 또한 배출원 유형, 시간, 위치 및 탄소 배출량에 대한 명확한 정보와 함께 생성된 재생 가능한 전기의 출처를 기록한다. 이것은 세계의 에너지 소비를 추적하는 관리 프로그램을 제공한다.

뉴욕의 에너지 거래 프로젝트인 브루클린 마이크로 그리드Brooklyn Microgrid는 개인 가정에 태양광 패널을 설치하고 여기서 생산된 전기를 P2P로 거래하는 시스템을 운영한다. 모바일 애플리케이션인 엑서지Exergy를 이용하면, 태양전지 패널을 소유한 거주자는 마이크로 그리드에 연결된 사용자 중 패널이 없는 사람에게 자신이 생산한 에너지의 여분을 판매할 수 있다. 이 모든 과정은 블록체인을 통해 이루어지며 안전한 거래가 가능하다. 이와 같은 플랫폼은 소규모 에너지 소비자로 하여금 전기 및 재정적인 면에서 도움을 얻을 수 있게 해준다.

아프리카 전역의 모든 사람들에게 보편적 에너지 접근을 실현하려는 움직임은 지속적이고 구체적으로 진행되어야 한다. 공공단체와 민간단체 간에 상호 이익이 되는 협력을 통해 공동의 이익, 투자 개방성, 혁신적인 솔루션을 개발하는 것이다. 또한 시민의 적극적인 참여도 필요하다. 기존의 방식으로는 아프리카의 에너지 사용 환경을 바꿀 수 없다. 투명하면서도 안전한 배경에서 공감대를 형성할 수 있는 기술이 필요하다. 이것이 블록체인 기술이다. 블록체인은 전기 사용 유무에 관계없이 분산된 에너지 시스템을 신속하게 채택하도록 장려한다. 또 소규모 에너지 소비자의 생산성을 향상시킬 뿐만 아니라 에너지 최종 용도를 정의하는 새로운 방법의 등장을 촉진할 것이다.

의료 분야

1. 개인 의료기록 시스템의 탄생

현재의 의료 시스템은 지속 불가능하다. 높은 비용에 불만을 나타내는 사람은 점점 증가하고 고령화 인구는 더 발전한 기술을 요구한다. 우리가 의료비로 지출하는 비용은 GDP의 20%로 수조 달러에 달해 이제 더는 감당할 수 없는 수준에 이르렀다. 더욱이 이 비용 중 500억 달러는 불필요한 지출이다. 따라서 모든 사람들이 해결책을 찾고 있으며, 의료 산업의 변화를 원한다. 이윤을 독점하려는 욕심에 기술 공유와 시너지를 이루지 못해 오히려 기술력만 쇠퇴시킨 기존 데이터베이스인 '사일로Silo'에 저장된 환자 데이터를 잠금 해제하여 비용을 절감하고 품질을 향상시키는 메커니즘 말이다.

블록체인이 굳게 잠긴 사일로를 무너뜨릴 수 있다. 다만 블록체인만으로는 불가능하므로 우리가 더욱 적극적으로 나서야 한다. 최근 보고서에 따르면 의료 분야에 블록체인 기술을 적용하기 위해서는 2025년까지 56억 달러의 비용이 소요될 것으로 예상된다. 블록체인에 관심을 갖는 사람들은 점점 증가하고 있지만 이들은 다양한 기술과 서비스를 보편적으로 이용할 수 있는 해결책으로서의 블록체인에 주목하는 것이 아니다. 대부분은 블록체인을 통한 채굴에만 관심을 둔다.

오랜 시간 의료 산업에 변화가 일어나지 않았다는 것을 모든 사람이 알고 있다. 블록체인을 도입하면 오래 기다리지 않아도 변화를 맞이할 수 있다. 다만 그 전에 함께 모여 표준을 정해야 한다. 그렇지 않으면 블록체인 및 기타 신기술의 적용이 시스템을 더욱 단편화할 위험이 있다. 우리는 이미 인터넷 초기에 이런 일을 겪었다. 각 기업은 자체 표준을 만들었고, 서로 자신의 표준을 적용시키기 위해 경쟁하면서 혁신을 지연시켰다. 혁신을 위한 표준은 안전하고 환자 중심적이며, 시의적절하고 효과적이며, 효율적이고 공평해야 한다.

의료 산업에서 기술력은 모든 것이라고 할 수 있다. 다른 산업과 달리 의료에서는 질이 높을수록 최종 비용은 낮아진다. 고품질의 진료를 받을수록 병원을 방문하는 횟수가 줄어들기 때문이다. 블록체인 역시 환자가 받는 진료의 질을 향상시키는 것이 무엇을 의미하는지 측정할 필요가 있다.

에워트 크레이머Ewout Kramer는 건강관리 기술 통합을 위한 표준 수립에 전념하기 위해 비영리 조직인 헬스레벨7인터내셔널Health Level Seven International, HL7을 인수했다. HL7은 차세대 의료기록의 표준인 FHIRFast Healthcare Interoperability Resources의 원동력이 되었다. 크레이머는 블록체인의 실용화에 주목했다. 그는 건강관리에 블록체인의 적용이 매우 유용한 이유로 관련 데이터가 병원, 의사, 건강보험사 및 기타 기관의 사일로에 저장되어 있기 때문이라고 말한다. 블록체인의 암호화 기술을 적용하면 민감한 개인정보인 의료 데이터의 안전한 교류가 가능하다.

환자를 위협하는 의료기록

미국의 거대한 의료 산업은 환자 정보 관리에 어려움을 겪고 있다. 의사, 병원, 약국, 테라피스트, 보험회사는 환자가 적절하게 치료받기 위한 여러 가지 데이터를 필요로 한다. 그러나 환자의 의료기록은 각각의 병원 컴퓨터에 모두 흩어져 있다. 일부는 캐비닛 속에 파일로 저장되어 있다. 이 때문에 모든 정보가 제각각이며 최신 정보의 확인도 어렵다. 처방이 바뀌거나 엑스레이를 새로 촬영해도 의료기관은 이를 쉽게 공유할 수 없다.

예를 들어 보스턴의 병원은 수십 개의 서로 다른 시스템에 전자 의료기록을 저장한다. 이들 시스템 중 어느 것도 다른 시스템과 자료를 주고받지 못한다. 모든 시스템은 해커에 의해 기록이 도용되거나 삭제, 수정될 수 있다. 응급 상황에서도 의사들은 환자에 대한 중요한 의료기록을 얻을 수 없다. 이러한 상황은 환자를 직접적으로 위협한다.

환자의 의료기록 유출과 변조를 막고 정확한 업데이트 기록을 유지하며 모든 의료기록 생성 기관이 기록을 쉽게 공유할 수 있는 안전한 데이터 관리 방법이 있다. 세인트루이스 법과대학 의료관련법연구센터는 블록체인 기술을 이용해 의료기록 관리의 취약점을 해결하려는 노력을 기울이고 있다.

블록체인 시스템은 네트워크를 통해 서로 다른 여러 장소에 암호화된 메시지를 작성해 안전하게 저장하는 데이터베이스 네트워크다. 이러한 정보는 삭제되지 않으며 인증을 거친 사용자에 의한 업데이트만이 가능하다. 블록체인 방식은 수년에 걸친 환자의 데이터를 안전하게 유지하고 데이터 입력에 따른 실수를 쉽게 추적하고 수정할 수 있다. 환자 자신도 정보를 검토하고 업데이트할 수 있으며 환자가 직접 관찰하거나 수집한 새로운 정보를 추가할 수도 있다. 해킹과 조작이 매우 어렵다. 현재 다양한 보안 방식을 가진 수많은 블록체인 시스템들이 존재한다. 개발자들은 모든 시스템이 연결되어 더 저렴하고 신속하게 의료기록을 수집하는 프로세스를 개발하고 있다.

환자와 의사 모두에게 도움을 주는 블록체인 시스템

블록체인은 의료 산업의 다양한 영역에 공통적인 도움을 줄 수 있다. 질병통제예방센터는 위협적인 병원체에 관한 데이터를 공유하고 질병 발생을 분석하며 공중보건 위기에 대응할 수 있는 블록체인 기반 시스템을 개발하고 있다. 일부 학자들은 블록체인 시스템이 마약성 진통제 사용과 남용을 추적하는 데 도움을 줄 수 있다고 말한다.

임상시험 분야도 블록체인의 도움을 받을 수 있다. 오늘날 임상시험에 관련된 사람들의 단편적인 데이터와 비효율적인 의사소통은 심각한 문제를 야기하고 있다. 블록체인이 이런 문제를 해결하고 신약 발견과 개발 프로세스에도 도움을 줄 수 있다.

한편 제약회사는 현재 의약품 발송과 배송 업무를 비효율적인 분산된 데이터베이스에 의존하고 있다. 2017년 화이자Pfizer를 비롯한 제약회사들은 월마트가 식품 발송을 추적하기 위해 이미 사용하고 있는 블록체인 시스템을 제약 산업에 응용한 메디렛저MediLedger 프로젝트를 지원할 것이라고 발표했다. 메디렛저 프로젝트는 가짜 의약품으로부터 의약품 공급망을 지키기 위한 이더리움 기반의 블록체인 플랫폼이다.

블록체인을 도입한 유럽의 사례

2018년 초에 미국의 5대 주요 보건 기업에서 건강관리 제공 업체들의 인구통계 자료를 수집하기 위해 블록체인 시스템을 사용하기 시작했다. 이러한 협력이 놀라운 점은 서로 경쟁하고 있는 휴매나Humana와 유나이티드 헬스그룹UnitedHealth Group과 같은 주요 건강보험 기업들이 포함되어 있다는 사실이다. 이는 의료 데이터를 다루는 방식에 대한 산업계 전반의 잠재적 변화가 이루어지고 있음을 시사한다.

유럽은 보건 분야에서 블록체인 기술을 사용하려는 국가에 몇 가지 실례와 가이드를 제공한다. 2016년 EU는 개인정보 기업, 대학 연구소와 함께 유럽 전역의 의료기관과 개인 환자들의 의료기록을 수집하고 공유할 수 있는 블록체인 시스템을 구축했다. 스웨덴은 이와 유사한 협력 방식을 이용해 최근 케어체인CareChain이라고 부르는 상호 호환이 가능한 블록체인 의료기록 플랫폼을 출시했다. 케어체인은 아무도 소유하지 않고 통제하지 않는 인프라로 알려져 있다. 회사와 개인들은 이 시스템을 이용해 서로 다른 출처의 의료기록을 저장할 수 있다. 개발자들은 이 시스템을 이용해 정보에 접근할 수 있는 앱과 서비스를 개발하고 사용자들의 데이터를 분석해 건강 향상에 도움을 주는 아이디어와 상품을 개발할 수 있다.

에스토니아에서는 2012년 이래 의료 데이터의 95% 이상을 전자 데이터 형식으로 저장하고 의료기록과 거래를 보호하기 위해 블록체인 기술을 이용하고 있다. 에스토니아 전역의 의료비 청구는 전자 방식으로 이루어지며 처방전의 99%는 디지털로 이루어진다. 유럽의 실험을 통해 다른 나라들은 여러 가지를 배울 수 있다.

2. 블록체인,
제약 산업에 혁명을 일으키다

    엄청난 규모의 제약 산업에는 반드시 지켜야 할 몇 가지 규정이 존재한다. 그중 가장 중요한 것은 사람이 섭취해도 안전하다는 보장이다. 이를 위해 임상시험, 생산 및 유통을 포함한 의약품 제조의 모든 과정이 규제 대상이 된다. 그러나 우리는 의약품의 연구, 제조, 관리가 얼마나 철저히 이루어지는지 직접 확인할 수 없다. 그렇다면 약사나 의사는 어떻게 그 약품이 안전하다는 것을 확신할 수 있을까? 만일 의약품을 제조한 장소, 주요 성분, 임상시험 보고서, 배송을 처리한 사람, 그리고 병원이나 약국에서의 처방까지 모든 과정을 확실히 알 수 있다면 어떨까? 블록체인은 의약품 제조 업체, 유통 업체, 규제 기관 및 약국을 연결할 수 있는 투명하고 불변하는 공유 데이터베이스를 제공한다.

의약품 공급망의 과제

세계화로 의약품에 대한 접근성이 향상되었다. 하지만 기존의 공급 망은 복잡해졌다. 공급망 프로세스를 간소화하기 위한 통합 기술이 없기 때문에 생산 지점에서 병원이나 약국까지 의약품이 이동하는 과정이 점점 불투명해지고 있다. 블록체인은 의약품 업계의 가짜 약 문제에 대해 안전하고 투명하며 지속 가능한 해결책이다. 현재 의약 품의 공급망으로 인해 발생하는 대표적 문제 두 가지를 알아보자.

첫째, 위조 약품의 확산이다.

규제를 어긴 가짜 의약품은 위조품과 진품 분별의 어려움, 진품의 높은 가격 등 다양한 요인에 의해 점차 확산되고 있다. 세계보건기구 의 보고서는 저소득과 중간 소득 국가에서 유통되는 의약품의 10% 가 위조된 것으로 추산한다. 보고서는 전 세계적으로 판매된 위조 약 품의 35%가 인도에서 왔다고 지적한다. 위조 의약품에 문제는 상대 적으로 규제가 약한 국가나 지역에 상당히 부정적인 영향을 줄 수 있 다. 여기에는 제대로 된 의약품을 공급받을 수 없는 가난한 국가뿐만 아니라 보험 시스템이 정착하지 못했거나 보험에 들지 않은 국민이 많 아 필요한 의약품을 제공하는 데 어려움을 겪고 있는 부유한 국가의 공동체도 포함된다.

워싱턴에 본부를 둔 의학 연구기관인 국제정책네트워크IPN에 따르 면 가짜 말라리아 치료 약과 결핵 치료 약으로 매년 70만 명이 사망 한다고 한다. 규제 기관의 철저한 감시, 보험 회사의 확실한 보상, 연구원의 제품 개선 등이 잘 이루어진다면 이러한 문제는 줄어들 것이다. 하지만 현재의 의약품 시스템으로는 이들에게 도움이 될 만한 정보인 소비자 데이터를 얻을 수 없다.

둘째, 중앙 집중식 데이터베이스다.

의약품 제조 업체는 현재 중앙 집중식 데이터베이스를 활용하고 있으며, 의약품 공급망 관리자도 자체적으로 데이터를 보관한다. 이 접근 방식은 이전의 종이로 된 문서에 기반한 수동적 기록 보관이 발전한 것이다. 그러나 중앙 집중식 접근법에는 다양한 문제가 있다. 여기에는 투명성 측면에서 네트워크의 모든 참여자가 동일한 가시성을 갖지 못한다는 점도 포함된다. 중앙 집중식 시스템은 해킹을 통해 거래 및 거래 기록을 조작할 수 있기 때문이다.

블록체인이 제시하는 해결책

공급망의 각 단계에서 의약품을 추적하고 인증할 수 있는 통일된 기술의 부재는 제약 업계를 괴롭히는 문제의 원인이다. 블록체인 기술로 의약품의 공급망 프로세스를 간소화하고 위조품 제거 시스템을 구축할 수 있다. 블록체인이 제약 공급 체인에서 어떻게 작용하는지 알아보자.

● 1단계: 의약품 제조 공정에 관한 데이터를 블록체인에 저장

제조 업체는 필수 성분을 비롯한 의약품 제조 시설의 습도, 온도 조건 등 약품 제조에 사용되는 모든 세부 사항을 블록체인에 기록한다. 이 데이터는 공급망에 연결된 모든 이해관계자(규제 기관, 약국 및 유통 업체)가 접근할 수 있게 한다.

● 2단계: 규제기관의 의약품 검사

규제 당국은 규정 준수가 이루어지도록 약품에 대한 임상시험을 수행한다. 그들은 이 기록을 같은 블록체인에 기록한다.

● 3단계: 병원과 약국은 스마트 계약을 통해 완성된 약을 구입

이제 약국과 병원은 스마트 계약을 통해 약을 입찰한다. 입찰 가격이 승인되면 제조 업체는 약품을 소매점에 보내고 블록체인에 운송 데이터를 업데이트한다. 그런 다음 제조 업체는 운송 회사를 고용해 소매점에 의약품을 배포한다. 처리된 의약품의 운송은 블록체인의 습도 및 온도와 같은 환경 조건을 실시간으로 기록하는 IoT 트럭을 통해 이루어진다.

● 4단계: 환자 신뢰 강화

제조 업체의 원본 데이터, 처리 데이터, 배치 번호, 만료 날짜 및 배송 데이터를 블록체인에 디지털로 기록하면 거래 내역, 위치 및 의약품의 품질을 확인할 수 있다. 이러한 완벽한 추적성은 전체 공급망에

서 신뢰, 효율성 및 투명성을 향상시킨다. 각 거래에서 수집된 모든 데이터는 블록체인 생태계의 모든 노드에 의해 유효성을 검사한다. 확인 후 블록이 전체 트랜잭션 체인에 추가되어 소비자 및 약국이 쉽게 접근할 수 있는 투명하고 영구적이며 감사 가능한 기록을 생성한다.

결론적으로 가짜 의약품의 확산은 공급망에서 위조품과 진품을 구별하는 기술적 골격의 부족부터 여러 가지 요인에 의해 촉발되고 있다. 공급망의 각 단계에서 약품을 추적하고 인증할 수 있는 통일된 기술의 부재가 제약 산업을 괴롭히는 문제의 원인인 것이다. 블록체인은 제약 업계의 위조 문제에 대한 안전하고 투명하며 지속 가능한 해결책이 되어줄 것이다.

스마트 의료의 시작

의료 산업에서 가장 힘들고 가장 흔한 문제 중 하나는 의약품의 처방 및 추적에 관한 것이다. 환자는 자신이 처방받는 약을 종합적으로 관리할 수 없다. 따라서 기존에 처방받은 의약품에 영향을 미칠 수 있는 다른 약을 처방받기도 하며, 진료에 영향을 미칠 수 있는 약을 복용하는 것을 의사가 파악하지 못해 부작용이 발생할 때도 있다. 예를 들어 골다공증 치료제를 꾸준히 복용해온 사람이 치과 진료를 받으면 치료제 성분 중 하나인 비스포스포네이트Bisphosphonate 계열의 약물 때문에 뼈의 괴사가 일어날 수 있으며, 이로 인해 턱뼈가 골절되기도 한다. 항혈소판 기능을 하는 아스피린 복용 환자는 내시경 중 출혈이 발생하거나 폴립을 절제했을 때 지혈이 잘 안 되어 위험할 수 있다. 하지만 의사는 환자가 병원에 올 때, 그들이 자신이 먹는 약품을 가방에 넣어 모두 가져오지 않는 이상 그런 정보를 얻기 어렵다.

블록체인으로 구동되는 중앙 집중식 원장은 환자의 데이터를 추적할 수 있어 실시간으로 각 의약품을 추적해 각 거래별로 원장을 업데이트한다. 이는 의사에게 즉각적인 정보를 제공하고 데이터 전달을 간소화해 비용을 줄이며 진료 품질을 향상시킨다. 이것은 단지 하나의 사례에 불과하다. 품질 향상을 위해 이러한 종류의 점증적 사용 사례가 표시될 때 의료 분야에서 블록체인의 가치가 입증될 것이다.

블록체인 기술은 오늘날 의료가 갖고 있는 비정형적이고 격리된 데이터베이스에 변화를 가져올 수 있으며, 서로 다른 시스템 간에 의미 있는 상호 운용성을 창출할 수 있다. 이것은 블록체인의 공유 가능한 특성 덕분이다. 암호화가 가능한 블록체인 원장은 네트워크 안의 여러 곳에서 동시에 실시간으로 업데이트된다.

블록체인의 상호 운용성이 의료 산업에서 실시되기까지는 아마도 수십 년이 걸릴 것이다. 블록체인이 의료 분야에서 진정한 게임 체인저가 되기 위해서는 장기적인 접근 방식이 필요하며, 통합에 대한 성숙한 결정이 필요하다.

세계의 블록체인 현황

1. 암호화폐와 블록체인에 앞장선 나라들

이 책에서 이야기한 가능성에도 불구하고 블록체인을 산업에 적용하기에는 여전히 갈 길이 멀다. 블록체인이 실현된 가장 대표적이자 유일한 사례가 암호화폐. 암호화폐만으로 블록체인의 가능성을 점치기는 어렵겠지만, 암호화폐의 거래가 가장 활발한 국가를 새로운 기술에 가장 개방되고 진보에 가까운 나라라고 예측해보는 것은 어떨까. 암호화폐와 관련해 최고로 뜨거운 국가를 소개한다.

● 몰타

몰타는 '블록체인 섬blockchain island'으로 알려져 있다. 암호화폐 및 블록체인 기술을 수용하는 최초의 국가가 되기 위해 발 빠르게 움직였기 때문이다. 먼저 2018년 7월, 의회에서 블록체인과 암호화폐 관런 법안을 만장일치로 통과시켰다. ICO를 위한 가상금융자산법을 만들어 백서 발간 및 재무정보 공개를 의무화했다. 블록체인 관련 전담 기구를 설치했으며, 법인세를 감면해주는 등 블록체인 및 암호화폐에 우호적인 제도를 만들었다.

● 스위스

스위스의 추크Zug 지역은 블록체인과 암호화폐 특성화 지역인 '크립토 밸리Crypto Valley'로 알려져 있다. 암호화폐 허브인 크립토 밸리를 지정한 것은 물론 암호화폐 투자자를 위한 세금 없는 피난처로 개발한 덕분에 이더리움 재단을 비롯한 여러 블록체인 기업이 입주하면서 수십만 개의 일자리가 생기는 등 지역 경제가 활성화되며 블록체인에 우호적인 국가로 알려져 있다.

● 에스토니아

소규모 국가는 급변하는 세계에 빠르게 적응할 수 있는 뚜렷한 이점을 가지고 있다. 에스토니아의 경우 블록체인으로 무장한 완벽한 사례로 꼽힌다. 에스토니아는 경제와 시민이 괄목할 만한 방식으로 상호 작용하는 블록체인 기술을 장려하기 위해 진보를 거듭해왔다. 또한 에스토니아는 전자 거주e-residency를 구축한 세계 최초의 국가가 된 후 블록체인 혁신에서 선도 국가가 될 것이라고 발표했다.

● 일본

일본은 비트코인 및 암호화 채택에서 대부분의 국가나 지역보다 수
년 앞섰다. 비트코인 거래에서 큰 비중을 차지할 뿐 아니라 일부 소매
점은 이미 비트코인 결제를 허용한다. 닛케이 리포트에 따르면 2017
년 4분기의 비트코인 거래의 약 40%가 엔화로 진행되었다고 한다.

● 중국

암호화폐 거래 및 채굴 금지로 인해 중국이 블록체인과 거리가 먼
국가라고 생각한다면 이는 사실과 다르다. 중국은 중앙은행을 통해
블록체인 기술을 채택하는 등 가장 진보적인 국가 중 하나다. 중국은
수천 개의 블록체인 기반 신생 기업으로 유명하다. 중국의 은행 컨소
시엄도 블록체인을 중심으로 집결하고 있다. 또한 정부는 블록체인
및 인공지능을 적극 지원하며, 네오, 비체인VeChain, 퀀텀 등의 자체 암
호화폐 및 스마트 계약 플랫폼을 지원한다.

● 싱가포르

싱가포르는 엄청나게 많은 수의 블록체인 스타트업을 보유하고 있
으며 그중 다수가 시가총액 기준으로 가장 큰 암호화폐다. 중국과 일
본에 근접해 있기 때문에 본사를 두고 최고의 금융 인재를 끌어들이
는 블록체인 스타트업의 핵심 지역이 되었다. 싱가포르의 블록체인
스타트업 기업은 중국 정부와 적극적으로 파트너십을 맺고 있다.

● 덴마크

덴마크는 암호화폐와의 관계를 다시 시작한다. 논란의 여지가 있지만 전 세계에서 암호화가 가장 잘된 국가 중 하나이며, 암호화폐에 대한 세금 0%를 자랑했다. 하지만 덴마크의 가장 큰 은행이 2018년 5월에 암호화폐 거래를 금지했다.

● 한국

암호화폐 교환의 상당한 밀도 때문에 한국은 독특한 위치에 있다. 한국은 고등 교육, 빠른 인터넷 속도 및 다른 나라와 비교할 수 없는 기술 혁신의 연결 고리다. 한국인은 암호화폐 채택과 관련해 가장 진보적인 국가 중 하나이며, 한국 블록체인 주간Koera Blockchain Week 등 블록체인 행사를 점점 더 많이 개최하고 있다.

이 외에도 암호화폐와 블록체인 기술에 집중하는 국가들이 있다. 러시아는 대학교육 과정에서 블록체인 및 암호화폐 통합을 하고 있으며, 미국은 월스트리트에서 대형 투자자를 확보하기 위해 증권거래서와 규제 준수를 추진한다. 블록체인과 암호화폐는 아직 기술의 초창기에 있지만 민첩하게 투자하는 국가는 경제 및 비즈니스에 큰 이익을 얻을 수 있을 것이다.

2. 우리나라의 블록체인 산업 현황

　세계 블록체인 시장은 향후 5년간 10배 이상 성장할 것으로 전망된다. 2016년 스위스에서 열린 세계경제포럼에서는 2025년에는 전 세계 총생산의 10%가 블록체인 기술로 저장될 것이라는 전망이 나왔다. IT분야의 리서치 기업 가트너는 블록체인 관련 시장이 2025년에 1,760억 달러, 2030년에는 3조 1,600억 달러로 성장할 것이라고 분석했다. 이 엄청난 기술을 선점하기 위해 전 세계가 발 벗고 나섰다. 영국과 미국은 2016년부터 블록체인 기술개발 투자를 확대했다. 2018년 기준으로 블록체인 특허출원은 미국이 497건, 중국이 472건, 우리나라가 99건, 일본이 36건 등으로 나타났다.

　우리나라 과학기술정보통신부는 2018년 6월 블록체인 기술의 성장 잠재력을 고려해 금융, 물류, 의료 등 다양한 분야에 접목을 시도하고, 기술 개발을 적극 추진하고 있다는 자료를 발표했다. 블록체인은 절차 간소화와 비용 절감은 물론 우리의 일하는 방식까지 혁신해 사회 편익을 높이는 성장 잠재력 높은 기술이다. 국내 중소기업과 소프트웨어, 통신 기업이 블록체인 시장 활성화를 위해 꾸준히 노력하며 기술과 서비스를 도입하고 있지만 관련 제도나 법이 제대로 마련되지 않은 상황이다.

삼성SDS와 LG CNS는 블록체인 소프트웨어를 개발해 계열사 및 해운·물류 등의 업계에 실제 적용 중이다. SKT와 KT 등 통신업계는 전담조직을 구성해 모바일 ID 인증, 전자문서 관리 등에 블록체인 기술 적용하고 있다. 네이버와 카카오는 블록체인 진출을 위한 자회사를 설립해 메인넷을 개발 중이다.

블록체인 기술 개발 경쟁에서 뒤처지는 기업은 컴퓨터 운영체제(99%)나 데이터베이스(90%) 분야처럼 글로벌 기업에 종속될 우려가 있다. 다행히 정부는 8대 혁신성장 선도 사업을 선정하고 30조 이상 투자할 계획을 발표했다. 여기에는 초연결 지능화, 스마트 공장, 스마트 팜, 핀테크 등이 포함된다. 이를 통해 암호화 기술과 결합한 안전한 개인정보 활용이 가능하다. 또 스마트 계약을 기반으로 한 해외 구매 계약과 농축산물 유통 이력을 실시간 관리할 수 있다. 낮은 수수료, 신속한 해외 송금, 스마트 시티, 드론, 미래 자동차, 신재생에너지 및 탄소배출권 거래, 투명한 주민투표 및 편리한 지역화폐, 기기 간 상호 자율 합의, 안전한 자율주행, 정보 공유 등이 가능하다.

우리나라에서 추진 중인 블록체인 사업을 분야별로 살펴보자.

공공서비스와 정부 행정 서비스 대체

블록체인으로 공공서비스의 신뢰성을 높이고 불필요한 행정비용을 절감하며, 민간이 직접 참여할 수 있는 영역을 확대하는 등의 혁신이 가능하다. 현재 행정안전부는 모바일로 발급받고 제출하는 간편한 전자증명서를 개발 중이다. 주민등록등·초본 등의 발급은 인터넷으로도 가능하지만 제출은 직접 방문하거나 우편, 팩스 전송을 해야 하므로 증명 서류를 제출하는 개인이나 접수처 모두 번거로움을 겪고 있다. 행정기관과 공공기관에서 발급하는 증명서는 2,700여 종에 달하며, 2015년 기준 3억 7,000만 건의 종이 증명서가 발급되었다. 블록체인 기술은 이 종이 증명서를 없앨 것이다.

블록체인 기술은 2009년부터 2014년까지 단순 지급 수단(1세대) 기능에 대한 검증을 거쳐 다양한 거래와 계약(2세대)에 적용되며 활용 범위를 넓혀나가는 중이다. 2009년 비트코인이 등장한 이후, 블록체인 기술을 활용한 가상통화가 1,600여 개 탄생했다(2018년 6월 기준). 2세대 기술로 특징지어지는 2015년 이후에는 스마트 계약이 추가된 블록체인(이더리움)과 기업의 특정 업무에 활용할 수 있는 프라이빗 블록체인이 등장했다. 사전에 지정한 조건에 따라 계약이 자동으로 이루어지는 스마트 계약 기능은 상품 주문과 부동산 거래 등 다양한 서비스에 활용할 수 있다.

블록체인은 현재 전자문서 공유, 전자거래 등 다양한 산업 분야에서 응용 사례가 확산되고 있다. 향후 3세대 기술은 기존의 중앙 집중 방식을 뛰어넘는 성능 개선과 함께 공공서비스, 계약, 증명 등 신뢰가 필요한 분야에 다양한 혁신 사례를 만들 것으로 기대된다. 특히 신뢰성이 필요한 정부의 공공업무에 효과적으로 사용될 것으로 보인다. 이에 정부는 공공 부문에 선제적 적용을 통해 우수 사례를 발굴하는 시범사업을 추진하고 있다. 대표적 사례로 온라인 투표, 국가 간 전자 문서 유통 등이 있다.

──── **비트네이션**Bitnation(https://tse.bitnation.co/)

세계 최초로 분산화되고 국경 없는 자발적 국가Decentralized Borderless Voluntary Nation, DBVN다. 2014년 7월에 시작되어 세계 최초의 블록체인 결혼, 출생증명서, 난민 응급 신분증, 세계 시민권, DBVN 헌법 등을 만들었다. 블록체인 ID 및 공증인을 포함한 웹사이트 개념 증명은 전 세계 수만 명의 비트네이션 시민과 대사관에서 사용된다. 비트네이션은 유네스코UNESCO가 매년 여러 부문에서 획기적인 기술을 선정해 수여하는 상인 넷엑스플로 어워드Netexplo Award에서 2017년 우승했다. 이 외에도 월스트리트저널, 블룸버그, BBC, CNN, 와이어드 이코노미스트 등으로부터 수상했다.

애스톤Aston(http://www.aston.company/)

혁신적 블록체인 기술인 X.Blockchain과 보안 솔루션Smart-Pass-On을 통해 구축한 완벽한 탈중앙화 문서 인증 플랫폼이다. 하드카피 형태로 발급하거나 제출해야 한다고 생각한 모든 문서를 사라지게 만들 것으로 기대된다.

스탬프드stampd(https://stampd.io/)

공개 블록체인을 사용해 법적 계약을 지울 수 없는 증거로 만드는 기술이다.

포엑스poex.io (https://poex.io/)
문서 인증 기술로 블록체인의 공증인 서비스로 모든 디지털 문서에 대한 즉
각적이고 익명으로 배포된 안전한 증거가 되어준다.

이에스토니아e-Estonia (https://e-estonia.com/)
에스토니아는 전자 주민 프로그램을 통해 시민들이 결혼, 계약 및 출생증명
서를 공증할 수 있는 최초의 정부다.

에버님evernym (https://www.evernym.com/)
신분증명 플랫폼. 일리노이 주에서 출생증명서를 디지털화하기 위해 블
록체인 기반의 이 시스템을 테스트하고 있다.

팔로마이보트followmyvote (https://followmyvote.com/)
선거 투명성을 높이는 온라인 투표 플랫폼이다.

데모크라시어스Democracy Earth (https://www.democracy.earth/)
모든 종류의 조직을 위한 오픈 소스 및 분산된 민주적 통치 프로토콜이다.

시큐어보트 SecureVote (https://secure.vote/)
안전하고 확장 가능하며 신뢰할 수 있는 블록체인 투표 플랫폼이다.

버택스vertex (https://www.vertexinc.com/)
블록체인 기술로 세금을 징수해 정부에 즉시 전달하는 간편화된 플랫폼이다.

의료 산업

의료 분야에서 블록체인은 개인의 의료 주권 확보 및 헬스케어 산업의 활성화를 위해 필요하다. 블록체인으로 자신의 의료기록을 더 안전하고 편리하게 관리한다면, 이를 활용한 의료기록 중심의 헬스케어 비즈니스를 창출할 수 있다.

현재 국내 기업이 개발 중인 의료 정보 플랫폼은 개인의 의료기록을 한곳에서 체계적으로 관리할 수 있도록 해준다. 대체적으로 사람들은 여러 곳의 병원을 다니며 진료를 받는다. 하지만 의료기관끼리 데이터 공유가 제대로 이뤄지지 않아서 불편을 겪는다. 또한 검사 결과를 받으려면 추가 비용을 내고 DVD나 인쇄물을 제공받기 때문에 보관과 활용이 어려운 현실이다. 우리나라에서 운영하고 있는 의료기관 간 진료 정보 교류사업은 환자의 열람이 불가능하고 전국에 있는 약 3만 개의 의원급 의료기관 중 1,322개만 참여하고 있다. 의료산업에 블록체인 기술을 도입하면 의료 기록을 개인이 스마트폰을 통해 직접 관리할 수 있게 된다. 이에 따라 불필요한 중복검사를 방지하고, 의료기록의 체계적 관리가 가능하다.

―――― **롱제네시스**Longenesis(http://www.longenesis.com/)
비트코인 채굴 기업 비트퓨리Bitfury의 블록체인 기술과 수명 연장 기업 인실리코 메디슨Insilico Medicine의 AI가 결합해 라이프 데이터 스토리지로서 진보되고 안전한 플랫폼을 제공한다.

메디블럭Medibloc(https://medibloc.org/ko/)
개인이 플랫폼이 되는 의료기록 시스템이다.

솔브케어Solvecare(https://solve.care/)
헬스케어의 조정, 관리 및 지불을 위한 글로벌 블록체인 솔루션이다.

페이션토리Patientory Inc(https://patientory.com/)
건강 정보를 실시간으로 안전하게 저장하고 쉽게 관리할 수 있는 방법으로 의
료 데이터를 제어한다.

엔크립젠EncrypGen(https://encrypgen.com/)
DNA 오픈 마켓으로 게놈 데이터, 건강·과학 제품 및 서비스를 구매하고 판
매하는 P2P 마켓이다.

콘텐츠 산업

　블록체인 기술은 콘텐츠 유통 시스템에 변화를 가져오고 저작권을
보호할 방안을 제시해준다. 콘텐츠의 저작권 문제는 여전히 해결하지
못한 숙제다. 사용자의 입장에서는 사용 허가를 받기 위해 저작권자
와 연락을 취하는 일이 쉽지 않다. 반면 저작권자는 자신의 콘텐츠가
불법 유통되는 것은 아닌지 확인하고 관리하는 일이 어렵다. 블록체
인은 직접적인 콘텐츠 보상체계는 물론 신뢰성 높은 저작권 보호로
창작자 중심의 콘텐츠 관리, 유통 및 정산을 가능하게 한다.

타타투TaTaTu(https://tatatu.com/)

스포츠, 게임, 영화, 뮤직비디오, TV 쇼 및 유명인이 출연한 뉴스 등 엔터테인먼트 시청에 대한 보상을 제공하는 최초의 주문형 비디오 및 소셜 플랫폼이다.

플릭소flixxo(https://www.flixxo.com/#/)

동영상을 시청하고 보상받을 때 제작자를 지원하는 플랫폼으로 암호화폐를 제공한다.

비디오코인Videocoin(https://www.videocoin.io/)

블록체인 기반 인터넷용 비디오 인프라다.

금융 업계

금융업계는 은행·보험 등 업종별로 블록체인 기술 도입을 위한 공동사업을 추진하고 있다. 2018년 8월 은행연합회 및 16개 은행, 금융투자협회와 11개 금융투자사, 생명보험협회와 20개의 생명보험사가 블록체인 기반 인증 서비스인 '뱅크사인'을 시작했다. 이 외에도 11개 증권사가 참여한 '체인 ID' 서비스를 시범 운영 중이다. 이는 한 곳의 증권사에서 인증 절차를 거치면 등록 절차 없이 다른 증권사에서 금융 거래를 할 수 있도록 하는 블록체인 기반 공동 인증 서비스다.

이 외에도 IT와 금융 업계의 여러 기업이 협의체를 구성해 블록체인 플랫폼을 함께 개발하는 방식으로 위험 부담과 투자비용을 감소할 수 있다. IBM, 마이크로소프트 등 글로벌 기업은 클라우드 기반의 블록체인 서비스를 통해 별도의 하드웨어 구축 없이 블록체인 기술을 도입할 수 있도록 지원하고 있다.

코다Corda(https://www.corda.net/)
월스트리트 전문가들이 모여 만든 분산장부 기반의 핀테크 스타트업으로. R3 컨소시엄이 만든 금융 분야에 특화된 블록체인 플랫폼이다.

하이퍼렛저Hyperledger(https://www.hyperledger.org/)
리눅스재단이 만든 다양한 산업에 적용 가능한 블록체인 플랫폼이다.

보험금 자동 청구

현재 실손 의료보험은 가입자가 보상금을 받으려면 진료기록 사본과 보험금청구서를 보험사에 직접 제출하게 되어 있다. 청구금액이 소액일 경우 서류를 준비하는 부담과 번거로운 절차 때문에 보험금 청구 포기 사례가 꾸준히 발생하고 있다. 설문조사 결과 1만 원 이하 진료비를 청구하지 않는 비율은 51.4%에 달했다. 블록체인 기술은 보험 가입자의 진료기록을 보험사에 자동 송부하고 승인 정보를 기록해 병원과 보험사가 실시간 공유해 보험금을 받을 수 있도록 해준다. 현재 일부 종합병원과 보험회사에서 시범 운영하고 있다.

바우치포미VouchForMe(https://vouchforme.co/)

보험 서비스 비용을 줄이기 위해 친구와 사회적 연결의 힘을 이용한다.

파이덴티아엑스fidentiaX(https://www.fidentiax.com/)

생명보험에 블록체인을 적용했다.

에버렛저Everledger(https://www.everledger.io/)

블록체인을 활용해 귀중품 공급망을 관리하는 업체. 보험 시장에서 차지하는 비중은 작지만 중요한 틈새시장인 다이아몬드를 채택했다.

이더리스크Etherisc(https://etherisc.com/)

유럽의 블록체인 기반 여행 보험 플랫폼이다.

해운 및 물류 분야

관세청은 항만의 선박 운송 통관 절차를 신속하게 처리하고 허위 신고도 예방하는 개인 통관을 추진하고 있다. 주문부터 선적·배송·통관 전 과정을 블록체인에 기록함으로써 실시간 수입 신고가 가능하고 통관 시간 단축 및 물류비용 절감, 저가 신고 사례도 예방할 수 있다. 터미널 간 환적하는 컨테이너 운송에도 선사, 운송사, 터미널까지 유통되는 다수의 반출입증을 블록체인 기반으로 공유해 운송 프로세스를 개선할 계획이다.

십체인Shipchain(https://shipchain.io/)

운송의 추적, 투명성에 관련된 부분에 중점을 두는 운송 및 물류 부문 블록체인 플랫폼이다.

프레시터프FreshTurf(http://freshturf.io/)

소비자들이 택배를 받을 때 사용할 수 있는 공유택배함을 제공하는 싱가포르 스타트업이다. 최초 오픈 물류 블록체인 플랫폼인 프레시터프는 블록체인 기술을 활용해 전 세계 어느 곳, 어떤 배송 업체든 정보 확인이 가능하고 안전하면서도 신속한 배송이 이뤄질 수 있는 배송망을 구축했다.

오리진트레일OriginTrail(https://origintrail.io/)

블록체인 기술을 활용해 글로벌 공급 체인에 신뢰할 수 있는 데이터 공유를 제공한다.

카르고엑스CargoX(https://cargox.io/)

세계 어디서나 선하증권을 처리할 수 있는 매우 빠르고, 안전하며, 신뢰성 있고 경제적인 방법을 제공하는 블록체인 기반 솔루션의 독립적인 공급 업체다.

300큐비츠300cubits(https://300cubits.tech/)

이더리움 플랫폼과 스마트 계약을 사용해 화물 롤오버 및 노쇼를 줄이는 것을 목표로 한다.

축산물 이력 관리

안전하게 먹을 수 있는 소고기를 목표로 농림축산식품부가 축산
물 이력 관리를 추진하고 있다. 사육부터 도축, 가공, 판매에 이르기
까지 모든 단계의 정보를 블록체인으로 공유해 문제 발생 시 추적기
간을 최대 6일에서 10분 이내로 단축할 수 있다.

아그리디지털AgriDigital(https://www.agridigital.io/)
클라우드 기반 상품 관리 플랫폼으로 농부에서 소비자까지 공급 체인을 쉽고
간단하며 안전하게 유지할 수 있도록 관리한다. 계약, 납품, 재고, 주문, 송장
및 지불을 모두 한곳에서 실시간으로 확인할 수 있다.

라이프아이오Ripe.io(http://www.ripe.io/)
블록체인 플랫폼을 활용해 유제품과 육류 공급망을 구축한다. 근본적으로
투명한 디지털 식품 공급망을 설계함으로써 양질의 식품 데이터를 활용해 식
품 시스템의 궤도를 바꾸고 있다.

올리바코인Olivacoin(http://olivacoin.com/)
스페인의 올리브 제조 업체가 블록체인과 IoT 기술을 도입해 회사의 운송 네
트워크를 효과적으로 관리하고, 기존 시스템에서는 어려웠던 품질 보장과 가
격 변동의 투명성을 높이고 있다.

푸드코인Foodcoin(https://www.foodcoin.io/)
농부, 농산물 가공업자, 운송업자 등과 같은 식품과 관계자가 같은 생태계 안

에서 직거래를 하고 스마트 계약이라는 기능을 활용해 중간 중개인 없이 계약을 하고 거래를 성사시키는 식품 및 농산물을 위한 블록체인이다.

비프렛저BeefLedger(https://beefledger.io/)
오스트레일리아의 소고기 공급망 관리 블록체인이다.

국민 프로젝트

국민이 블록체인 기술의 효용을 직접 체감할 수 있도록 민간이 주도하는 블록체인 국민 프로젝트를 매년 진행하고자 한다. 예를 들어 통신, 카드, 항공 등 각종 마일리지 포인트를 본인의 동의하에 어려운 이웃에게 기부하는 플랫폼을 구축하거나, 자동차 정비 이력 등을 블록체인으로 관리해 중고차의 판매자와 구매자 사이의 정보 비대칭을 해소할 수 있다. 또 안전한 식재료 유통, 투명한 음원 유통, 신뢰 기반 중고 거래 이력을 블록체인으로 관리해 학생들에 안전한 급식을 제공하고 저작권자 및 실연자의 수익을 증대하고 실시간 수익 배분을 실현할 수 있다.

그 밖에 부동산 거래, 화재 발화지점 분석, 이웃 간 전력 거래, 투표 등에 블록체인 기술을 적용하려는 다양한 노력이 진행되고 있다.

블록체인 교육 및 스타트업 지원

세계 최대의 암호화폐 거래소인 바이낸스 거래소가 2018년 바이낸스 자선재단Binance Charity Foundation, BCF을 설립했다. BCF는 암호화폐를 기부하고 이를 가지고 자선활동을 하는 특성상 그동안 사람들이 자선단체에 갖고 있던 고질적인 의심을 해결했다. 많은 자선단체들이 기부 내역 등을 공개하지만 이는 투명하지 않았다. 소외된 이들, 재해나 전쟁 등으로 피해를 입은 이들에게 지급되어야 하는 구호금의 일부를 착복하는 사례가 빈번히 발생하며 기부금이 줄어드는 원인을 제공했다. 하지만 블록체인을 기반으로 하는 암호화폐는 기부부터 최종 수혜자에 도달하기까지 모든 것이 투명하게 기록되고 공개되므로 이런 문제를 해결해준다. 기부자들은 자신이 기부한 돈이 적절하게 사용되는지 확인할 수 있다.

비트코인 재단의 브록 피어스도 '브록피어스 펠로십'을 통해 자선활동을 진행한다. 브록피어스 펠로십은 먼저 한국에서 시행되며, 유엔미래포럼과 함께 블록체인 인력 양성을 목표로 하는 색다른 자선활동이다. 김천 블록체인테크센터에서 연간 4~6회에 걸쳐 20~100명의 인원을 대상으로 2~4일 과정으로 블록체인 교육을 진행한다. 교육은 이오스를 비롯해 비트코인캐시, 트론, 오브스 등 다양한 암호화폐 기업의 전문가들이 진행한다. 이 교육 과정의 비용을 브록피어스 펠로십이 지원하므로 한국인은 무료로 수강할 수 있다. 또 여성 블록체인 창업주도 초청해 1년 과정으로 인재 양성을 진행할 계획이다.

한편 리론 랭거Liron Langer 이스라엘 닐슨 이노베이트nielson innovate 사업개발 부사장과 이알오스터Eyal Oster 모멘텀 프로토콜Momentum Protocol 공동 창립자가 스타트업 팩토리를 만들었다. 스타트업을 지원해주는 닐슨이노베이트를 운영하는 랭거 부사장은 1년에 1,000개의 스타트업이 여기에 지원하는데 이 가운데 5~6개의 스타트업이 선정되며 2, 3년 이내에 10배 이상의 성장을 이뤄 글로벌 시장에 진출한다고 설명했다. 닐슨 이노베이트는 한마디로 인큐베이터 액셀러레이터로, 이스라엘 정부의 투자와 지원을 받는다. 닐슨 이노베이트는 모멘텀 프로토콜 및 여러 다른 기업과 함께 한국에서도 스타트업을 지원하려 한다. 서울 및 김천 블록체인테크센터에 그 둥지를 틀 예정이다.

블록체인혁명 2030

초판 1쇄 발행 2019년 5월 30일
초판 4쇄 발행 2021년 7월 15일

지은이 박영숙 · 앤디 리안 · 숀 함슨
발행인 안병현
총괄 류승경
편집장 박미영
기획편집 김혜영 정혜림 조화연 **디자인** 이선미 **마케팅** 신대섭

발행처 주식회사 교보문고
등록 제406-2008-000090호(2008년 12월 5일)
주소 경기도 파주시 문발로 249
전화 대표전화 1544-1900 **주문** 02)3156-3681 **팩스** 0502)987-5725

ISBN 979-11-5909-965-6 03320
책값은 표지에 있습니다.